蔡莉玲 ◎ 著

智性语文教学

广东高等教育出版社
Guangdong Higher Education Press

·广州·

图书在版编目（CIP）数据

智性语文教学．蔡莉玲著．—广州：广东高等教育出版社，2021.6

ISBN 978-7-5361-6988-3

Ⅰ．①智…　Ⅱ．①蔡…　Ⅲ．①中学语文课-教学研究　Ⅳ．①G633.302

中国版本图书馆 CIP 数据核字（2021）第 047115 号

出版发行	广东高等教育出版社
	地址：广州市天河区林和西横路
	邮政编码：510500　电话：(020) 87554152　87551163
	http://www.gdgjs.com.cn
印　刷	广州市穗彩印务有限公司
开　本	787 毫米×1 092 毫米　1/16
印　张	19.75
字　数	334 千
版　次	2021 年 6 月第 1 版　2021 年 6 月第 1 次印刷
定　价	50.00 元

谨 以 此 书
怀念我的父亲
献给我的母亲

序一

刘劲予[①]

  我们几位教育老人聚在一起,常常会发出类似"钱学森之问"的感叹。我们广东有许许多多的特级教师、正高级教师,为什么没有产生在全国推广的教学方法、教学模式和教学经验?

  这可以算是"广东之问"。诚然,我们曾出现过丁有宽,但这已是几十年前的事了,好汉不言当年勇。改革开放后,课改后,我们确实没有出现过有全国影响的大师。这和我们"敢为天下先"的教育大省、经济大省不相称。

  大师的产生固然与其自身努力息息相关,但幼苗成长为参天大树,需要肥沃的土壤、养分和园丁的辛勤培育及浇灌。有人说广东会"生孩子",但不会"起名",会出"精品",但不会"包装"。广东高等教育出版社黄红丽总编辑慧眼识珍珠,决定给蔡莉玲出版专著《智性语文教学》,是有识之举。广东教育界应该重视宣传和推广本土名师。

  蔡莉玲在教学实践中提炼出"优雅母语,智性语文"的教学思想。总结出高中语文教学"智性教学"的内涵、意义、目的,教学原则和教学策略。她认为,"优雅母语"和"智性语文"是语文教学的两翼。如果说,小学的

[①] 刘劲予教授是广东省人民政府原督学顾问,广东省中小学校长培训指导中心原主任,广东省中小学教师继续教育领导小组原副组长,广东省高等学校高级职称评审委员会汉语言文学专家组原评委和大文科原评委,广东第二师范学院原院长、教授,现任广东教育学会常务副会长。

语文教学，应该侧重体味、理解和欣赏，初中的语文教学，应该侧重感悟、思考和审美，那么高中的语文教学，应该侧重思维、智性和审智。"优雅母语"，是语文的文化价值，引导学生发现和体会母语之美，进而培养高雅趣味和情操，树立爱国情感和社会主义的价值观。"智性语文"，是语文的学科价值。把语义的学科认知特征和规律揭示出来。培养学生语文思维能力，进而上升为人生智慧，形成健康高尚的现代人态度和精神。以文化人，立德树人，这是语文教学的根本要义。

蔡莉玲认为，高中智性语文的教学原则应是："发展思维，涵养智慧；中西结合、优势发展。"新课标指出："高中生身心发展渐趋成熟，促进他们的探究能力应成为高中语文课程的重要任务。"因此，从培养思维入手，培养学生思维的深刻性、灵活性、创造性、批判性和敏捷性，最终把学生培养成"智性人"。这与新课标的要求不谋而合，非常准确地落实了新课标的要求。

智性语文教学的教学策略主要从三方面入手。第一，从审美走向审智；第二，发展高阶思维；第三，重视悟性培养。高中生质疑思维能力、假设推断思维能力、探究验证思维能力、想象联想思维能力和发散与聚合思维能力的培养应是重点。这些策略的运用，具体可散见于她的《东方风来满眼春》《白鹿原》《兰亭集序》《再别康桥》和《鲁迅作品中的国民性》等教学设计和教学实录中，以及《诊断思维——重构高中语文阅读课堂》《互动教学策略》《语文生成性课堂教学模式》《原读教学策略》等论文中。这些策略把新课标的要求科学化具体化了，符合高中生的思维实际，对培养发展高中生的思维能力大有益处。

课改向纵深发展，早已到了人们常说的"深水区"，难度越来越大。比如，在信息技术被熟练掌握的背景下，课前学生"先学"之后，已经获取了海量知识，课堂教师"后教"教什么？蔡莉玲立足30年的教学经验，认为教师的"后教"将由对知识的系统讲授转变为对海量信息的梳理整合提炼，去伪存真，去芜取精，更重要的是教师要有捕捉瞬间问题的洞察力，更强的行动力。准确把握语文学科的内在规律，因材施教，培养学生的各种思维能力，引导学生智能系统向更高更深层次发展。这样的教法科学合理，深受学生欢迎。

阅读课堂的核心追求是什么？蔡莉玲认为应该是文化思维方式。语文课是语言学科，也是思维学科，要想发展学生的语言，首先应该发展他们的思维能力，离开思维，单独发展语言是不可能的，理想的语文阅读课堂，在传递相关知识技能的前提条件下，应该为学生的成长营造出广阔的思维空间和良好的思维环境，应该指向更高层级的情感、思维和精神。这样的教学思想充分体现了教学的本质，也体现了教改的深度和广度，富有启迪意义。

分组教学的基本策略大同小异。分组必须按教学需要灵活变换方阵。与众不同的是，蔡莉玲分组教学还有一个重要环节：课后反思与补偿。互动是可以继时的，课后的巩固互动、反思补偿、个别化教学，能把师生互动推向深入。这样的分组教学才是有效的，我认为这是她分组教学最成功之处。

蔡莉玲从事语文教学30年，成长为广州市名教师、广东省新一轮百千万人才培养工程首批名教师培养对象。她主持了多个国家级、省级和市级的课题；她参编（撰）《高考作文：如何抓住评卷老师的心》、"'百部好书'扶持项目"、"文化自信与中国现当代文学·中学生读本"等教育教学专著及学生读本多册；她的教学设计《东方风来满眼春》被收入普通高中语文课程标准教科书（粤教版）《语文（必修5）教师教学用书》。她多次参加广东省教育厅"名师走进乡村"教育活动，多次参加广州市对口帮扶贵州省毕节市及华南师范大学基础教育培训与研究院"为中华而教"等省外支教活动，多次到珠海、中山、江门、茂名、河源等地讲学交流。她是一个忠诚于人民教育事业的教师。

学生爱戴她，称她为人生导师，"我们从未见过如此活跃涌动的课堂"，"语文课收获的不仅是知识，更是涵养和人生之道，是素养的提升"。

同行喜欢她，称她是"一位兼备文人浪漫情怀和学者智性风范的语文教师，每次听她的课都是一种享受和成长"。

特级教师，广东省第一批名教师郭铭辉评价她："她的智性语文让我眼前一亮，这不仅是我俩道相同，可相谋，更重要的是她的许多看法比我高出一筹。"

教学是一门艺术，而且是一门综合艺术。教学是有法的，但教无定法，只要得法。教学方法也好，教学模式也好，只有更好的，没有最好的。愿蔡莉玲更加努力，不断丰富"智性教学"的经验，为我国的教育现代化提供更好的教学方法与教学模式。

是为序。

2020年9月1日

序二

郭小东[1]

出版社编中学生读本,要请中学名师参与,蔡莉玲老师正在做中学语文智性教学的科研课题,语文教学独有见地,分析文章也写得很好,令人刮目相看,欣赏有加,故特邀蔡老师共同主编。她负责的工作,从选文到分析,都做得精致,有风采,有品质。

我向来对中学语文教学怀有成见,原因是我在本科生教学与研究生培养中,发现学生们的语文修养问题太多,不单是文章学的问题,大体上是语文基础的人文水平较差。问题或出在中学的语文教学法上……这与认知也即智性的方法论相关。此弊端正是蔡老师的课题攻关。

我没当过中学教师,但我上过初中,我当知青时,刚刚初中毕业。我的人生从初中结束开始,故对无缘高中心中抱憾。我对人生的理性认知,大部分得益于给我青春憧憬的初中语文教师:一位是来自革命老区的业余作家,笔名红兰谷,行事很是浪漫;另外两位是部队文化教员,从高处来,摘帽右派,但桀骜不驯,依旧敢言。他们都有战争与和平的经历,其认知谈吐,有许多民国老语文的烙印。他们的言行渗透在课文分析中,让我明白了人之为

---

[1] 郭小东,国务院政府特殊津贴专家、文科二级教授、国家一级作家。广东省作家协会原副主席,现任中国当代少数民族文学研究会副会长,广东文艺批评家协会副主席,广东作家协会主席团成员,广东技术师范大学文学院教授。主要从事中国现当代文学史研究。其主要作品有长篇小说:《中国知青部落》三部曲、"中国往事"《铜钵盂》等五部曲。著有《郭小东文集》22卷。

人，以及课文背后的东西。是他们给了我少年时期的思想开蒙和青春憧憬。

蔡老师现在的科研，正在践行并拓展这种担当。

蔡老师年纪轻轻就做了省级名师，多年前，从潮汕遴选到省城来，很不简单。她思维的智性与她的教学研究必有共通之处。

中国的基础教育，特别是人文方面的基础教育，自践行新学以降，是一个堪忧的话题，原因是中古以来的老语文，与百余年前开启的新语文，在破坏的彻底与建设的多艰之间，有太多政治所及的撕裂。新语文承担了太多不堪的义务，而致人文状况发生质的变异。

大凡对国家民族的文化前途有洞见，有忧患的教育家与学人，对此都心萦怀之。叶圣陶、丰子恺于上世纪初年，新创《民国开明语文》，撰文画图，课本新编，于社会剧变中，处变不惊。既以老语文的核心仁义礼智信为怀，又有新学新知及新旧语文的学术分野，把旧文化新文明糅合而至新境，使中国基础教育，突破家庙与私塾的有限藩篱，而融入大世界的教育轨道，其在内容及方法论的精要之处，至今不衰。

究其原因，纵观历来教育改革，早期是革命式改造，旨在又红又专，大是大非。中经"文化大革命"而后矫枉过正，又迅即市场化。安知知识人可以赎买，而知识养成绝无赎买之可能。所谓春风化雨，人文化成，是一个并不复杂的道理。人在中学时代的知识灌输，贵在认知及认知能力的培养。

人文的传承不仅仅是用来审美、丰富人类情感的，它同时负载着文明的建设与构置，也即批评即选择。它通过广义的教材来取得辨识的机会。既然作为教材，它的历史功能就同时承担着匡扶社稷度量世风的作用。对之认知的目的，自然是理性及智性之传道、解惑与授业的前提。这是一个无须讨论的定义。所以，语文教学的智性方式，是方法论问题、观念问题，也是新语文的题中之意，所谓新学同时新知，就是这个意思。

认知是指通过思维活动，如形成概念、知觉、判断或想象，获取知识。习惯上将认知与情感、意志相对应。认知是个体认识客观世界的信息加工活动。感觉、知觉、记忆、想象、思维等认知活动按照一定的关系组成一定的功能系统，从而实现对个体认识活动的调节作用。在个体与环境的作用过程中，个体认知的功能系统不断发展，并趋于完善。这也是人文传承在思维过程的抽象呈现，智性的逻辑与伦理。

语文教育的认知功能或技能，首先必须存在于语文教师的教学思维中，并成为课文的切入方式，同时形成语文教学研究的方法论。

我在多个场合，特别强调中学语文教师，首先是初中语文教师，对处于叛逆期初中生重大的人生作用，也就是对之的人生责任。少年期的人文传输，是关乎生命的文明培育的重大问题。因为，并非每一个人都有良好的家训家风，大多数孩子的人文化成，初中是一个很特别很关键的切口。蔡老师有多年的中学语文教学阅历，对此当有深刻体验。为青春病症注入的，应是相应的青春憧憬，而这种想象，是建立在对未知世界的逻辑思维与理性认知之上的。这是一副苦口的良药，它有明确靶向而又具多重考虑。智性教学的提出及对之的研究，为中学语文教学法及其观念所依托的方法论，提供了充足理由。

由是，蔡老师的课题阐述，开宗明义，而且犀利坚决。不仅仅留驻在对以往语文教学方式方法的反思，更多的是总结与探询，同时推演出建设的路径，确认智性教学的常识性与创新性，从讲授开始就赋予语文课以文学理论与人文学科的理性思维。有诗性的博识，有神性的启应。是为什么，而不仅仅是怎么办。

所以，蔡老师课题的主题阐述是非常明晰的：

"说话清楚而有条理"，其前提就是思维"清楚而有条理"。公众和学者的表达都离不开人的思维。新颁布的课程标准明确提出，高中语文学科的核心素养包括四个方面，即语言建构与运用、思维发展与提升、审美鉴赏与创造、文化传承与理解。在发展语言能力的同时，发展思维能力，激发想象力和创造潜能。语文教学要使学生"养成独立思考、质疑探究的习惯，增强思维的严密性、深刻性和批判性"；"汲取民族智慧，培植科学理性精神"。

语文教学既要发展学生情感、审美能力，也要发展认知能力、思维能力。长期以来，我们对于语文人文性的理解失之偏颇，把情感、审美当成人文性的全部，对智性有意无意地忽略了，学生整体思维水平难如人意。

联合国教科文组织曾邀请全球500多名教育家列出他们心中最重要的教育目标，"批判性思维"位居前列。资料表明，包括美国各大学在华招生等各类考试的阅读测评中，中国学生批判性思维明显欠缺；在"有效而富有洞察力地发展作者的观点，清晰地使用恰当的事例、推理以及其他证据证明自己的立场"方面，缺乏训练有素的思维过程。而当下在国内高考中，学生作文也备受诟病，最大问题也在"思维缺席"。大多数高分作文"常常沉溺于华丽的文采之中，误以为情感是唯一价值，而不知将之上升为理智，达到情理交融才是更高的层次，概念不严密、逻辑不贯通，缺乏对矛盾的具体分

析"。

不管语文学科的性质之争如何演变,发展思维能力始终是语文教学的核心。思维是语言的内核,学习一种语言,最根本的是学习一种文化和思维方式,最终获得人生智慧的提升。在实际教学中,教师往往比较注重知识积累和能力提高等目标,思维培养目标往往未作为教学的主导方向。

中学语文教学,从教材到教学方法,关乎几代人的文化与思想观念。蔡老师的课题看起来是教学科研,实质上是一种呼吁,一种力挽,一种对曾经存在而被忽略的打捞。她理论并责任地提升了教师的本分,并以文学的实践,为中学语文教学敞开一扇门。

我从刚入学的本科生和研究生们文化与学养的辨识上,往往可以清晰地看到他们中学时代语文老师的背影,风格和学识的优劣,其中道理如斯。我曾是一个初中生,所以,我非常感激给了我在青春憧憬中认知的语文老师,有笔名叫红兰谷并桀骜不驯的老师们!

语言是一种思想,思想是由严密的逻辑结构和伦理脉络经纬而后产生的主张,以及对主张的理论践行。语言的丰富性所表达的思维过程或结果,直接换算为思想的深刻性,这就是认知。中学的语文教学,除了灌输知识,还肩负对青春呓语的矫正与引导,智性认知为此而生,不可或缺。这些,蔡老师的这本书,从理论到具体的文本分析,都给出了很好很生动的呈现。

智性教学成为一种教学思想、教育理念,在各个层面的倡导与实践,作为语文教师思想与学养的重要方面,则沉闷而单一死板的中学语文教学,将会有新生面。不必拘泥于教材。即便有限的甚或有弊的教材,对于有独立的思想与思维方式的教师而言,并非障碍。真正的语文世界,远在僵硬的教材之外,这就是智性的胜利。

同行师友及历届学生,对蔡老师的学识和教学风格等,诸多美誉,言辞凿凿,为人师表,印象殊深,有崇高评价。她的科研成果,文学作品,包括学养,都充分地体现在这本书中。人在途上,已为人垂范,堪值(潮汕话)。

是为序。

2020年10月

序三：家属是一名中学语文教员

林继昌

按理说我没有资格来谈论中学教育问题，因为我的小学至中学阶段的基础教育，除了高考前临门应试补课，基本属于放任、潦草状态。并且，我由理科到从事无线技术职业，却又爱好上写作与绘画艺术创作，职业与爱好两者构成谋生技能与精神上自我实现的外套与内里，这大致是特殊时代环境别无选择的塑形。显然，自由阅读与文艺创作这部分属于个人自我教育的功课。缘文学之媒，我有幸同莉玲结为夫妻。因为爱人的职业是中学语文老师，从一名师范院校的毕业生，历经磨炼，逐渐成长为成熟的名教师，这30年间，她将教学所获得的肯定及与学生相处的快乐，同时包括在校碰到的困难、琐碎的烦恼与问题，一并带回到家中，变成我们家庭日常需要面对与讨论的话题。就此而言，我又觉得有话可说。

莉玲的教学生涯受到我的工作调动影响，2013年从汕头市第一中学调到广州市天河外国语学校。汕头市第一中学是百年名校，历史悠久，底蕴深厚，人才辈出。而广州市天河外国语学校是2012年新创办的学校，十年磨剑，中考高考成绩有口皆碑，跻身广州屈指可数的中学名校行列。因为老牌学校与新办学校运作机制落差巨大，更兼广州与汕头两地地域文化差异，莉玲到广州近十年，经历过教改理念的冲突、融汇到自适的过程。此外，面对人文环境差异、师生关系、学校与家长的关系均需做出重新调整与适应，有诸多艰难与困惑。好在女儿千越本科、研究生同在广州，许多关于学生行为心理的问题，通过母女的对话沟通找到答案。女儿打小就作为母亲学生的一

个角色,从胎儿到少儿期,就听惯了妈妈的古诗词诵读的声音,这也为其成长种下了种子,她本科读汉语言文学,热爱当代文学并练习写作,研究生又选择了古代文学作为研究方向。此也为种瓜得瓜一例。千越一直是妈妈的好帮手,由此也获得学习和锻炼的机会,譬如参与妈妈主持的广东省教学科学"十二五"规划项目"高中智性语文教学实践与研究"课题组,完成了两篇论文发表在语文核心刊物上,其中一篇还获得广东省教育学会2019年度论文评比一等奖。

莉玲天性纯净善良,因而也获得上天的眷顾。过去的几十年,从求学的那一天开始,就从一个校园到另一个校园,上课、读书、作业、考试……构成了她的日常。在外人眼里,这样的人生也许有些枯燥,但于她而言,却是适得其所,鱼水情深。或许教书育人原本就需要这样一种单纯的热爱。说诲人不倦当然不是事实,谁能不倦呢?甘于付出和输出,必然是传道授业的前提,但当一名女教师长年累月地站讲台,面对数十个孩子,让每一课时都爱心蓄满,激情洋溢,锦心绣口,以使课堂生动活泼,内心需得有多么强大,背后需要有多少付出?因为当这真空的课堂还原于日常,便是为人妻、人母以及家庭诸般的责任,沉甸甸的一生。我依稀记得,莉玲刚参加工作时,被汕头一中选派参加市教师节庆祝活动,她朗诵了诺奖得主、智利女诗人米斯特拉尔的散文诗《一个女教师的祈祷》,那一刻,诗人的诗句感动全场,朗诵获得持久回响的掌声。无疑,一名女教师、一名理想主义者的心声不分国界,它唤醒教师们共同的良知与超拔于酸甜苦辣之上的崇高感。

"让我的爱超过他们生身母亲的爱,让我疼爱他们,保护他们,就像对待我亲生的儿女一般,让我把我的学生陶冶成一首最美丽的诗,一旦我要停止歌唱,就让我动人的旋律留在他们的心上。"

诗句如同药石,作用于一名青年教师,会发生什么作用?以我数十年近距离的感知,它启迪与激发的情感,至今仍然能从莉玲的身上显现。诗中"让我疼爱他们,保护他们,就像对待我亲生的儿女一般",她几乎做到了,以至于有学生的妈妈请求莉玲做她孩子的干妈。也不难理解,毕竟,生逢一个匆忙的时代,教育被成功学的马车所挟持,更兼多数独生子女任性而叛逆,许多父母面对子女束手无策。鞭策与安抚,考验着一位老师的耐心与能力,他们每天同样要面对挫败与心灵创伤,在忘掉个人的得失与平庸的悲欢之后回到大爱,像米斯特拉尔写的那样,"让我的手在惩罚时变得纤弱,在爱抚时更加温柔"。

所有的成长都需经历旷日持久的煎熬。莉玲越过了她的青涩期,不到40岁就在汕头一中百年跨越中战战兢兢挑起一校两区50多人的大科组，又是市学科带头人，竟也能从容裕如，也就是那段时间磨就了她的胸襟、品格和耐性。

莉玲教学生涯30年中，我以为有两个时间节点对她的成长尤为重要。前为2004年的全国首届"语文之星"夏令营活动。在此次活动中，她被评为"优秀辅导老师"，也得以参加由时任国家课程标准研制核心组组长巢宗祺教授主持、成员包括北大等13所重点大学中文系主任及于漪等特级教师的"文化神州教育论坛"。她像是经历了一场突如其来的思想洗礼，跨过了一名语文教师的技术屏障，解开了语文素质教育的疑惑。她回家后兴致勃勃的神情，我知道她内心一定是被点亮了，因为她眼里传达了信心与决心。后一次，对她的教育认知和自身教学风格形成重要影响。2012年，她有幸被遴选为广东省"新一轮百千万人才培养工程"首批名教师培养对象。四年的时间里，向导师们讨教，与全省乃至全国名教师近距离切磋，到江浙、台湾等地名校参观考察、交流取经，到贵州和省内相对落后地区支教……她获得了更高的教学平台的学习和更广的活动天地的锻炼，提升了眼界，开阔了胸襟，化解琐碎，提纲挈领，似有将之前阅历、心得冶于一炉的自信，并开始疏理，将思考所得趋向一个理念，像是一粒不具名的种子，将渐渐展开她心中的一棵教书育人的树。今天看到这本业已成形的书稿，我知道，那株树的名字就叫"智性语文教学"。

"智性语文教学"命题的提出属于教学理念的范畴，这对于一个在教育一线苦苦摸索的教师来说，就像为自己找到一块基石，站上自主、理性的台阶，从理论层面观照技术层面上的知识投喂。"智性语文教学"已将经验教学提升为理念，智性指向智慧，兼顾理性与心性，既重视学生的智力开发，又兼顾学生的身心健康培育，适用现代性教学同时又应和传统的教育理念，应该是不错的教学门法。运用此理念于教学实践，纠偏纠误，通过众多的课例案例分析，生成一套可操作性教学法，避免套用理论的空泛与不适，显见是一名一线教师长期心得累积的进阶。

"把你那无与伦比的爱赋予我吧——我将全部把它献给我的学校。即使最强烈最灼热的美，也无法使我对它的深情眷恋有丝毫动摇。"米斯特拉尔的诗句启示教育者的根本主旨是爱，需要像无私的阳光雨露的施与。如此说来，一本书中所传达的教学的方法方式，反倒在其次了。

2020年12月

目 录

智性教学研究篇

智性语文教学的内涵、意义和教学原则 / 3
关于智性语文教学的文献综述 / 11
智性语文教学策略 / 15
诊断思维
　　——重构高中语文阅读课堂 / 23
高中文言文教学：拓展文化空间 / 32
互动教学策略 / 39
比喻说理：中国式思维方式 / 47
传统文化中的智育 / 49
传统文化中的恕道 / 54
语文生成性课堂教学模式 / 58
原读教学策略 / 66
智慧教学对话 / 72
高二语文教学的过渡问题 / 77

智性教学管理篇

自觉自创，后发超越
　　——试论广州市天河外国语学校的特色创建 / 83
造就智慧型名师，推动新创办学校跨越式发展
　　——以广州市天河外国语学校为例 / 91
广州市天河外国语学校和雅教育之我见 / 98
天地革，四时成
　　——汕头一中新校区巡礼 / 102
建设协作型教研组，促进青年教师专业发展
　　——在汕头市2009年高考备考现场会上的发言 / 108
教研组协作文化建设探索与实践 / 114
有行动就有成长
　　——汕头一中"国家级示范性高中验收暨教学水平评估"
　　语文组汇报课述评 / 120

智性课堂实施篇

《东方风来满眼春》教学设计 / 137
白嘉轩、鹿子霖和"民族的秘史"
　　——《白鹿原》教学实录 / 144
魏晋悲歌
　　——《兰亭集序》教学实录 / 151
独享的美好与甜蜜
　　——《再别康桥》教学实录 / 158
《鲁迅作品中的国民性》教学实录 / 166

智性应试研究篇

2006年高考评卷日记 / 175
细致重温高中必修课文 / 184

高考作文：如何抓住评卷老师的心 / 186
2009年广东高考语言基础题分析与2010年备考策略 / 202
文学类文本阅读 / 208

行走随笔篇

邂逅于漪老师 / 215
做有思想力和行动力的教师
　　——记广东省新一轮"百千万"首批名教师培养对象第一次集训 / 217
江浙行
　　——寻访名校名师 / 220
扬州梦 / 224
行者无疆，学无止境
　　——珠海郭铭辉老师跟岗学习报告 / 225
"走进丰顺"示范带学 / 230
在你可以的空间里推动变革
　　——记广东省新一轮"百千万"首批名教师培养对象第五次集训 / 235
一颗带来期待的种子，愿意做改变世界的力量
　　——台湾丽山高级中学印象 / 238
兰阳歌行
　　——参访台湾兰阳女子高级中学 / 240
台湾"全人教育"观察
　　——兼谈对"素质教育"的启示 / 242
"浙派语文"的启示
　　——天河区名教师杭州行 / 249

师生同读篇

《落花时节读旧笺》 / 253
《水客制度、族群与一座叫潮汕的城》 / 256
《暗恋桃花源》 / 259
《一个人的村庄》 / 263

《风波》／266

《断魂枪》／269

《鸳鸯刀》／272

《透明的红萝卜》／275

《树王》／279

附录

重点在于提高学生的语文素养
　　——从首届"全国语文之星夏令营"看语文考试改革 ／ 282

要大胆走出"讲—练—考—评"的局限
　　——汕头一中语文教师蔡莉玲访谈 ／ 287

后记 ／ 293

智性教学 研究篇

ZHIXING JIAOXUE YANJIU PIAN

智性语文教学的内涵、意义和教学原则

一、智性语文教学的内涵和目标

"智性"这个概念，是与传统语文教学的"情性、诗性"相对应的概念。语文教学大体分两大类：审美性语文和认知性语文。"智性语文"强调语文的认知性意义，指向人的思维发展和智慧生成。具体说，"智"包涵"智力"和"智慧"的意思。"智力"侧重于思考能力，包括观察力、注意力、记忆力、形象力和思维能力等方面。其中，思维是核心和最高调节者，其他几方面为思维提供可进行加工的信息原料和活动的动力资源。"智慧"是一个包含知识、逻辑、推理等理性因素和直觉、想象、猜想等非理性因素的高级综合体，智慧表现为独特的思想和创造性解决问题的能力。智慧可以用语言表达，更体现在人在与外部世界互动过程中的行为方式上。智性语文教学的主要教学目标是以语文课程内容和语文活动为载体，充分挖掘其智性因素，发挥其培养智性品质的功能，培养思维，涵育思想，提升人生智慧。

传统语文教学理论重视文学作品的听说读写，一般认为语文主要功能在于熏陶学生的感情（所谓情性或者诗性），而在认知上相应地主要培养学生的感知能力、记忆能力、想象能力以及思维中的形象思维、直觉思维，忽视培养抽象思维，也就是分析、逻辑思维，理论思维。

就阅读教学过程来说，审美和审智是语文阅读教学的两个重点，审美是

感性体验,审智是理性提升。然而,在实际教学过程中,许多语文教师往往重审美,轻审智。教学重心的失衡,致使学生的阅读特质偏向于感性,缺少理性的升华。因此,智性语文阅读教学的倡导和推广是对这一教学现状的纠偏。智性语文阅读教学并不排斥审美,相反,智性语文是建立在审美的基础上,通过对文本的深入挖掘,审视语言美、形象美、情感美背后作者的写作之智的。在智性语文阅读教学中,审美和审智并不矛盾。它们是智性语文的两个阶段,只有将这两者有机融合,才能全面完善、提升学生的思维能力。

高中智性语文教学理念上强调弥补传统语文教学在学生认知培养上的欠缺,加强对学生抽象思维,特别是抽象思维的深广性、严密性、灵活性和独立批判性等良好品质的培养;实践上着力探究通过读写听说诸方面教学,有效进行思维认知能力培养的具体方法和路径,全面提升学生语文素养和智慧水平,从而充分发挥语文学科人文性和工具性兼备的学科特质和育人功能。

二、智性语文教学的意义

(一)发挥学科核心价值

传统教学比较注重知识积累和能力提高等目标,思维培养目标往往未作为教学的主导方向。其实,不管语文学科的性质之争如何演变,发展思维能力始终是语文教学的核心。思维是语言的内核,学习一种语言,最根本的是学习一种文化和思维方式。

美国著名心理学家斯腾伯格等在1981年对美国公众和心理学者做过一次调查,了解他们对语文能力具体内容的理解(见表1)。

表1 调查结果表

项目	公众看法	心理学者看法
语文能力	说话清楚而有条理 具备某方面专门知识 喜欢读书且兴趣广泛 善用文字表达思想 善言辞,表达无碍 有随时随地阅读的习惯	词汇丰富,语言流畅 好读书,善理解 对事物有好奇心 言论能见及事理的各面 兴趣广泛并具有多方面知识 思考敏锐且有深度 观念表达有组织有系统

从表1看来，心理学者对语文能力的理解直指思维能力：思考敏锐且有深度、观念表达有组织有系统；公众强调实际运用，认为运用要"清楚而有条理""表达无碍"，好的表达运用也要靠思维调节。

新颁布的课程标准明确提出，高中语文学科的核心素养包括四个方面：语言建构与运用、思维发展与提升、审美鉴赏与创造、文化传承与理解。语文教学要在发展语言能力的同时，发展思维能力，激发想象力和创造潜能。

长期以来，我们对于语文人文性的理解失之偏颇，把情感、审美当成人文性的全部，对智性有意无意地忽略了，学生整体思维水平难如人意。联合国教科文组织曾邀请全球500多名教育家列出他们心中最重要的教育目标，"批判性思维"位居前列。而资料表明，包括美国各大学在华招生等各类考试的阅读测评中，中国学生批判性思维明显欠缺；在"有效而富有洞察力地发展作者的观点""清晰地使用恰当的事例、推理以及其他证据证明自己的立场"方面，缺乏训练有素的思维过程。而当下在国内高考中，学生作文也备受诟病，最大的问题也在于"思维缺席"。孙绍振老师曾批评大多数高分作文"常常沉溺于华丽的文采之中，误以为情感是唯一价值，而不知将之上升为理智，达到情理交融才是更高的层次，概念不严密、逻辑不贯通，缺乏对矛盾的具体分析"。中山大学谢有顺教授在评论目前高考作文题时指出："作文最终的目的是要解放学生的想象力，享受汉语之美，进而培养有独立思想的现代人。"如果作文题总是"让青年去重复那些一目了然的公共结论，都去靠一些小小的思想甜点过日子"，这样的作文教育会"拉低民族智商"。作文教学如此，整个母语教学何尝不是如此。

鉴于此，语文一线教师要努力探索回归语文科核心价值的教学策略和教学模式。智性语文教学策略作为一种从多年教学实践中摸索出来的课堂教学实施方法，既发展学生情感、审美能力，也发展认知能力、思维能力。它重在使学生养成独立思考、质疑探究的习惯，增强思维的严密性、深刻性和批判性，汲取民族智慧，培植科学理性精神。这对于发挥语文学科的核心价值有积极作用。

（二）适应高中生心智发展

曾调查广州天河外国语学校60位同学一个问题：你最喜欢哪一种文体的文学作品？为什么？

上初二时，这60位同学中有49位最喜欢各种各样的小说，原因是"小说情节有趣、扣人心弦""人物形象如在眼前""常让人假想自己就是其中

的人物"。

上高二时,这60位同学中有31位最喜欢时事评论,原因是"时事中蕴含着时代精神""时事评论看问题很深刻""时事评论对我的思想和人生很有启发""时评常引起我的头脑风暴"。

高二的同学喜欢看什么小说呢?这60个同学中有一半以上上高中以后偏爱看"能深刻表现人性的小说"和"能折射历史和时代的小说"以及科幻小说、侦探小说,一部分男生说"武侠小说很有想象力,不过对'江湖'价值观需一分为二看"。

调查虽然是局部的,小范围的,但也能初步见出初高中生心智思维发展的特点。

总的来说,初中生相对感性,思维中的具体形象成分占相当比例,他们喜欢并善于模仿。高中生相对理性,智力发展接近成熟,抽象逻辑思维从经验性向理论性转化,并具有充分的假设性、预计性及内省性;形式逻辑思维处于优势;辩证逻辑思维迅速发展。就思维品质发展而言,高中生思维具有更强的抽象概括性、深刻性和批判性。他们不盲从,喜欢探究事物的本质,敢于大胆发表自己的见解。但同时,他们也好走极端,易产生片面性和主观性,易出现肯定一切或否定一切的倾向。针对高中生的心智思维特点,实施智性语文教学将能更好适应高中生心智发展,引导高中生在更高层面上学习语文,同时确保高中生思维品质健康发展。

(三)实现初高中语文教学的智能势差

多年来,初高中语文无论是教学还是评价方面,螺旋式上升的特点还不明显。

请看下面两个作文题。

2013年北京中考作文题:请以"好奇"为题目写一篇文章,不限文体(诗歌除外),600~1 000字之间。

2008年江苏高考题:请以"好奇心"为题目写一篇800字左右的文章,除诗歌外体裁不限。

诚然,同题作文初中生有初中生的写法,高中生有高中生的写法。但这个理由多少有些让语文教师们理不直气不壮。深圳的胡立根教师认为,任何学习系统,其教学内容的智能水平应当远高于学生该方面现有的智能水平,从而在学习内容方面跟学生形成一个高能度的势差。学习内容、教师与学生三者智能势差越合理,学习效率就会越高;只有保持适当的智能势差,才能形成知识智能向学习者的有效流动。比较其他学科,语文科学习和评价内容方面与学习者之间未能维持一个较大的"教学智能势差",这或许是"语文教师无用论"的一个根源所在。

参照其他国家,如法国,其高中母语教学的思维要求明显较高。

请看2012年法国高考作文题。

文科(以下3题,任选其一):

(1)人们在工作中到底获得了什么?

(2)是否所有的信仰都是与理性相悖的?

(3)评点斯宾诺莎《神学政治论》一段关于"国家"的论述。

经济社会科(以下3题,任选其一):

(1)与生俱来(无法抑制)的欲望是否存在?

(2)工作,仅仅就是为了做个有用的人吗?

(3)评点伯克利在《论消极服从》中关于"公权力"的一段论述。

理科(以下3题,任选其一):

(1)没有国家(政府)我们是否会更自由?

(2)我们是否有责任追求真理?

(3)评点卢梭《爱弥尔》中关于"教育"的一段论述。

这样的作文题几乎是无所依傍的,更是难以"套作""宿构"的。中国学生带着惯用的"写作模式"、熟背的作文素材来到这里,可能无从下手。

中国是诗歌的国度,一向注重辞章文采;法国盛产思想家,更加强调思考。这样的高考作文题目,需要思考、判断,更需要"独立之思想,自由之精神"。中国当代的高中母语若能在承继传统的同时,借鉴法国这样的"思想的民族"对高中生思维和智慧的培育,应该是颇有裨益的。起码可能实现初高中语文教学的智能势差。当前各学段的语文教学目标应该更加清晰系统,有所侧重。小学侧重体味;初中侧重感悟;高中作为基础教育最高学段,则要侧重思维发展。从中学阶段来说,初中语文教学重点可放在审美上,高中语文教学则要把重点放在智性上,培养学生语文思维,这样才能形成语文学科不同学段及教学系统与学生之间的"智能势差",并在整体上使语文学科教学呈现从感性思维到理性思维培养的过程。

三、高中智性语文的教学原则：发展思维，涵养智慧；中西结合，优势发展

智性语文教学的关键词是智能、智慧。发展思维是智性语文教学的基础和起点，从培养思维入手，进一步涵养智慧，才能真正把学生培养成"智性人"。思维是抽象的，但思维是可以教的，要立足于民族思维方式，吸收现当代思维科学先进成果，以科学的方法培养学生，并以生为本，使每个学生均能得到优势发展。

生物学家和化学家运用的是科学思维的方式，文学家运用的是语文思维的方式。语文思维是思维主体在运用汉语进行认识与表达、审美与创造、鉴别与吸收的思维活动中，借助形象对语文对象展开的概括和间接的认识过程。

美国著名脑科学家、诺贝尔奖获得者斯佩里通过对"裂脑人"的研究，证实人的大脑分为左右两个半球，左半球同抽象思维、逻辑分析密切相关，管说管写，能进行数学计算，具有语言的、概念的、计算的能力，其长处是分析。有左半球优势的人，理论思维能力强，拥有大量词汇，储存和应用这些词汇的能力很强。右半球对音乐、舞蹈、节奏、旋律、绘画等空间形象有较强的感受和识别的能力，具有直觉思维、求异思维，有发达的想象，被称之为"情感半球""想象半球"或"创造的脑"。

在语文学科思维培育方面研究比较突出的专家冉正宝教授认为，可以把具有明确分工的那些"区位"称为"思维之格"。语文直觉思维之格、形象思维之格、抽象思维之格，简称"三格"，语文思维的培育主要解决的是感悟力、想象力和判断力。

山西师范大学教授卫灿金在其著作《语文思维培育学》中指出，阅读方法、写作方法，归根到底是思维的方法。基本的思维方法是指"分析和综合"的方法，以及派生的比较、分类、抽象、概括、系统化、具体化等方法。思维方法是分析和解决问题的工具。在阅读中，学生要学会运用这些方法去理解作品的内容，如对词语、篇章的理解以及对形象、主旨的把握等。在写作中，要学生学会运用这些方法去观察事物，形成观念认识，再运用这些方法去立意，选材组材，谋篇布局。

从西方心理学界和我国心理学界的研究来看，给思维下定义是比较难的。对思维的分类也有很多种看法。结合高中学生的心理和智力发展特点，着眼于高中语文教学实践，我们认为语文教学首先要重点培养学生思维的深刻性、灵活性、创造性、批判性和敏捷性五种思维品质。

深刻性：思维的抽象逻辑性（抓住本质规律，预见发展过程），主要培养概括能力。

灵活性：思维起点的灵活、思维过程的灵活；从分析到综合，从综合到分析，概括和迁移；主要培养发散性思维，一题多解。

创造性：独立、发散、新颖；鼓励独立思考，提倡尝试新方法。

批判性：善于严格估计思维材料和精细检查思维过程。全面、独立，不盲从轻信，善于分析解决问题所依据的条件，反复验证假设计划方案；善于验证思维结论是否符合实际。

敏捷性：能对客观事物做出敏锐快速的反应，它反映了思维活动中的反应速度和熟练程度。

其次，要注重开发培养中国人传统思维方式。人类的思维方法，因文化背景的不同而有差异。不同的文化环境创造不同的思维方式。中国先人对思维方式的选择根源于一定的文化背景。传统思维方法缘起于象形文字，象形文字思维方法的渊源是人们根据对事物外形的勾画，从而以其形状而命名，如，日、月、水。随着象形文字向象意文字转变，人们开始对一般事物情况进行抽象概括，使事物在一定的范畴中归类。由个别到一般，是人们认识上的一次飞跃，从象形文字发展到象意文字，是中国传统思维方法的一次突破，使得具有传统思维特点的类比方法被确立下来。象形文字向象意文字发展的过程，伴随着联想对比的过程，联想的思维就是人们进行类比思维的过程。类比思维、类比推理由此产生。

西方人运用字母文字，因而注重演绎方法；中国人运用象意文字，因而注重类比方法。西方人注重演绎，故而富于知识；中国人注重类比，故而富于智慧。

教学中，培养类比思维，要重点抓两方面。一是联想，由新信息引起对已有知识的回忆，在新信息与已有信息之间寻求解决问题的突破口。二是比较，在新旧信息之间寻找相似或相异的地方，异中求同或同中求异。要注意类比思维的层次：横向运动（从个别到个别，从具体到具体，表象上的类似）和联想运动（跨越种类，如"观物比德"）。还要注意类比思维的内容：常在天象、地法、人事间类比。类比思维从"天、地、人"系统衍生而出，体现了思维的系统整体性。

母语传统教学特别注重悟性培养。"悟"是中国传统哲学的概念。与科学认知方式以判断、推理、归纳、演绎为特征的理性思维方式不同，悟性常借助直觉、想象、猜想等非理性因素，通过主体的灵感、心悟、意会实现对事物的整体认知和感受。

中国古代语文学习非常重视悟性。孟子说："故说《诗》者，不以文害辞，不以辞害志；以意逆志，是为得之。"宋代严羽提出诗歌理论中的"妙悟"说，认为创作要经过"渐悟"到"顿悟"的过程，才能到达融会贯通、运用自如的境界。在实际语文教学中，我们也常看到，学生非理性因素的语感、悟性在语文学习中起到很大作用。

培养悟性，要善用中国人的认知和思维方式。悟性并非神秘不可捕捉，其实，它背后有中国传统的认知方式和文化背景。这个文化背景是"天人合一"的思想方法。古人认为天是规则的本源，人是自然的一部分，人这个小宇宙总是与大宇宙对应着。通过法天法地，人可以获得智慧。显然，运用理性的认知方式，难以解释悟性，也难以理解悟性的妙处，获得悟性的提升。用中国的方式培养悟性，不仅能开发人的非理性因素的智性空间，还能接续汉民族的传统智慧。

2016 年·广州

关于智性语文教学的文献综述

与智性语文息息相关的概念是"审智"。"审智"这一概念在2000年由福建师范大学文学院孙绍振教授提出。孙绍振教授在其2000年修订版的《文学创作论》序中提到当时的文艺理论"强调了情感的审美价值,而对于审美中的智性价值缺乏认识",并针对这一疏漏,在《文学创作论》中散文形式规范部分的各相关章节添加了"审智"的范畴。这里的"审智"是作为一个文艺理论范畴的概念出现的,对接到语文教育范畴,孙绍振教授以"智性"一词来体现其"审智"观,其集中论述主要在作文方面。2005年,孙教授在《语文学习》杂志(2005年第7期)发表文章《高考作文题的感性和智性含量问题——2005年高考作文命题综评》,针对我国高考作文命题状况,提出我国高考作文命题开始进入了"从在感性平面上滑行,到诱导学生深入情感和智性层次,在三维空间上进行主体建构,并对自身的思绪进行自觉的驾驭"的阶段。鉴此,他呼吁:"有自觉历史意识的人士应该毫不犹豫地把智慧、智商,把理性思维的考核提上日程。"2007年,孙教授在《语文建设》杂志(2007年第7期)撰文《从感性诗化向智性分析深化——评2007年高考作文题》,肯定了2007年高考作文在智性分析方面的深化,并认为"长期以来,我们对于语文的人文性的理解多少有些偏颇,那就是把情感、审美当成人文性的全部,对理性思考、全面分析能力有意无意地忽略了","在语文课程标准中,明确指出了学生的全面发展包括智、情、意三个方面,而不只是情感和审美",指出作文题"要从感性向智性提高,没有思考和分析是不行的"。2008年,孙教授在《中华读书报》(2008年第6期)

撰文《揭示高考作文命题之盲区——2008年全国高考作文题述评》，评述2008年全国高考作文命题，认为"高考作文命题之盲区——命题者似乎都不约而同地回避直接以抽象观念来命题"，而"教育观念中培养目标的缺失"是"对学生的理性思维的诱导和规训的严重忽略"。2010年，孙教授在《语文学习》杂志（2010年7~8期）撰文《从偏重感性抒情走向理性分析——评2010年高考作文题兼论主题概念的严密和统一》，肯定2010年高考作文题中的"理性分析"，强调"抒情散文也离不开智性分析"。孙教授认为"作文是智慧和情感的创造"，而"感情是无序的，只有以智性逻辑疏理，才能化无序为有序。智性逻辑的基础就是概念的严密性，稳定性"。那么"最实际的办法，就是强化学生对概念下定义，包括对相邻概念加以辨析的基本训练。这不仅是理性思维的基础，而且也是审美抒情的基础"。

2012年，北大中文系温儒敏教授在《课堂内外：高中版》杂志（2012年第5期）发表文章《用"智性表达"拒绝"文艺腔"》，认为高考作文要拒绝"话题作文套路"和"文艺腔"，以"智性作文"为学生提供思想表达空间，并提出语文教学是"对学生的理性思维的诱导和规训"。

温儒敏教授对智性语文教学的论述，涵盖作文命题的智性化、作文表达的智性化、思维训练的智性化。

在中学一线语文教师中，对"智性语文"的思考、理解和认识，比较有代表性的是周红阳老师、徐江老师、鞠九兵老师、尚会强老师等。

浙江省诸暨市周红阳老师2005年在《教师报》（2005年9月4日）发表文章《智性和理性：写作不可略的两大要素——从今年的高考作文命题说开去》，呼应孙绍振教授的呼吁，认为孙教授的主张"理当引起高考命题专家的充分重视，更需要广大中学语文教师在写作教学实践中积极尝试，设法落实"。隔年，周老师又于《教学月刊：中学版（教学管理）》杂志（2006年第8期）撰文《朝着智性和理性的高地继续挺进——漫谈2006年浙江省高考作文命题及其他》，肯定了2006年浙江省高考作文的智性化命题。

徐江老师2010年在《语文教学研究》杂志（2010年第1期）《语文课要加强"审智"教育》一文中提出"审智的意思则是欣赏、领会事物或艺术品所蕴含的智慧。语文教学上的'审智'教育就是要引导学生领会文本中所蕴含的智慧，从而培养学生语文生存实践智慧的教育"。而关于"语文生存实践智慧"，《人民教育》杂志（2008年第9期）《培养学生的"语文实践智慧"》一文指出，"语文生存实践智慧"包含"语文实践智慧"和"生存实践智慧"两层意思。"所谓语文实践智慧，就是一种以语言文字为质料对有关的实践或行为进行思考、想象、理解、表达的理性能力，听、说、读、写仅仅是其一定程度的具体体现，语文实践智慧的内涵要丰富得多。所谓生存实践智慧，就是一种有关实践或行为的明智考虑的理性能力，其根本点在于深思熟虑，判断善恶以及生活中一切应选择或避免的东西，很好地运用存在于我们之中的一切善的事物，正确地进行社会交往，洞察时机，机敏地使用言辞和行为"。《语文教学通讯》杂志于2010年至2011年开设了"新课程文本解读新思维系列讲座"专栏，陆续刊登了徐江老师对初中部分课文的解读。其间，安杨华于《语文教学通讯》杂志（2010年第14期）中结合系列讲座中的教学案例，以《构建语文审智教学新系统——解读"新课程文本解读新思维系列讲座"专题》为题，较为具体地论述了徐江老师的审智理论。

江苏尚会强老师和鞠九兵老师也对"智性语文"的内涵进行了思考和界定。

尚会强老师在《文教资料》（2008年第28期）《语文的"意""义"特质》中提出"智性语文"的概念。他通过论述语文的"意"（sense）、"义"（meaning）特质，提出以下看法："语文有'意''义'之别，可以把语文分为两大类。即重在发挥语文之'义'的智性语文和重在发挥语文之'意'的诗性语文；智性语文又可以称之为思义性语文，强调语文的认知性意义；诗性语文又称为诗意性语文，强调语文的审美性意义。"

江苏省如皋市第一中学特级教师鞠九兵老师在其博客上发表博文《智性语文——我的追求》，文中写道："拟确定'智性语文'为主要研究方向，以语文新课标为基准点，通过反复实践，不断总结，形成便于学生接受的语文教学模式，不断提升教学艺术水平，逐步形成鲜明的教学风格——'智性语文'。"他提出尝试从理论层面探讨"智性语文"的定义："什么是智性？目前似乎也没有确切的定义，通常指的是智慧（知识）和认知（见解）。'智性语文'意思是语文学科是充满智慧这个特性的，无论是阅读还是写作（表达），都有方法技巧，都讲究智慧力与策略性。"

在智性语文教学实践方面，尚未见到系统的论述，相关的内容是散见的，分点概述如下。

在总的语文教学方面，葛满玲在《学周刊》杂志（2011年第31期）中从语文教学的发展和语文的教育目标角度撰文《智性理性并举，诗性美育合

一》，认为"为使高中语文教学沿着高效、有序、科学的轨道发展，笔者在语文教学中从以下四个方面去抓：开发多元智能，推进智性教育；加强思维训练，突出理性教育；注重情意熏陶，强化诗性教育；提升语文素养，实施审美教育。语文教学的智性教育、理性教育、诗性教育和审美教育是相辅相成的，共同为实现人的可持续发展这一教育目标服务"。

在阅读教学方面，刘卫锋在《语文教学通讯》杂志（2009年第3期）中从语言分析的角度撰文《文本细读：关注智性表达》，认为"文本是语言的艺术品，作者贴切而最具表现力的创造性表达，笔者名之为'智性表达'。对课文这一承载教育功能的特殊文本中的智性进行辨识、探究、品味，揭示作者的文心与智慧之所在，可以全课文之神采，充分展示课文的魅力及作者的才情；同时可以增长师生的智慧，提升思维和审美水平，增强表达的创新意识"。魏晓斌在《语文教学与研究》杂志（2010年第1期）中从教师阅读教学的要求出发撰文《阅读教学中如何展现智性之美》，认为"如果对文本的解读没有深度，解读过程中没有智慧之光，这样的教学是枯燥的，是一种无效教学。阅读教学须剖肌析理，用心用智，细读文本，细察作者用意"。

在课堂教学方面，李伟在《大连教育学院学报》（2004年第20卷第3期）发表文章《谈语文课堂提问智性的实现》，认为语文课堂提问的智性，可从设置问题情境、设计问题类型、控制提问过程三方面实现。张正耀在《中学语文教学》杂志（2012年第6期）发表文章《顶层设计：课堂教学的智性要求》，针对课堂教学支离破碎的情况，提出必须树立"顶层设计"的教学理念："就是站在智性与理性的高度，立足于课程目标、文本价值和学生语文素养发展等高端因素对课堂教学进行总体构想，科学、多元、全面地预设学生的学习结果并精心实施。使课堂教学既有整体的明确性，又有具体的可操作性。"

国外尚无此类研究。

由现有资料来看，智性语文的相关研究是较为零散的，是不系统、不深入的，且与教学实际相结合的部分主要集中在初中阶段。故高中智性语文的研究是很有必要的，它既要从学生智力的实际出发，更要以学科理论研究成果为指导，将理论与实践相结合，系统地分析、评估和研究高中智性语文教学。

2012年·汕头

智性语文教学策略

  语文教学大体分为两大类：审美性语文和认知性语文。"智性语文"强调语文的认知性意义，指向人的思维发展和智慧生成。具体说，"智"包含"智力"和"智慧"。"智力"侧重于思考能力，包括观察力、注意力、记忆力、形象力和思维能力等方面。其中，思维是核心和最高调节者，其他几方面为思维提供可进行加工的信息原料和活动的动力资源。"智慧"是一个包含知识、逻辑、推理等理性因素和直觉、想象、猜想等非理性因素的高级综合体，智慧表现为独特的思想和创造性解决问题的能力。智慧可以用语言表达，体现在人在与外部世界互动过程中的行为方式上。智性语文教学的主要教学目标是以语文课程内容和语文活动为载体，充分挖掘其智性因素，发挥其培养智性品质的功能，培养思维、涵育思想、提升人生智慧。

  三年多来，笔者一直在进行"高中智性语文教学实践与研究"课题研究。笔者认为，在高中实施智性语文教学有其必要性。首先是能更好适应高中生的思维心理发展需要。高中阶段是人的高阶思维和认识水平发展迅猛的时期，语文教学理应做相应的调整。新课标指出："高中生身心发展渐趋成熟，促进他们探究能力的发展应成为高中语文课程的重要任务。"这方面有普遍共识，不多赘言。其次是能更有效地区分小学、初中、高中各学段的语文教学主要任务。长期以来，语文各学段之间尤其是初中、高中之间的螺旋阶梯式体系不明显。笔者认为，分清各学段教学任务，就要明晰各学段语文教学目标的侧重点：小学侧重体验；初中侧重感悟；高中作为基础教育最高学段，则要侧重智性发展。从中学阶段来说，初中语文教学重点可放在审美

上，高中语文教学则把重点放在审智上，这样才能形成语文学科不同学段及教学系统与学生之间的"智能势差"，并在整体上使语文学科教学呈现从感性思维培养到理性思维培养的过程。再次，不管语文学科的性质之争如何演变，发展思维能力始终是语文教学的核心。思维是语言的内核，学习一种语言，最根本的是学习一种文化和思维方式，最终获得人生智慧的提升。在实际教学中，教师往往比较注重知识积累和能力提高等目标，思维培养目标往往未作为教学的主导方向。

一、从审美走向审智

近些年，高考学生作文屡被批评"滥情""缺乏思想内涵"。输出跟输入密不可分，写作上这种"滥情"倾向其实跟阅读教学有关。这些年，社会上有崇尚"美文"的风气，很多语文教师也让学生读"美文"，写"美文"。所谓"美文"，往往是辞藻美、意境美的随笔小品，或是由一个感人的故事得出人生启迪的"鸡汤文章"。这其中也有给学生"美"的熏陶的作品，但先不论其美是否为"大美"，突出的问题是，学生陷入此类美文阅读的审美惯性后，往往只关注美，而不关注丑和智性因素；沉溺于审美，而不会审丑和审智。孙绍振老师在谈到审智时曾指出："不可能从'审美'的'美'中衍生出与之相对应的'审丑'范畴，更不能从'审美'的抒情衍生出反抒情的'审智'范畴。"审智不可能从审美活动中自然衍生，审智是一个有独立价值的认知过程，一个完整的阅读过程必须从审美走向审智。

从审美走向审智，要树立智性阅读的意识。耽于审美抒情诚然跟教师的教学惯性有关，也跟大的文学背景有关。就散文而言，很长一段时期，中国散文理论主流是"真情实感"论，著名论述是"散文是一种表达内心体验和抒发内心情感的文学样式"。这种理论投射到中学语文教学中，就会使散文教学乃至整个文学作品教学过程中都重在体味作品的情感，关注作品的审美价值而忽视作品的智性价值。

从审美走向审智，要关注文本的智性因素，引导学生深入思考探究。现行各版本教材中有很多典范的论述文和议论性散文，文言文如贾谊《过秦论》、韩愈《师说》、王安石《游褒禅山记》，现代文如钱钟书《论快乐》、周国平《面对苦难》、余秋雨《道士塔》……其中的理性、智性，是作品的纲领和核心价值，应成为教学的重点。议论性文章的智性教学自不待言，而对于文学作品的教学，也不应该止于审美，有时更可将重点放在智性探究上。《雨巷》的教学，因为其体裁是诗歌，很多教师都将其优美的音韵、朦胧的意境、象征的手法和抒情的方式作为课堂教学的重点。笔者讲授这首诗歌时，发现在导学阶段大部分学生对这首著名诗歌的思想情感和艺术手法早有了解且较为到位，对这首诗的文化价值很有探究兴趣。于是，笔者把审美层面的活动安排在学生小组合作学习环节完成，课堂学习重点放在探讨该诗歌折射出的文化层面的价值上。通过文本细读、互动碰撞，查资料、读评论，学生有了新的发现：《雨巷》塑造出一个反复寻觅、辗转怅惘的形象，这一形象在传统文学中早有渊源，最为典型的例子便是《诗经》中的《蒹葭》。相比《蒹葭》，晏殊《蝶恋花》中的"昨夜西风凋碧树，独上高楼，望尽天涯路"更接近《雨巷》的情感，多了一分求而不得的凄伤。在教师的引导下，学生联系王国维"人生三境界"说，进一步分析探讨，达成共识：这个追寻者的形象，表现了具有普遍意义的人生困境，也体现了一种锲而不舍的人生境界。

从审美走向审智，并不意味着排斥审美，相反，智性语文是建立在审美的基础上，通过对文本的深入挖掘，来审视语言美、形象美、情感美背后作者的写作之智，来探究美之为美的价值。如上文《雨巷》的教学，学生感受美，又反思美、探究美，在审美的基础上走向审智，审智的过程伴随着审美活动、审美感受，审美又通过审智过程获得强化深化。总之，审美和审智是阅读活动的两个阶段，它们互相观照，互为补充，相辅相成。只有将这两者有机融合，才能实现从感性走向理性，全面培养学生的阅读鉴赏能力和语文思维能力的目标。

二、发展高阶思维

实施智性语文教学，要大力培养学生的思维能力。新课标修订版把"思维发展与提升"作为学科核心素养之一，强调通过语言运用，使学生获得思维品质的提升。对高中生而言，提升思维品质，要关注高阶思维的发展。高阶思维，是指发生在较高认知水平层次上的心智活动和认知能力。美国教育学家布卢姆将思维发展过程具体划分为六个教学目标，由低到高为记忆、理解、应用、分析、评价和创造，前三者为低阶思维，后三者为高阶思维。

在课题研究中，我们在实验班着重培养学生的创新思维能力，提高学生

的创造力。创新思维是一种能够发现新知识、获取新知识、解决新问题的智慧和能力，是比一般思维更高的形式。一般认为，创新思维包括五个方面思维能力的综合活动，即质疑思维能力、假设推断思维能力、探究验证思维能力、想象联想思维能力、发散思维能力与聚合思维能力。

（一）质疑思维能力的培养

创新是从质疑开始的，质疑是一个积极思维的过程，是发现问题、提出问题的过程，教师要在教学过程中放开课堂话语权，鼓励学生大胆质疑。

在写作思维训练中，笔者常鼓励学生质疑成论定则，由此获得质疑的勇气，得到质疑的途径和方法。比如，质疑成语"玩物丧志"。先引导学生从词义入手，了解卫懿公玩鹤丧国的成语故事，理解其合理性；再引导学生结合自身实际和生活实例，发现其不合理性，引发理性质疑；在学生热烈讨论时，推出于光远对"玩"的界定、林逋梅妻鹤子的故事、苏东坡的《放鹤亭记》三个资料，帮助学生有力质疑。最后水到渠成归纳质疑方法：运用概念、运用事实、运用原理。同时，明确质疑不是简单的否定，而是独立思考、深入求证的结果。

（二）假设推断思维能力的培养

假设推断思维，就是对提出的问题，在深入探究、验证之前，先对它做个初步的假定。这也是培养学生创新思维能力的重要一步。引导学生对问题做出假设或推断，能促使他们积极探究，以验证自己的假设或推断是否正确。

课题组教师在讲授《哦，香雪》一课时，给学生留下了一道思考题：预测香雪和台儿沟的未来。问题抛出来后，学生根据自己对作品和现实社会的理解和认识，提出各种假设，远超过教师的预设。在学生各抒己见之后，教师展示了二十年后台儿沟及台儿沟里的姑娘们的图片，以及相关的网络资料，学生把自己的假设推断与真实的结果做比照，对自己假设推断过程中的不合理处进行反思修正。在这过程中，学生的假设推断思维能力得到了一次很好的训练和提升。

（三）探究验证思维能力的培养

有了疑问，再通过假设推断，只完成了创新思维能力培养的一小半。这个假设是否正确，要拿出事实或证据来证明。拿出事实或证据来证明的过程，就是探究论证的过程。培养学生的探究验证思维能力，主要是让学生学会根据问题去收集材料，这就是"问题解决"法或"任务驱动"法中的一个重要的探索过程。探究验证思维能力的培养，要强调实证精神和文献研究方法，提高学生的信息素养。

课题组教师在讲授《孔雀东南飞》一课时，学生提出一个问题：刘兰芝被遣归后，上门求亲者却络绎不绝，这似乎不符合中国的传统道德习惯。有学生回应说与当时的社会风俗有关，也有学生回应说是艺术创作需要。教师不急于讨论，而是布置学生利用网络搜索东汉的婚嫁风俗及相关资料。第二节课，学生分享查阅到的资料，如"汉武帝时正统儒者的言论尚未完全拘束人们的社会行为""汉武帝时的成文法律没有明确地限制妇女再嫁，社会对妇女的贞洁也不太在意"。还有的学生用搜索到的汉朝的实例进行推理佐证，如汉武帝的母亲王夫人、西汉的卓文君、东汉文学家蔡邕之女蔡琰等，无一不是再嫁，由此可见兰芝遭遣而求婚者众有其特定时代文化背景。师生共同对搜索到的信息进行整合筛选，明确这一情节既真实地反映了当时的婚嫁民俗，也从侧面烘托了刘兰芝的形象，突出了其悲剧性。在这个环节的教学中，教师有效地把语文学科和信息技术整合起来，引导学生掌握文献研究方法，培养学生的实证精神，进而使学生养成理性探究验证的思维习惯。

（四）想象联想思维能力的培养

联想、想象是创新思维的有效形式，通过联想、想象，可以把意象的丰富内容展现出来；可以把许多意象联系起来，从中把握客观事物的本质、相互联系及其规律；可以开阔思路，从而产生、形成新的意象。实践证明，联想、想象并不是教出来的，而是靠学生自己"想"出来的，所以教师必须善于点燃学生联想、想象的激情。据笔者观察，这一方面很多教师在实际教学中都做得较好，教师们善于在教学中创设自由的思想环境，借助信息技术和语文学科整合，提供多种情境资源，帮助学生展开联想、想象的翅膀。

（五）发散思维与聚合思维能力的培养

发散思维与聚合思维能力都是创新思维能力的重要组成部分。发散思维是指对一个问题从多角度着眼、搜寻多种可能性、从多方面探讨的思维过程，它总是思索解决问题还有什么新的方面、新的途径、新的方法。聚合思维是以集中思维为特点的逻辑思维，它根据已有的知识经验，向着一个方向去思考，得出一个认为是最好的结论。发散思维和聚合思维是相互补充、相辅相成的。在思考过程中，发散如果不以聚合为前提，思维就不会获得成果；聚合如不以发散为前导，也不会有创新。实际教学中，教师多重视发散思维，而忽视聚合思维的培养和训练。其实，聚合思维在语文阅读与写作活动中也非常重要。阅读时缺失聚合思维，往往会断章取义；写作时缺失聚合思维，往往会片面理解材料。鉴于此，笔者常设计一些生动有趣的小练习训练学生的聚合思维能力。

比如：一家烟草公司试制了一种新型号卷烟，命名为"环球牌"，正准备大张旗鼓推出的时候，却适逢全国性的反对吸烟运动。请你运用聚合思维，为"环球牌"香烟拟一条广告，不超过20字。

学生练习情况并不好，经过一番交流分享后，他们一致推荐出"吸烟有害健康，除了环球牌香烟"这条广告词。等到教师展示该公司的广告词为"禁止吸烟，连环球牌也不例外"时，学生才悟到推荐的广告词并没能很好运用聚合思维。笔者在思维训练的教学实践中发现，整体上看，学生聚合思维能力比发散思维能力弱。发散和聚合是一对相辅相成的思维方式，一定不能厚此薄彼，只有两者都得到发展，才能提高创新思维能力，从而提升学生的高阶思维品质。

三、重视悟性培养

"悟"是中国传统哲学的概念。与科学认知方式以判断、推理、归纳、演绎为特征的理性思维方式不同，悟性常借助直觉、想象、猜想等非理性因素，通过主体的灵感、心悟、意会实现对事物的整体认知和感受。

中国古代语文学习非常重视悟性。孟子说："故说《诗》者，不以文害辞，不以辞害志；以意逆志，是为得之。"宋代严羽提出诗歌理论中的"妙悟"说，认为创作要经过"渐悟"到"顿悟"的过程，才能达到融会贯通、运用自如的境界。在实际语文教学中，我们也常看到，非理性因素的语感、悟性在语文学习中起到很大作用。

培养悟性，要善用中国人的认知和思维方式。悟性并非神秘不可捕捉，其实，它背后有中国传统的认知方式和文化背景。这个文化背景是"天人合一"的思想方法。古人认为天是规则的本源，人是自然的一部分，人这个小宇宙总是与大宇宙对应着。通过法天法地，人可以获得智慧。显然，运用理性的认知方式，难以解释悟性，也难以理解悟性的妙处，获得悟性的提升。用中国的方式培养悟性，不仅能开发人的非理性因素的智性空间，还能接续汉民族的传统智慧。

比如指导议论文写作，引导学生积累大量事实论据，善用铁的事实证明观点诚然有力；而引导学生观察天地自然，观照人与生活，领悟到其间的对应关系，进而激发灵感，实现对"理"的深入意会，并逐步具体化为文字，经过这样一个体悟的过程获得的"理"，会因切身体悟而多一分说服力与感染力。在这个过程中，学生真正经历一次"天人合一"的体验过程，悟性将能获得有效提升。

又如指导对事物特性和道理的理解认识，不一定采用精准语言繁复界定，用"比"，往往有更深入而生动的效果。或"比较"辨出高下，或"对比"分清正反，或"比喻"明晰事物特点，或"类比"推出同类事理。这"比"，也是中国式的认知思维方式。因为"天人合一"，以物象取譬就显得理由充足，远象近物皆可成为比的第一手材料。"比"的可贵之处，也在于它是一个切身体悟的过程。

培养悟性，要加强生活积累和体验。古人的"悟"虽然不强调经过严密的逻辑分析和推理，但并不是虚空的。它强调凭已有的知识、经验去感知、理解与体验，从而获得整体性的认识。所谓"厚积薄发"，应该就是指经过长期积累获得更高悟性的过程。

积累几乎是每个语文教师都会对学生提的要求，但因为少设计、缺落实，很多积累活动收效不佳，对学生的悟性培养很有限。笔者认为，积累要做好两方面：一是设计活动，二是加强体验。把积累放到活动的篮子里，积累就变得具体而有序；把积累与自身体验结合起来，学生才真正有自己的理解感受，才能将积累变成自己的经验认识，从而促进悟性的提高。

笔者在人教版选修教材《中国小说欣赏》的教学中，就进行了通过积累与体验相结合培养学生悟性的尝试。第一阶段，布置寒假自主阅读全书，做批注和读书笔记的作业；第二阶段，开学后用两周时间小组合作学习，研究小说中的人物形象，形成关于人物形象的文学评论；第三阶段，举行主题为"他们"的年级读书报告会，要求全员参加，自定表现形式，报告自己读书的成果。报告会上，每一个同学都上台展示，有说书、有经典片段演绎、有自创作品朗诵、有对小说的改写、有名著影视作品配音……常规读书报告会宣读论文的形式反倒少了。在这次活动中，第一阶段是基础积累，第二阶段是深度积累，第三阶段则是强化体验。由于前两个阶段积累任务落实，读写结合，第三个阶段体验深入到位，阅读积累活动取得了很好的成效。从学生呈交上来的书面作业中，可以看到很多有个性、有深度的文字，感受到学生

思想的蜕变和飞跃。下面是《白鹿原》组几位同学的读书报告发言片段，不引用文献，未进行论证，率性而言，却灵气逼人，悟性可嘉。

（1）《白鹿原》并没有从当时文学作品中常见的尖锐阶级矛盾、家庭冲突或是社会的变革起笔，而是描写了一个团结和谐的乌托邦逐渐从外部分崩离析的故事，它开辟了一个新的思考维度：历史永远是进步的吗？（马靖成）

（2）家族现象全世界普遍存在，人是群居动物，动物的本能是生存。家族最原始的目的是互帮互助，好在充满威胁的世界中存续。因而，若家族成为欲望与权力的寄托，必然走向覆灭。（刘望炜）

（3）白鹿原这片土地，具有田园乌托邦的理想色彩。当理想破灭，人物的命运也就走向悲剧的尽头。但其对土地的依恋、热爱，对亲情的珍视，对家族的维系仍十分动人。（苏琳琳）

（4）《白鹿原》深刻地指出了国民精神形成之过程，也让读者看到，惰性力量消淡之时便是新兴思想崛起之日。（曾蔚琳）

（5）《白鹿原》是充满了民间烟火味的家族史诗，在一定程度上重构了民族精神。（王星月）

2016年·广州

发表于《语文月刊》2017年第11期

诊断思维
——重构高中语文阅读课堂

新课改十余年,课堂的变革远未完成。一方面,旧课程中某些滞后的意识、经验,其巨大的生成性不断通过新课程的实施投射出来,影响、阻碍新课程的秩序建设和价值建构;另一方面,新课程在与课堂的对接过程中产生了很多新问题、新情况。为此,每个教师对自己课堂的持续审视、反思尤为重要。

一个圆满的课堂要实现主客体关系的和谐。课堂的主体是教师和学生,客体是课程和教学目标。首先要确立教师和学生的课堂角色及双方关系,实现教师和学生"双主体"的和谐;在此基础上,确立课堂教学的追求与价值,最终实现课堂主体和客体的和谐,由教师主体推进学生主体与课堂最高追求与价值的对接。

基于诊断思维的阅读教学策略试图重构阅读课堂中的师生关系,确立阅读教学的根本价值及追求。"诊断"和"思维"是诊断思维阅读教学策略的关键词。诊断思维课堂有"双主体",学生是"思维"主体,其主体性表现在高度自主阅读过程中思维活动的自由展开;教师是"诊断"主体,其主体性表现在对课堂逻辑系统的把控,对学生阅读思维活动的推动。诊断思维的阅读课堂把学生思维发展视为阅读教学的根本价值及追求。基于诊断思维的阅读课堂与一般阅读课堂不同之处在于:一般阅读课堂重理解、体味、欣赏,感性突出;基于诊断思维的阅读课堂更强调在理解、体味、欣赏的感性基础上的理性超越。教师通过"诊断"学生阅读过程中的"思维之病",以

适当的思维方法对症下药,推动学生完成从主观、感性阅读到客观、理性阅读的超越,实现对文本的精确解读与理性批判,从而最终实现阅读课堂的最高境界:感性与理性相得益彰,从感性到理性圆满上升。

一、诊断:教师课堂角色转换

纵观世界技术发展史,每一次技术的进步都会带来教育的革命。当代社会,数字传媒和网络技术使非线性超文本学习环境成为现实。翻转课堂、可汗学院、微课,率先改变了传统课堂。夸美纽斯以来的以教师为中心的传统教育理念和班集体教学的传统教学流程正面临革命性改变,课堂结构的改变也必然带来教师课堂角色的转换。

信息技术社会背景下的阅读课堂,教师何为?

一个不争的事实是:学生"先学"已成为趋势,学生在知识的学习、能力的初步形成方面已可能在较大程度上实现自主完成。那么,教师课堂中的主体地位是否还在?教师的主要职能是否还是传授知识?

综观今日的语文阅读课堂,新理念蓬勃发展,但也有不少"以改革之名行倒退之实"的课堂,名曰"自主学习,以学定教",实则课堂失序肤浅、缺乏语文味甚至违背学科规律,整个课堂呈现一种无趣的热闹、廉价的狂欢。究其原因,主要就在于把学生主体地位和教师主体地位对立起来,"扬此抑彼",为发挥学生主体性,弱化或异化教师主体性。一些课堂教师个性情感被消解,课堂放任自流,遑论深度对话;一些基于导学案的课堂有效教学技术化倾向严重,学案与试卷无异,教师很大程度上异化成指导做题者。

任何弱化教或学的课堂都不是教学的最佳境界。世界上最早的专门论述教学的论著《学记》,其名称不叫《教记》而称《学记》,即说明教、学同源,教、学一体。教育心理学家加涅的"认知—指导论",主张"接受学习"和"发现学习"的科学结合。从有效教学过程看,有效教学意味着教师的有效指导,包括有效讲授并促进学生主动学习,也包括向学生提问并倾听学生的看法。

因而,只要课堂在,教师的主体地位就在。而信息技术环境向教师的课堂主体地位提出了挑战。课前学生"先学"之后,课堂教师"后教"教什么?课前学生可以获取海量知识并可能在学习过程中已初步形成相关能力;这样,教师面临的挑战将是海量信息和更加高度个性化的学生,教师课堂上的"后教"将由对知识的系统讲授转变为对海量信息的梳理、整合、提炼，去伪存真，去芜存精。更重要的是，推动学生智能系统向更高层次发展。在未来的课堂中，教师除了要有高度的专业知识技能，更要有捕捉瞬间与精微的洞察力，准确的判断力和因材施教的行动力。这就类似于医者的"诊断"角色，"诊断"作为医学名词，意为诊视而判断病情及其发展情况。教师作为课堂的诊断者，也需要有对学情的高超临床技术和观察技术，并由传统的封闭式的"治疗"转向开放式的"治疗"，准确把握学科内在规律，调控课堂节奏，高度对症下药、因材施教，最终推动每个学生学科素养的高度个性化发展。

二、思维：阅读核心价值回归

联合国教科文组织曾邀请全球500多名教育家列出他们心中最重要的教育目标，"批判性思维"位居前列。而资料表明，美国各大学在华招生等各类考试的阅读测评中，中国学生批判性思维明显欠缺；在"有效而富有洞察力地发展作者的观点""清晰地使用恰当的事例、推理以及其他证据证明自己的立场"方面，缺乏训练有素的思维过程。而当下在国内高考中，学生作文也备受诟病，最大的问题也在于"思维缺席"。

相对于具体想象思维，今天的高中生抽象逻辑思维缺失尤其严重。抽象思维是人类思维的核心形态，是思维的高级阶段。但新课标并未明确提出语文课程培养该思维能力的具体目标；新课标提出语文课程三维目标体系即"知识与能力""过程与方法""情感态度与价值观"，未直接显示对思维能力发展的要求。有专家指出，"语文课程改革存在淡化理性的盲目情绪"。思维缺席，是否与新课标的导向有关？

课标明确指出：语文是人文性和工具性的统一。作为"交际工具"和"学习其他知识的工具"，其前提是：学生通过语文学习获得了方法，发展了思维。所以，缺失思维培养的语文课堂，也就难提落实语文的工具性了。而综观许多阅读课堂，人文性有余而工具性不足。甚至有一种倾向，好像只要是好的阅读课就完全等同于"人文课"，而工具性则是"上不了台面"的。沉溺于感性体验是当前阅读课堂的普遍弊病。有的阅读课堂沉溺于文本的感性，对文本仅做理解体味，不质疑批判；有的阅读课堂沉溺于读者自身的感性，无限放大阅读者的个人感性，简单质疑，过度批判。

阅读课堂的核心追求是什么？应该是文化和思维方式。学习一种语言，最深层次就是学习一种文化和思维方式。语言与思维本来就是互为表里的。朱绍禹教授认为，"语文课是语言学科，同时也是思维学科。"乌申斯基强调："谁想要发展学生的语言，首先应该发展他的思维能力。离开思想单独发展语言是不可能的；在发展思维以前发展语言甚至是有害的。"思维还与人格有互构关系，独立的思维能力与独立的人格一起构成人之为人的根本。雅斯贝尔斯认为学生"通过接受教育从而获得反思和辩驳能力，而这种能力也是具有高尚人生境界的一种标记"。

因而，理想的语文阅读课堂，在传递相关知识技能的前提条件下，应该为学生的成长营造出广阔的思维空间和良好的思维环境，应该指向更高层级的情感、思维和精神。诚然，各学段的阅读目标要求不尽相同。小学侧重"体味"，初中侧重"感悟"，高中作为基础教育最高学段，则要侧重"思维发展"。这样，才能在整体上使语文学科阅读教学呈现从感性阅读到理性阅读的过程，形成语文学科不同学段及教学系统与学生之间的"智能势差"。

三、实施策略

（一）尊重课堂道德

周建平先生说："教学，就其本真而言，是人类的一项善举，是道德的。"一个课堂有管理、效率等科学性、规范性要求，同时也有和谐、美好的伦理道德要求。尊重课堂道德，就要着眼于师生作为真正的人的发展，实现课堂中人愉悦的精神体验。思维只有在自由放松的状态下才能保持积极活跃。传统的知识教学往往把自己关注的"视点"放在知识掌握上，让学生"多快好省"地掌握知识，这或许就是罗蒂所批判的"知识的傲慢"在课堂教学上的反映，这种"知识的傲慢"往往使课堂成为学生思维精神成长的"屠宰场"。

诊断不是阅读课堂上教师的最高职责；诊断是为了无须诊断。阅读是一种高度个性化的活动，教师要竭尽全力使每个学生的思维维持在一个活跃、自由又正确的轨道上。实施诊断思维阅读策略，首先要把解读文本的自主和自由真正交给学生，使学生在意义建构和生成的过程中体验到阅读的乐趣和自我的尊严。这才是体现课堂道德的课堂。倡导思维教学的宁鸿彬老师对学生提出阅读的"三不"思想：不迷信名家；不迷信书本；不迷信老师。同样倡导思维教学的郭铭辉老师，其"散合式"教学法也注重给学生创造最宽松、安全的环境。"散"课教师对课文不做任何的评价、暗示和导向，要求学生完全用自己的脑子去读书。进一步提出教师"三不"思想：不点名发言；不讽刺发言；不搪塞发言。强调教师对学生有问必答，包括回答"不知道"。在实施诊断思维阅读策略时，也要注意全程三环节"道德化"：导学环节不做价值引导；交流环节不过早介入；诊治环节不下结论先行。

（二）关注文本逻辑

一个文本可以提炼学习的方面是很多的。可以是思想内容方面，如情感、态度和价值观；可以是形式方面，如语言、结构和艺术特色等。这是欣赏性阅读。实施诊断思维阅读策略，更应关注思维赖于发展的文本内在逻辑，即不仅关注文本是什么样的，还要关注文本为什么成为"这样"，怎样成为"这样"，还可以"怎样"……变对文本的横向阅读为纵向阅读，这是思维性阅读。

诊断思维的阅读课堂倡导关注文本逻辑，因为基础性阅读和欣赏性阅读可以在学生"先学"环节的自主学习、小组合作学习中完成；而课堂"后教"环节则应重点落实思维性阅读。

关注文本逻辑，要注重整体阅读。不少阅读课堂也有整体阅读环节，但只是概括文本内容，其实整体阅读环节还应有意识地引导学生理清作者思路，关注作者思维发展的脉络，进而把握作者写作文本的逻辑系统。在这个逻辑系统下对文章语言、表达技巧的赏析才不是肢解的、碎片化的。

关注文本逻辑，更要关注牵一发而动全身的"点"，以点带面，使文本内在逻辑如剥笋般昭然若揭。

例如，《最先与最后》一文，思想深刻。若只是从头到尾地读，可能总结出这样的结论：从《韩非子》赛马说起，谈中国人的处世态度；先写"不为最先"的具体表现与不良后果，再写"耻于最后"的具体表现与不良后果；最后表明自己的观点："不耻最后"的人，乃是中国将来的脊梁。这样的整体阅读，只是从横向上理解，学生对文本思想认识就可能较浅表，对"这样写"的原因意图印象不深，思维也就未能有效与文本思维对接。若引导学生抓住"题目为并列结构，为什么重点写'耻于最后'"这一点思考，即可一步步推出文本逻辑系统："耻于最后"的具体表现和严重后果（反）——"不耻最后"的精神内涵（正）——"不耻最后"的人能重建中国的脊梁（写作意图）。

这个追问推断的过程，学生需联系文本背景，借助推理手段和联想、想象推断写作意图。这样，学生就实现了对文本的纵向理解——不止于对作者观点的理解，而深入到对文本背景、作者写作意图的把握。同时，还获得对阅读的"体验式"认识：阅读要紧紧跟着作者的思维脉动，才能实现对文本的精准理解。这种"体验式"认识不断累积，学生就能形成理性阅读的良好习惯。

（三）落实"诊治一体"

诊断是为了促进学生思维的健康发展。为此，要落实"诊治一体"，针对学生思维的盲点，采取行之有效的措施，使学生掌握正确的思维方法，从而提升思维能力。

高中生思维具有更高的抽象概括性与理论性，开始产生辩证思维、抽象逻辑思维，从经验性思维向理论性思维过渡，但在相当大的程度上仍依靠具体经验材料，不善于从理论上进行推导。表现在阅读上，往往有概念混淆、判断模糊、以经验代替理性、分析片面表面化、推论不严密等问题。针对以上问题，笔者尝试以下三种方法，较为有效。

1. 比较法

比较是一种重要的思维方法，通过比较可以辨清事物特点，认清事物之间的关系。任何事物都是和外界相联系的，分析一个问题，将它和相关事物、相关问题的内在关系联系在一起，联想、引申、比较，就能避免流于表面、以经验代替理性的毛病。

在探究《装在套子里的人》的主题时，一名学生提出这样的看法：该文批判了无聊冷漠的人们对弱者的残害。这个看法显然有误读成分。其暴露出的思维问题是：（1）看问题较为表面，只看到别里科夫的"孤独"和结局的死亡及众人对别里科夫的嘲笑；（2）因对推论前提"别里科夫和其周围人们的形象"理解偏差，导致结论也出现偏差；（3）可能联想到《祝福》，但思维迁移时以感性经验代替理性分析。于是，再做点拨，引导比较：一个民族的国民有他们共同的劣根性，人性也有其隐藏的通病。同学们从俄罗斯国民性的角度来理解主题，并且注意到鲁迅与契诃夫作品的一些共性，这是很有价值的。要注意的问题是，文学作品有它的客观规定性的主题，我们在进行再创造的阅读时，也要尊重作品的原创主题。请比较契诃夫和鲁迅对国民性的批判，比如：他们笔下的"看客"形象有何异同？他们对人物（如别里科夫和孔乙己）的态度一样吗？国民的劣根性是如何造成的？

通过文本细读、分析，同学们达成以下共识：

（1）别里科夫跟孔乙己、祥林嫂不一样，他不是弱者，他是反动、卑鄙的；（2）孔乙己、祥林嫂是被冷漠、残忍的人们有意无意推入死地的，而别里科夫的死是有他自身的必然性的。

通过比较，学生认识到，要通过反复揣摩语言，深入分析人物形象，才能透过现象看本质；前提很重要，若前提不成立，结论也就站不住脚了。

2. 文献法

文献法即引进资料文献为学生思考提供佐证，从而判断正误。学生思维上片面的毛病，往往跟其阅历较窄、所掌握的材料信息有限有关。在他们因此被"哽住"时，提供相关文献材料，往往能使学生的"思维断层"迅速接上。

一名学生读完《最先与最后》后，认为鲁迅"只批判，不指正"。应该说，这种挑战大家的精神是可贵的，问题是学生只是凭其读过的《最先与最后》一文就做出结论。这容易助长学生轻易批判、以偏概全的习惯。于是给他提供以下材料：

真的猛士，敢于直面惨淡的人生，敢于正视淋漓的鲜血。

——《纪念刘和珍君》（1926年）

青年们先可以将中国变成一个有声的中国。大胆地说话，勇敢地进行，忘掉了一切利害，推开了古人，将自己的真心的话发表出来……只有真的声音，才能感动中国的人和世界的人；必须有了真的声音，才能和世界的人同在世界上生活。

——《无声的中国》（1927年）

要治这麻木状态的国度，只有一法，就是"韧"，也就是锲而不舍。

——《两地书·致许广平十二》（1932年）

通过分析这些不同时期的材料，学生重新得出较为客观的结论：

（1）从鲁迅最后十年的创作历程来看，他一直在建构"中国的脊梁"。

（2）时代所限，鲁迅也不可能一下子提出明晰的做法。

（3）《最先与最后》批评"不为最先，耻于最后"的心态，提倡"勇为最先，不耻最后"的态度，先驳后立，"立"也可以视为一定程度上的指正。文章最后还指出"那虽然落后而仍非跑至终点不止的竞技

者和见了这样竞技者而肃然不笑的看客,乃正是中国将来的脊梁"。

3. 溯本法

溯本法即回到文本,以文本为抓手,环环追溯问题根本。追溯的过程,就是一个"假设—验证"的思维过程。"假设"实际上包含了"获得暗示—确定问题"的思维程序,"检验"实际上包含了"观察—分析"的思维步骤。这也是杜威"五段思维"的主要步骤。

学生阅读《敬畏自然》,认为其中只有"敬"没有"畏"。理由是:

(1)《现代汉语词典》中的"畏"是害怕的意思,这篇文章较少写到人们"害怕"自然。

(2)比起"敬",文中写"人们的害怕"的比例太小了。

这样的问题,学生是经过思考分析的。但就此否定课文又显得轻率。于是,鼓励学生追根溯源:假如课文是可以成立的,作者是可以怎样自圆其说的?循着这个假设,学生开始多方验证:

(1)课文一些语言形式,比如反问句这种句式也能表达恐惧、忧虑、恳切警告的强烈情感。

(2)课文是节选,被删部分(原文最后3段)表达了更加强烈的痛心、恳切,这痛心也是"畏"的一种表现,可能是编者删改文章时也删减了"畏"的成分。

(3)作者严春友在《关于〈敬畏自然〉》中如是说:有的老师把"敬畏"中的"畏"解释为"害怕",我感觉这种理解太实了……在敬重的前提下,对于自己的言行有所约束……在这样一些伟大的力量面前,我们所产生的是一种惊异,由惊异进而生出敬畏。

通过多方验证,学生为作者自圆其说:我们认为课文没有"畏"是因为把"敬畏"理解为"又敬又畏",而作者把"敬畏"理解为"因敬而畏"。

在此基础上,教师进一步总结:事实上,语言在运用发展过程中,也会经历多元解读的考验。两种解释都可以自圆其说。不管是"又敬又畏",还是"因敬而畏",都是"敬畏"!

作者和编者提倡"敬畏自然",最重要的是要启示我们更真诚地去思考人与自然的关系。

此外,还有其他方法,比如反诘法,即从反问追问,使学生从反问的问题中,认识自己原有的错误,加以矫正,并发现思维的线索,找到问题的答案，产生自己独特的判断。苏格拉底就经常采用这种方法，达到启发受教育者思维的目的。总之，诊治方法不是一成不变的。运用之妙，存乎一心。关键在于准确掌控课堂思维走向，诊得准、治得稳。一针见血，直指学生阅读过程的思维盲点；一语道破，指点迷津，促成学生思维质的飞跃。

2015 年·广州

发表于《语文月刊》2015 年第 6 期

高中文言文教学：拓展文化空间

一直以来，文言文教学是语文课改的"玉门关"。一成不变的"字字落实"的教学模式，使文言文教学陷入刻板自闭的境地。

"字字落实"教学方法的初衷是通过对文言词语的咀嚼，让学生更加扎实地理解古代汉语。如果说，在初中阶段，切实落实字词教学有夯实基础的作用；那么，到高中阶段，单一的"字字落实"的教法就不合时宜了。首先，高中生已掌握了基本的文言字词感性材料，对文言文有了一定的"语感"；其次，高中生已有一定的现代文基础，文言文与现代文"本是同根生"，可以融会贯通。此外，不少机械的"字字落实"的文言文教学，实质上只是字词句的教学，只见"言"未见"文"，更未见"文"背后的思想感情、价值观念、审美趣味和思维方法。

朱自清先生曾指出："在中等以上的教育里，经典训练应该是一个必要的项目。经典训练的价值不在实用，而在文化。"《普通高中语文课程标准（2017年版2020年修订）》设置了两个文言文学习任务群："中华传统文化经典研习"和"中华传统文化专题研讨"。前者旨在"积累文言阅读经验，培养民族审美趣味，增进对中华优秀传统文化的理解"。后者旨在"加深对传统文化的认识和理解"。基于经典教育价值和新课标要求，高中文言文教学要拓展文化空间。

当然，高中阶段的文化教育不等同于大学阶段的文化专业教育。许嘉璐先生给文化下过这样的定义："文化是人类所创造的一切物质、制度和精神。"周思源先生也曾提出，汉语学习初级阶段的文化定位表现为"文化因素"或"文化背景知识"。笔者认为，高中阶段的文化教育应重在构建文化常识体系，挖掘文学之美，弘扬民族精神。

一、构建文化常识体系

这里的"文化"是从狭义方面说的，主要指一般的文化常识。古代文化常识是先人社会文化生活的高度浓缩和提炼，涵盖宗法礼俗、天文历法、古代典籍、古代地理、饮食器用、音乐文娱、科举制度等文化内容，是文言文文化教学最直接、最基础的部分。文化常识作为考点进入高考试题已有多年，但目前这个考点有点尴尬，不少教师和学生表示，主要是靠"碰运气"。虽然这个考点的能力层级定位为"理解"，但实际教学中多变成"识记"，甚至是脱离了具体语境的识记。高一高二的文化常识教学是零碎的、分散的，高三备考则一股脑把一本《高考文化常识》抛给学生，让学生硬背。拓展文化空间的文言文教学，要从改变文化常识教学开始，构建文化常识体系。

第一，要有意识地把文化常识纳入教学设计，融入教学内容的理解过程中。

当前的文言文教学设计，较少把文化常识作为有机部分纳入其中。只有走进每篇文言文的教学设计，文化常识才不会是教学中随意带过的词语，而是课文内容的有机部分。这方面，台湾文言文教学可资借鉴。笔者曾赴台湾考察听课，台湾同行的文言文课都会在课前给学生发放讲义。讲义篇幅少则一两页，多则一个小册子；内容中文化常识占大部分，分门别类，目标明确，解说具体。如台湾薇阁高中一名国文教师的《兰亭集序》讲义，除了补充注解重点文言词语，还有大篇幅文化常识，计有历法、时令知识讲解、中国书法简介、王羲之《兰亭集序》书法帖鉴赏要点、文化名词"魏晋风度"解释等，作者简介还附有"东床快婿"等趣闻轶事；每项文化常识后都附有思考小问题或归纳导引。相比之下，我们的文言文教学预习案或学案，基本上都是"言"的集合——文言实词、虚词、文言活用、特殊句式等文言现象的归纳与训练。

一节文言文课从教学设计和课前预习开始就要引导学生积累和学习文化常识，教学过程也要有意识地把文化常识融入内容理解中。一方面，文化常识对于理解文章思想内容有不可忽视的作用；另一方面，只有放在具体情境中，文化常识才是活的，才能够准确理解并获得相关文化体验。比如《廉颇蔺相如列传》一课涉及"九宾之礼""广成传""上卿""左右"等古代礼仪及官职知识，把"九宾之礼""广成传"等礼仪词语放到相关情节中，就既能理解为什么蔺相如不满秦"礼节甚倨"以至以死相要挟，同时也能认识到各种礼仪的不同隆重程度。把"上卿""左右"等官职知识融进廉蔺矛盾发展的情节中，人物矛盾、情节发展以及古代官职级别常识就都能迎刃而解。总之，要让文化常识回到特定情境中，发挥它们在理解文章内容上的"钥匙"作用，同时引导学生养成在一定语境中理解文化常识的习惯。

第二，循序渐进，集腋成裘，搭建立体的文化知识体系。

高一高二注重积累，紧扣教材，抓住重点，突出特色。每个经典篇目突出一两个重点即可。如学习《廉颇蔺相如列传》，可重点讲授"九宾之礼""广成传""上卿""左右"等古代礼仪及官职知识；学习《鸿门宴》，可抓住"沛公北向坐，张良西向侍，项王、项伯东向坐，亚父南向坐"，重点理解古人方位与尊卑常识；学习《张衡传》，则不仅了解张衡这位古代伟大的科学家的科学成就，还可大致了解古代地震预报的知识……统编教材的文言文兼顾不同历史时期和文体内容分单元编排，这为文化教学提供了便利。教师要善于在单篇教学、专题教学、群文教学、单元教学等不同层面教学中，从点到面，横向归纳，纵向勾连，最后"纵横交错"，使学生了解各个方面文化常识的基本内涵及其发展演变，明晰不同历史时期文化内容的大致特征，认识中国古代社会文化生活的整体样貌。

高三备考前期，要将必修课本和选修课本中散见于各篇课文中的古代文化知识做一个系统的整理，篇篇小结，册册归纳。高三备考中期以后，注重实战演练，运用巩固。要培养学生联系课内知识的意识和习惯，做到项项求出处；遇到超出课本范围的古代文化知识，要能够充分调动原有相关文化常识积累，在文言文语段的上下文语境中灵活理解，合理推断。

这样，在情境中理解，在理解中运用，在运用中巩固。高中三年循序渐进，集腋成裘，搭建起一定文化情境中的立体的文化常识体系。

二、挖掘文学之美

经过千百年大浪淘沙，现存的文言文不仅是文化经典，也是文学精品。统编教材中的文言文更是进行中国古典文学教学的经典范本。高中文言文教学要充分挖掘这些经典作品的文学之美,引导学生体会其精神内涵、审美追求和文化价值,培养民族审美趣味,增进对中华优秀传统文化的理解。

文言文的文学性主要指其表现形式,体现在文体的选择、章法的考究上和语言的锤炼上。先人通过行文结构、选材剪材等技巧以及对字词的精益求精,来充分表达自己的"情"和"志",达到文章内容与形式的完美结合。挖掘文言文的文学之美,要重点落实文体教学,体味文言文独特的语言魅力。

中国是文章大国,也是文体大国。刘勰《文心雕龙》集前人之大成,归纳出"骚、诗、乐府、赋、颂、赞、祝、盟、铭、箴、诔、碑、哀、吊、杂文、谐、隐、史、传、诸子、论、说、诏、策、檄、移、封禅、章、表、奏、启、议、对、书、记"等三十五种文体。每种文体都有各自的写作目的、要求和语言、风格特点,都有其内在的特征和规律。这往往正是文学作品美之所在。中山大学吴承学教授认为,"以文体为先"是中国古代文学批评与文学创作的传统与原则,只有在汉语言文体的背景下,才能领悟中国古典文学的妙处。而长期以来,中学文言文教学几乎"不论"文体,或者只是把文体作为一个背景性知识进行讲授。学生读完高中三年几十篇文言文之后往往还不能列出文言文主要文体的特点。

统编教材特别强调文言文的文体教学。首先是选文体式丰富,其次是单元编排注重文体对照学习。教学时可先从单篇入手,精细分析文体特征;再多篇比照,强化对不同文体特征的认识,深入探究作者表情达意时选择这种文体而不是其他文体的内在因由,体会文章意蕴和艺术表现特点。统编教材必修下第七单元编排两课共计四篇课文:第14课《谏太宗十思疏》《答司马谏议书》和第15课《阿房宫赋》《六国论》。涉及奏疏、书信、辞赋、史论四种文体。教学时要紧紧抓住一点:写作内容相近但选用不同文体的内在必然性。《阿房宫赋》是赋辞的典范。刘勰《文心雕龙》:"赋者,铺也;铺采摛文,体物写志也。"赋有铺排描写、夸张扬厉的特点,这样的文体特点正贴合了作者复杂且层层升级的思想感情表达:对统治者骄奢淫逸的批判,对王朝没落、百姓艰难的忧愤,对当世统治者的警告。这样的文体特征也使杜牧磅礴的才情得以充分发挥。同样,魏征要直言进谏,他选用奏疏;王安石要剖白心迹,据理力争,他选用书信;苏洵要借古讽今以史为鉴,他选用史论。这些文学经典作品皆因文体与内容高度契合,文质兼美,成为千古流传之作。

同时要体味文言文的语言特点和表达技巧，进而理解中国传统审美情趣。文言文语言凝练、典雅而往往又委婉含蓄，需要静下一颗心，才能体味到其语言与情意同构的特点。文言文中的词汇、句式都是贴合了作者表情达意的需要的，文章的语言风格也是作者情性特点和审美情趣的外在表现。《兰亭集序》是写宴集的序文，却"不类常流"：修辞上不尚辞藻，不堆砌典故，写江南三月却无一点"花红柳绿"，写宴会却"无丝竹管乐"；句法上也不追求骈句，而以散句为主。这与《滕王阁序》这样的经典宴集序文明显有所不同。仔细体味探究，会看到《兰亭集序》素朴淡雅、简练自然的语言表达形式，与文中"有节制的乐"是高度吻合的。在这背后，还可以体会到作者王羲之"清鉴贵要"的性情，可以感受到笼罩魏晋的"聚散无常"之雾；再进一步探究，还可以溯源到汉民族的一个审美传统：乐而不淫，哀而不伤。

教学中，为保持古代文学作品的风味，可借助古代语文体味语言的方法，如吟诵、化用、评点和古诗文互解等方法。古诗文互解的方法颇为简易高效，不仅可以帮助学生更好理解文本的文学情味，还可收到群文阅读的效果，拓宽学生的文学视野，提高学生的审美情趣和文学鉴赏能力。比如，讲读《鸿门宴》，引入项羽的《垓下歌》和李清照称颂项羽的《夏日绝句》，让学生更全方位认识项羽这个立体的人物形象；讲读《归去来兮辞》，大量引进陶渊明诗句，与学生共同步入陶诗的独特意境中；讲读《孔雀东南飞》，引入陆游和唐婉的爱情故事，陆游、唐婉两首肝肠寸断的《钗头凤》，使同学们对刘兰芝、焦仲卿的爱情悲剧有了更广阔的联想空间和更深入的理解余地。有时可以以任务驱动的形式驱动学生进行拓展阅读。比如，以林觉民《与妻书》表达的感人情怀驱动学生阅读《〈黄花岗七十二烈士事略〉序》，以文天祥诗《金陵驿》抒发的强烈情感驱动学生阅读《〈指南录〉后序》；以王维诗《夷门歌》凸显的传奇色彩驱动学生阅读《信陵君窃符救赵》……

三、弘扬民族精神

《普通高中语文课程标准（2017年版2020年修订）》指出："学习中国古代优秀作品，体会其中蕴含的中华民族精神，为形成一定的传统文化底蕴奠定基础。"文言文教材记录着传统文化，承载着民族的传统精神。那里面有以天下为己任的治世精神，有扶危济困、惩恶除奸的侠义精神，更有珍视人格、向往自由的清洁精神……余秋雨先生说："教学说到底是人类的精神和生命在一种文明层面上的代代递交。"实现民族文化精神的代际递交是高中文言文教学的目标。教学中要善于剥开多层复杂的信息系统，直抵文化内核，激活字里行间包含的民族价值观和传统精神，把从一篇篇文言文中激活提炼出的民族价值观和传统精神"植入"学生的心中。对于显豁明示的民族自古以来共同崇尚的精神，要旗帜鲜明，点到要处，深入理解。如读到《兰亭集序》"死生亦大矣"处，需深挖明示：重视生命价值和生存意义，对后来人和历史怀有强烈的责任感和使命感，这自古以来就是中华民族的精神传统，跟太史公司马迁"人固有一死，或重于泰山，或轻于鸿毛"的生命价值认识是一脉相承的。对于不甚显豁之处，要多做体味探究，循文入理。《劝学》"锲而舍之，朽木不折；锲而不舍，金石可镂"一句，字面是说坚持学习的道理，其中隐含着中国人自古以来对人生理想和人生价值的认识：立功、立言、立德，流芳千古，实现"不朽"。坚持学习之所以以"金石"作比，乃是因为"金石"指钟鼎和石碑，上面镌刻着历史和歌颂人物的铭文、碑文。坚持学习是立功、立言、立德的途径，也即是实现人生不朽精神价值的途径。

对于传统文化的继承问题，《普通高中语文课程标准（2017年版2020年修订）》又指出，学习文言文要"以客观、科学、理性的态度认识作品对中国文化发展的贡献"，要能"就传统文化的历史价值，时代意义和局限等问题，用历史和现代的观念进行审视，表达自己的看法"。基于此，教学中要注意培养学生的历史情怀和理性精神。读文言文，实际上也是在读史。语文课的"读史"，与历史课的"读史"毕竟不同，历史课重在全面的通读，语文课则主要表现为感性的"点击"。文言文因其固有的文化内涵、文学色彩，较容易将学生导入历史情景。虽是一些零碎的"切片"，点击次数多了，历史文化情景就会衔接叠加，形成沉淀。若能有意识日积月累，对于培养学生历史情怀大有裨益。在教学过程中，要充分借助作品的文学性，创设"回到现场"的情境，再久远的历史事件、历史场景，也尽量让它具有"现场感"，让学生如亲临其境，与历史人物同休同戚、同悲同欢。与此同时，要注意培养学生的理性精神。教学中特别注意提高学生"辨"的能力。新课标对"中华传统文化经典研习"这一任务群的教学指导强调"增进对中华优秀传统文化的理解"，也提醒对"局限性"的认识。这体现了我们继承历史文化一贯的"取其精华，弃其糟粕"的基本原则。文言文精神遗产中，难免掺杂有糟粕或者精华糟粕互见的部分，这需要通过"辨"，一分为二，去芜存菁。另外，因年代久远，历史背景不清或学生自身知识储备不足、思想认识水平有限，文言文学习过程中，学生会有更多疑惑，会出现更多难以达成共识的问题，这也需要"辨"，拨云见日，廓清认识。比如，如何理解《报任安书》司马迁借《史记》留名偿辱的选择？《归去来兮辞》中陶渊明该不该"归去"？《苏武传》中李陵在走投无路时对一个不义朝廷的背叛是否情有可原？对于学生的有疑之处，要舍得花时间深入"辨"，不同角度不同层次"辨"，不同方式不同对象"辨"。先站在历史立场上"辨"，再用现代观念加以观照；先独立思考，再小组讨论班级分享；先同学辩论，再教师裁决；先"原读"，再参阅相关研究论著。总之，"奇文共欣赏，疑义相与析。"要善于发现问题，敢于直面问题，乐于碰撞交锋，持之有据，言之成理。真理愈辩愈明，更重要的是，只有辨明了，学生才能心悦诚服地接纳传统文化、传统价值观，文言文教学才能收到弘扬传统文化和民族精神的效果。

发表于《语文月刊》2021年第3期

互动教学策略

步入21世纪,随着全球化、信息化时代的到来和学习型社会的确立,教学理念发生根本性转变,课堂形态和传统的教学方式也亟待变革。

作为一种主体性的教学方式,互动教学把教学过程看作一个教与学、人与环境交互活动、交互影响的过程,包括师生互动、生生互动、学习个体与教学中介互动、人与环境互动。通过诸方面互动,产生教学共振,优化教学过程,提高教学成效。同时,互动教学也把教学过程看作师生、生生生命交往的过程,通过优化教学互动方式,师生、生生在知识、情感、思想、精神等方面相互作用和交融,实现生命的共同成长。

笔者所在学校广州市天河外国语学校自2012年建校以来,实施每班30人的小班化教学,致力于探索研究小班化课堂互动教学,本人也通过教学实践和行动研究,初步提炼出小班化互动教学策略。

一、准备策略:从小组走向个别

源于对传统班级授课制的反思和对教学组织形式改革的不断深入,从20世纪六七十年代开始,美国、法国、日本等教育发达国家开始探索实施小班化教学,我国在20世纪80年代末也兴起了小班教学的研究与实践。

由60人的大班到30人的小班,课堂时空发生了根本性的变化,课堂人际交往距离大大缩短。学生有更多的时空体验和实践知识的产生、形成和发展过程,和伙伴的关系也更加紧密;教师可以更加灵活地根据学生实际和现实条件变通课程、活化教材，可以更加及时、清晰地掌握学生群体、个体学习态度和学习过程的细节性变化。小班教学带来的诸方面优越性需要启动课堂深层次互动机制，促其联结组合、优化深化，催生变革教学组织形式后的连锁成效。

目前，小班教学往往以小组形式组织课堂教学，因为这既可以照顾学生的个性差异，也可以保持班级教学的规模效益。分组教学的基本策略是"同质分组"，也可"异类分组"。根据学科、课型、教学目标等具体要求，可以有多种变式，如能力分组、兴趣分组；同教材分组、异教材分组；显性分组、隐性分组等。分组教学希望实现的是复式教学的追求，即一名教师在一个课堂中面对不同水平层次的学生，与不同水平层次的学生都能有良好互动；分组教学往往要求学生自主学习，要求学生间有更深层次的互动，实现同伴互助。

而我们在实践中发现，小组教学诚然提供了更优越的互动的客观条件，但课堂多层次良性互动并非都能如期而至，我们期待的"兵教兵"也并非都能有令人满意的效果。究其原因，主要在于分组后内部仍可能存在较大差异，有些弱势学生在小组中心理障碍更加明显，分组不能从根本上解决两极分化的问题。

倡导走向个别化教学的小组教学或许能在一定程度上弥补这一不足。行为学研究表明：教师视野的最佳覆盖范围在28人左右。既然如此，我们在课堂上也要尽量照顾到每个个体，尤其是在师生互动环节，要关注到每个有障碍的学生。为此，我们的课堂组织形式并非强调固定的小组，而是经常根据需要灵活变换方阵。需要更大范围的合作互动时，是6人小组；需要深入对话互动时，是两人同桌；需要一对一师生互动或自我互动时，是单人单桌。30人的班级，是5个小组，也是15张同桌、30个个体。小班化互动教学要能在小组和个别间自如转换。一旦小组教学走向个别化学习，现代教学也就实现了向教学的本源回归。

二、课堂策略：合作与生成

课堂是互动教学的主阵地。课堂参与互动的有教师和学生，也包括教材和外部环境。以下主要分析课堂中人的互动策略。课堂人际互动的主体是教师和学生，教师以个体呈现，学生则以一个群体、若干小组、多个个人的形式呈现。教学上的互动，就是指在教学过程中，这四个方面的两两组合，相互影响、相互促进，共同实现教学目标的过程。

如何促进这些关系持续深入地有效互动？关键在于合作和生成。合作是互动的起点和基础，生成是互动的目的和归宿；合作是互动课堂的起始阶段，生成是互动课堂的深化阶段；合作阶段的主体是学生，生成阶段的主体是教师；合作与生成前呼后应，构成课堂互动系统。

（一）合作

1. 尊重课堂伦理道德

合作是互动的生态条件，互动建立在理解和信任之上，它只有在自由放松的状态下才能保持积极活跃。周建平先生说："教学，就其本真而言，是人类的一项善举，是道德的。"[①] 课堂的伦理道德在于着眼于师生作为真正的人的发展，使课堂中人平等、自由，实现课堂中人愉悦的精神体验。

在课堂实践中，笔者与学生达成以下4点共识：（1）倾听他人；（2）理解他人的情感；（3）尊重他人的看法和行为；（4）给每个人展示的平台。由此，课堂讨论、分享、交流、表达自然而然。笔者曾让学生对本人一节常规课的互动情况做统计，结果显示：师生碰撞12人次，生生碰撞28人次；师生对话回合最多8个；个人发言次数最多8次；全班30名同学在课堂互动过程都能开口回应；全课掌声4次。一节课40分钟，因为省去了举手提问环节，更重要的是因为在放松的状态下，学生思维反应快速敏捷，表达也畅通无阻。一名刚毕业的学生在网上发表一篇题为《天外，你究竟是一所怎样的学校》的文章，其中一段是这样的：

> 你从来就没有过度死板严格的规矩，你似乎从来就深谙人这质料本身是比形式更重要的东西。我从未见过如此活跃涌动的课堂，所有人各抒己见，不需要仪态端正地举手十分钟以博得一个提问的机会。可是这里的人们又是那么会沉静下来。当需要的时候，沸水可以在一瞬间凝固成鸦雀无声，漫天飞散的思绪和意见可以一刹那收聚到最安静的一点。

"天外没有举手制""在天外，有话就说，不爽就撕"。这是学生调侃的话，也反映出天外课堂的伦理道德特征。

[①] 周建平. 追寻教学道德 当代中国教学道德价值问题研究［M］. 北京：教育科学出版社，2006：1.

2. 教师在合作中的角色

互动教学的代表性理论是美国心理学家阿尔伯特·班杜拉（Albert Bandura）的交互决定论和罗伯特·米尔斯·加涅（Robert Mills Gagne）的学习条件论。根据班杜拉的理论，认知活动和学习行为的产生要通过内在的心理历程和外在环境刺激的互动，个体在社会情境中因受别人影响而学习到新的行为。应用在互动教学中，强调教师要积极引导学生自我观察、自我评价、自我强化，培养自主学习的能力和习惯；确认适当的楷模和示范者，建立行为的功能性价值。美国教育心理学家加涅主张教师扮演积极角色，充分安排、指导学生学习。应用在互动教学中，则要求教师注重整体有系统的教学设计；管理学习和学习情境；为学习者安排具有支持性的外在学习条件。

整合这些理论，在一个课堂的合作学习中，教师的角色有时是引领者，有时是平等中的首席，有时只是一个倾听者。具体来说，教师是课程的设计者和推动者，是学生学习的指导者和促进者，是学生心灵的引领者和培育者；同时，也是互动教学系统中的学习者，是学生学习活动的欣赏者；有时，也只是一个倾听者甚至旁观者。

天河外国语学校的课堂，鼓励教师走下讲台。特殊情况下，教师缺席课堂，但课堂的良性互动如常展开，因为教师已经为课程学习制定了相关要求和进度。此时，教师在场不在场都一个样。

3. 生生合作方式

合作的基本精神是承认并利用学生之间的差异，基本要求是成员间的互帮互助。它要求成员的责任是双重的，个人不仅对个人负有责任，对其他成员也负有责任。

关于合作学习，国内外提出很多行之有效的方式。在实践操作层面中，我们首先考虑能多层次、深层次促进课堂互动的策略；同时，兼顾三方面标准：（1）需要独立思考、相对复杂且需要与他人深入交流的学习任务和合作方式，这主要考虑到本校学生整体能力较强的特点；（2）有利于培养终身学习能力；（3）有利于促进学生生命成长。表2列举的几种方式是笔者常采用的旨在促进课堂互动的学生合作方式。

表2　促进课堂互动的学生合作方式

合作策略	基本过程	适用范围	特点作用	互动类型
"思考—组队—共享"法（Think—Pair—Share，T-P-S）	1. 提出一个教学主题； 2. 学生分别独立思考； 3. 学生在团队中表达分享自己的思考结果	完成课堂学习任务	有效提高课堂参与度和思维品质	分享互动
"小组—游戏—比赛"法（Teams—Games—Tournaments，T-G-T）	1. 教师讲述； 2. 小组学习； 3. 小组间比赛； 4. 评比奖励	作业、测验	激发竞争意识和团队合作精神	竞争（游戏）互动
"已知—想学—学到"法（Know—Want to know—Learned，K-W-L）	1. 列出已经学会的内容"K"； 2. 思考希望进一步了解的问题"W"； 3. 个人思考，小组学习； 4. 列出共同学习后学会的内容	单元总结、引入新课	养成良好的思考方式和学习习惯	反思互动
"小组调查"法（Group—Investigation，G-I）	1. 共同计划学习内容； 2. 分工、探究调查； 3. 呈现报告	专题探究及研究性学习	培养探究精神，掌握研究方法	协作互动
"小组帮助下的个别化和小组加速的教学"法（Team-Assisted Individualization and Team-Accelerated Instruction，T-A-I）	1. 小组成员分层独立学习； 2. 小组成员根据答案相互检查并登记统计学习情况； 3. 进度快的成员辅导进度慢的成员	合作者在不同领域独立学习	合作学习和个别化教学相结合	异步互动

（二）生成

生成、互动，是一切课堂活动的追求。互动是为了生成，无生成的互动不是有价值的互动。叶澜教授说：应该用生态的思维来研究课堂。构成生态

的是活体，它是变化生长的，生态模式是一种交互作用。所以，课堂不是简单地以谁为中心，而是要通过教与学的交互作用，有生成和涌现。

在进行着眼于生成的互动教学实践中，笔者做了多方面的尝试，以下这几个方面是比较行之有效的。

1. 活化课程

所谓活化课程，即对课程进行"激活"，对统一的教材和教辅资料进行再度开发，更鲜活地演示知识的来龙去脉，将课程内容与学生生活经验对接，赋予文本时代化的意义，融进自己个性化的理解认识，挖掘蕴含在教材中的可能的意义和价值……激活课程，还意味着教师引导学生创造性地参与课程的生成过程，使课程处于不断被创造的流动之中。在经过这一系列工作之后，课程才算"活"起来了。而只有为学生提供"激活"了的课程和教材，学生也才能被"激活"，课堂互动才可能进入深层次阶段，从而实现互动的价值：生成。

授课时，笔者尝试"打通通道"活化课程的做法：打通不同学段通道；打通不同学科通道；打通课堂和生活通道……一系列通道打通之后，课程就活了，课堂互动生机盎然，课堂生成不断涌现。

2. 基于问题

问题往往是互动生成的催化剂、导火索。基于问题，互动生成。一方面要善于设置问题。问题是思维的起点，作为起点的问题在激活思维之后，又成为问题最终得以解决的动力。学生会寻求辩论、讨论、交流、交锋，直至最终解决问题；另一方面，要善于追问反诘。在学生以为问题解决之后，要善于连环追问，促进飞跃式互动生成；在发现学生思维不够缜密时，也可以反问、追问，使学生从反问、追问的问题中，对错误加以矫正，并发现思维的线索，形成新的判断和认识。苏格拉底就经常采用这种方法，达到使受教育者思维得以启发、认识得以深化的目的。

在实践过程中，笔者所在学校倡导"先学后教，以学定教""把课堂还给学生，让课堂充满生命活力"的课堂价值观，强调以学生问题为起点备课，"先学"环节设计"问题式"导学案，"质疑有声"是"问题式"导学案的重头戏，多角度引导提出问题：可以提出疑惑，也可以质疑教材。这样基于学生问题的教学设计进入课堂，往往一石激起千层浪，生成很多精彩的火花。

3. 提供支架

互动生成课程的设计是以维果斯基的支架理论作为理论基础的。维果斯基将认知的发展分成实际的发展层次和潜在的发展层次,前者是指个体能够独立解决问题的层次,后者则是需要在他人引导或合作下才能解决问题的层次。这两个层次之间的差距,称为邻近发展区。所谓提供支架,就是由教师提供一个暂时性的支架来协助学生发展学习能力,把邻近发展区转化为现有发展区。在操作上,要根据学生需要决定提供更多的支架还是撤销支架。

提供支架的意义在于帮助学生理解知识、解决问题、建构意义,最终实现知识的新生成,能力的新成长。

学完《最先与最后》一课,学生对鲁迅作品中的国民性产生疑惑,主要是认为鲁迅夸大了国民劣根性。教师提供了以下支架:(1)历史中的事实,如历史教科书、纪念馆中旧中国相关照片;(2)作品中的事实,即其他作家作品,如《骆驼祥子》(祥子最后变成一具行尸走肉)和萧红《小团圆媳妇之死》(揭示了"无意识无主名杀人团"),以及鲁迅本人的相关作品及言论;(3)其他作家关于中国国民性的论述。

借助一级级支架,学生展开讨论,最终大体达成一致:鲁迅笔下的国民性基本是那个时代真实的反映,是"放大"而非"夸大"。

尤为可贵的是互动后的生成。课后,学生继续深入探讨国民性,提出很多创见。有的学生深挖国民劣根性,反思当今中国突出问题;有的学生认为鲁迅批判犀利,今人要取其批判精神,但同时也要积极思考出路,多些社会担当;有的学生提出国民性中"仁"与"麻木"有相关性等。

三、课后策略:反思与补偿

课堂互动教学有一个重要的环节:课后。从教学过程看,一个完整的互动循环既要有课堂互动的核心环节,也要有课前组织形式的前提环节,还要有课后反思补偿的巩固延伸环节。从互动效果看,互动诚然可以是一个回合的交流,若能实现多回合的循环互动,效果会更加显著;从互动的时效看,互动可以是即时的,也可以是继时的。由于缺乏评估与跟进,教师对课堂教学过程中的学情状况,难以获得一个理性的把握。缺失了课后的巩固互动,整个互动教学的教学目标可能功亏一篑。

根据笔者的教学实践,小班化互动教学课后互动比较有效的方式是反思与补偿。

反思是一种特殊的思维方式,它凭借过去经验中观察到的现象做出推理,这些推理经过检验作为后来行动的依据。在互动教学实验中,笔者和学生每天对自己的教学行为和学习行为进行反思。教与学双方对同一节课、同一个教学内容进行反思,就又构成新一轮的对话,形成反思互动。师生双方在彼此的反思中增进了解和理解,特别是在对知识的演绎方式及理解接受方式方面达成更深层次的谅解和默契。更多的时候,教师通过学生反思发现自身"时常为自己的偏见和个人倾向所蒙蔽"的问题,比如笔者一直认为学生会很喜欢逻辑非常严密、思想非常深刻的课,但通过学生反思了解到,其实学生要求课堂条理清晰就可以了,相比之下,他们更喜欢生活气息浓郁、幽默有趣的课。

补偿教学是指教师对学生获取知识的综合情况进行采集,综合评价,并在此基础上进行指导与补救的教学方法。课后的补偿教学,是把师生互动推向深入发展的重要一环。

补偿教学一方面是教师通过对教学的反思,明确课堂教学的不足,在群体中实施补救性教学或拓展性学习;另一方面,是针对未能达标的个别学生进行个别辅导。补偿教学的内容可以是认知问题、学习方法,也可以是情意心理方面。补偿教学要体现目的性、针对性和多样性的原则。

小班人数优势突出,更要借助课后补偿教学做到"一个都不能少",使互动教学实现"360度无死角"。实验过程中,我们注重与学困生的课后互动,多层次进行补偿教学。我们把年级的学困生组成冲锋班,用固定时间统一对重难点和他们的共同问题进行补偿教学,这是年级层面的;同时,每个学困生都配有专门导师,为其量身定制个别补偿教学方案,随时随地授课;对于特别薄弱的学生,采取循环跟进和"多对一"的方式,"多对一"即除了教师外,再为其指定一个或若干个"学生师父",课上课下贴身跟进,确保课后补偿教学目标的顺利达成。

开展小班互动教学研究两年来,天河外国语学校围绕"以互动提高课堂效率,促进师生生命成长"的中心,倡导"聆听无声,讨论小声,回答大声,质疑有声"的课堂文化。笔者在学科互动教学的实践过程中,转变教学观念,改变教学行为,使课堂焕发新的生机和活力。

对互动教学的探索,旨在还原课堂的本真,催生师生内在的生命激情,使课堂真正成为点燃学生智慧火花和教师职业热情的圣地。正如肖川先生所说,建基于价值引导与自主建构相统一的教育,从学生的成长过程来说,是精神的唤醒、潜能的显发、内心的敞亮、主体性的弘扬与独特性的彰显;从师生共同活动的角度说,是经验的共享、视界的融合与灵魂的感召。

2015年·广州

比喻说理：中国式思维方式

比喻在汉语中可谓源远流长，它形成很早，春秋战国时期达到了高峰期。在诸子百家的文字里，俯拾即是的比喻使中国智慧呈现出生动、雍容、精致的美感；到唐宋，比喻更是在古典诗词中出尽风头，比喻发展成古典诗词中有独特审美意义的意象。另外，比喻也在街头巷尾之间与市井俚语结合成精彩的群众语言，厚厚一本《汉语成语词典》，是几千年来中国人生活的浓缩，其中一半以上与比喻有着不可分割的关系。汉民族应该是最爱用比喻的民族了，甚至有学者认为整个汉语领域都被比喻性的模式所覆盖。

西方人也爱比喻这种生动活泼、富于亲和力的形式。不过，把中、西方比喻放到一起比较，就会发现，中国比喻有一个显著的特点：比喻说理。西方人如果要说理，他们往往会首选分析、归纳、推理等理性手段；而对中国人来说，好像越是艰深复杂之理，越是离不开比喻。因而，杰出的辩士往往也是比喻的行家。譬如庄子的文字，往往涉理成趣，趣味与雄辩融为一体。之所以能达到这种效果，就是因为庄子善用比喻。著名的"濠梁对话"便是一例。庄子与惠施在桥上观鱼，庄子说："鲦鱼出游从容，是鱼之乐也。"惠施说："子非鱼，安知鱼之乐？"庄子反击道："子非我，安知我不知鱼之乐？"这则典故中，庄子说"宇宙人情化"的道理，他不直接说理，而运用了比喻，比喻使说理的过程显得趣味横生又耐人寻味。又如孟子的论辩艺术，孟子辩论中制胜的法宝就是比喻。他往往不用逻辑推理，也不用学术论证，几个生动的比喻就把复杂深奥的道理说得清楚明朗。"缘木求鱼""五十步笑百步""挟泰山以超北海""为长者折枝"……孟子在辩论中审时度势，以比喻为利器，正反相宜，擒纵得法，收放自如，变化莫测，充分表现出辩论家高超的思维水平和语言艺术。

20世纪二三十年代，鲁迅先生在一场场唇枪舌剑的论战中也屡屡有精彩比喻：文学与"出汗"、"铁屋子"般的旧社会、"落水狗"般的塌台人物、"形成煤"般的历史进程、"大宅子"般的文化遗产……可以说，精彩的比喻是构成鲁迅辛辣犀利论辩风格的重要元素。

说理是理性的、客观的，比喻是感性的、主观的。中国人却能自然地把这两者结合到一起，这种独特的说理方式是如何形成的呢？从语言学角度看，任何一种语言现象，都是在一定的文化大背景中发展起来的，比喻说理就是一种独特的中国文化表达。首先，比喻说理反映的是一种隐喻式的思维方式，这种注重直觉感受和体验的思维方式的发端与中国古代漫长的农耕历史有着密切的关系。先民在与大自然长期相处的过程中，意识到只有顺应自然才是明智的策略，于是他们认为，人这个小宇宙总是与大宇宙对应着，即所谓"天人合一"。这样，以物象取譬就显得理由充足，远象近物成为比喻的第一手材料。中国文化经典《易经》便是从法天法地中产生的。自此以后，在不间断的文明积淀中，中国人逐步形成了比喻说理的思维定式。其次，对"理"，中国人有着不同于西方的独特理解，这在客观上进一步促使比喻说理成为中国人的思维传统，中国正统文化——儒家文化的第一要义是礼，大圣人孔子毕生的理想就是"恢复周礼"。那么，何为"礼"呢？"礼"是古人用来教化人的一种文化仪式，是要人懂得怎样做人，怎样才能与别的动物区别开来，用今天的话说，就是人要有人的精神价值。在这样的背景下来考察"说理"，就会发现，中国人的说理和西方人的说理是不能够画等号的。"理"是物理，也是道理；是自然法则，也是道德法则。对西方人来说，双方是对等的，而对中国人来说，物理对道理、自然法则对道德法则必须无条件服从，"穷理"常常被理解为纯粹的道德实践。尤其是朱子学，其宇宙论乃至存在论充其量不过是其人性论的"反射"而已。这样，中国人说理的目的不像西方人那样重在获得规律与客观真理；而重在获得做人处世的道理，以便更符合"礼"的要求。客观真理是唯一的，差一步与进一步都可能导致谬误；而做人处世的道德实践就宽松多了，有的只是修炼深浅之别。说理既然不需要精确，当然就不用那硬邦邦的演算推理，而用这形象生动的比喻了。

这样看来，比喻说理在中国文化土壤中，可谓根深蒂固、枝繁叶茂。即使到了今天，自然科学迅猛发展，严密的逻辑推理方式在自然科学中占据重要的位置，比喻仍然以一种传统的、不可抗拒的力量，贯穿于国人的思维空间与表达方式中。

2001年·汕头绿茵庄
原作发表于《广东教学》2015年12月26日，有修改

传统文化中的智育

一、《论语》中的"智"

"智"在《论语》中经常表达为"知",由"知"通假。据杨伯峻先生在《论语译注》中统计,"知"在《论语》中出现116次,其中有25次通"智"。

那么,什么是"智"?《论语》中,"智"有两层含义。

第一层意思是"聪明才智",相当于现代教育中的"智力"。《论语·阳货》云:"唯上知与下愚不移。"意为"只有特别聪明和特别笨的人比较难改变"。从这里来看,《论语》承认人的智力水平有先天遗传因素,认为人有智力高下之分。

第二层意思是"智慧",这是更高的层次,有道德内涵。《论语·宪问》云:"仁者不忧,知者不惑,勇者不惧。"意思是,仁者不忧虑,智者不迷惑,勇者不畏惧。什么是智者呢?《论语·雍也》有这句著名的形象化表述:"知者乐水,仁者乐山;智者动,仁者静;智者乐,仁者寿。"意思是,智者像水一样灵活多变,仁者像山一样坚守;智者好动,仁者好静;智者快乐,仁者长寿。这里的智者,超过了一般所说的聪明才智。"智"不仅指知识,也不仅是解决问题的智能状态,而是达到一种高度的精神自由和明智。

到孟子时,他主要在"智慧"上使用"智"这个字。他认为"仁义礼智"为心之四端,其中"智"属于"是非之心",即道德判断能力。他的经典表达是:"恻隐之心,仁之端也;羞恶之心,义之端也;辞让之心,礼之端也;是非之心,智之端也。"《孟子·尽心上》又说:"知者无不知也。"这也不是说智者掌握所有知识,而是说智者对于所有知识有一种总体观。知道轻重缓急,主次先后。在孟子那里,"智慧"不仅是一种精神能力,也是一种道德实践的能力。

传统教育对"智"的认识是多层次的、丰富深刻的。"智"除了包含"知识、智力"的意思,还有更上位的意义,即精神意义和道德意义。在中国传统文化观念中,智慧本身是一种德性的代表。《中庸》提出"智仁勇三达德","智"被列为"三达德"之首。

较之于传统教育,现当代教育对"智"的理解认识反而显得单一。现当代教育对"智"的理解认识是从认知意义上说的,通常表明人的认知能力和做事技能的高低。如提"德智体美劳""五好"学生或"德智体""三好"学生,其中的"智"就主要是指学科专业知识能力的。这样的理解认识是否是现当代教育诸多问题得不到解决的一个根源?它使当代教育普遍存在"知识本位"的现象,把知识传授看作教育的全部。知识由工具变成目的。学校不得不一再扩展学科科目所能覆盖的广度和深度,教师的教学行为一再受到课程大纲、课本修订和考试计划的影响,学生的课业负担多年减不下来。

二、智从何而来

传统教育认为智来源于知。智从知识中来,没有知识的学习,智力和智慧无法培养发展。这和现代教育认为"智的发展必须有知识做基础"是一致的。

传统教育关于"知"的具体途径对今天的教育很有启迪意义。

(一)由学而知

1. 学问思辨

传统教育认为,"知"的重要途径是"学"。学能致知,但学不是孤立地学,而要和问、思、辨结合。学和问结合,要"不耻下问";学思并重,因为"学而不思则罔,思而不学则殆"。《论语·子张》中说:"博学而笃志,切问而近思。仁在其中矣。"博学与志向结合起来,多问基础上与深思结合起来,就可达仁的境界了。学问思之上还要"辨",要对所学进一步深入思考,谨慎存疑,理性分辨。《中庸》中说:"博学、审问、慎思、明辨、笃行。"孔子教导学生凡是不正确、不可信的皆当存疑；即使是正确的、可信的知识，在付诸行动时，也要保持谨慎。

2. 博学与一以贯之

博学是孔子为学之方的最原始基础。《论语·雍也》中说："君子博学于文，约之以礼，亦可以弗畔矣夫。"意思是，君子需广泛学习典籍，用礼仪来规范自己的言行，就可以不背离大道了。一方面，学习典籍；另一方面，善于向别人学习，所谓"三人行，必有我师焉"。

闻见虽多，但在这个时期里，所注重的只是这一种道理，而言慎思明辨的也只是这一个道理，所以精神不为驳杂的闻见惑乱。这就是"一以贯之"。

《论语·卫灵公》中说："赐也，女以予多学而识之者与？""非也。予一以贯之。"孔子的意思是，我做学问，并非只靠多闻多见而记住，而是以心里认为最重要的事情做纲领来统摄我的闻见。

一以贯之作为一种为学之方，意思是以一种主要的、核心的思想观念来主导所学内容，不使游离、零落散乱。

孔子一方面主张广泛地学习，一方面主张做学问要集中。这是很辩证的为学观。

3. 下学上达

《论语·雍也》中说："君子博学于文，约之以礼，亦可以弗畔矣夫。"孔子虽主张博学，但应以"礼"为心志所专务，也即要由知识上升到德性，"约之以礼"。意为用礼做纲维，使所得到的知识有所系。

由此看来，孔子相信道德源于知识，主张博学于文，约之以礼。这体现了"下学而上达"的思想。

（二）格物致知

"格物致知"是《大学》篇中的一个核心概念，指穷究事物原理，从而获得知识；也指道德修养的方法途径。两宋时期特别是"二程"赋予其认识论意义，但最终目标还是修成德性。格，推究。物，包括外在客观之物和人事两个方面，人事包括礼仪、规范、道德伦理等，格心是其中的特殊形式。致，求得。知，包括事物之知和道德之知。格物是就事物上穷理，着重于物，从零碎之物上获得知识；致知，将这些知识综合概括并推广到其他事物上。格物致知是一个兼具知识意义和道德意义的命题。

由学而知强调学知识，学前人、身边的人；格物致知进一步学万事万

物。传统文化中学习对象内容范围非常开阔，其中推究万事万物包含中国天人合一的文化精神。这是值得我们继承的。

三、如何成智

（一）知行合一

智力包括记忆能力、观察能力、想象能力、创造能力、沟通交往、解决问题的能力等。这些能力大致分两个维度：对内的大脑思维能力和对外的交往沟通、解决问题的能力。

子曰："学而时习之，不亦说乎？"这是强调"知行合一"最原初的表达。

朱熹云："大抵学问只有两途，致知力行而已。"朱熹认为做学问有两条必由之路：致知和力行。致知，从未知到知，只完成一半；力行，从知到行的过程，才算完成学的全程。朱熹的"知行观"大概有三方面内涵：一是知行相须；二是知先行后；三是行重于知。之所以行重于知，是因为转识为智的一个关键在"行"。明代大哲学家王阳明的"知行观"是彻底的知行合一：知包含行，行包含知，二者是一体的。朱熹的"知行观"是一体两面，王阳明的"知行观"则是一体一面。

传统知行合一的智育观对今天的教育教学有启迪意义。在智力形成过程中，知识的学习（知）和个体的实践（行）同等重要。个体通过"行"，运用所学知识，解决现实中的实际问题，从而促进智力的进一步形成与现实化。离开实践活动，智力水平依然停留在一种潜能的状态。在课程教学上，现在课程设计较常见的模式是讲求知识的呈现，引导、呈现、总结、提问帮助学生理解；在练习题中主要是巩固性练习题。学生学习过程多停留在知的层面，很少去实践。由知而行要突出知识的应用性，培养学生应用知识的欲望和能力。

（二）智德共生

培养人的德性，即"德性人"，这是我国传统教育的核心任务。德和智是分不开的。传统教育认为，有德的智才是大智，有智的德才是大德。必须智德合一，才可能在现实生活中表现出大德。

首先，智是德的基础和前提。子曰："未知，焉得仁？"（《论语·公冶长》）意思是，未达到智，怎么能达到仁呢？在《论语》中，"仁"就是大德，它是包含智的。

其次，德对智有引导和彰显作用。子曰："知及之，仁不能守之，虽得之，必失之。"（《论语·卫灵公》）意思是，智力达到了，但没有仁德，这种智力也会失去。即是说，有智力，但没有仁德，将导致外在表现上出现不合乎仁的行为，那么，这种智也得不到他人的认同与恭敬。由此看来，德对仁有引导和彰显作用。

智德共生的德智观，学界一般也称为"智德"。中国人民大学教授肖群忠对智德曾有界定："（智德）简而言之是人的道德智慧。它是指人正确选择行为、善处人际关系、达至人生幸福和至善目的的特殊智慧品质。"今天，智德共生的德智观对我们的启迪意义在于，规避现实中德智相分的问题，更好地认识完善的人格标准和特征并制定出有效的培养目标；同时，我们的课程教学目标的设定也应该充分考虑到德智共生的特点，努力培养德智双彰的人才。

2017 年·天外 2018 届年级德育课

传统文化中的恕道

《论语·卫灵公》中，子贡问曰："有一言而可以终身行之者乎？"子曰："其恕乎！己所不欲，勿施于人。"

子贡问孔子有没有一句话可以一生遵循的，孔子说，大概是"恕"吧！自己所不想要的，便不要给予别人。

什么是恕？为什么"恕"重要到要一生遵循？

我们常把这个"恕"解释为"宽恕"。如心为恕，这里的"恕"其实是仁爱、推己及人的意思。《古代汉语词典》中，"恕"有三个意思：（1）仁爱、推己及人；（2）原谅、宽恕；（3）通"庶"，差不多。这里取第一个意思。

儒家思想中，"恕"不仅是一种情感、一种态度，更是中国传统读书人所终身修习的一种大德，一条人生于世需要终身遵循的重要原则路径。孔子称之为恕道。儒家恕道主要有三个阶段：

第一个阶段："己所不欲，勿施于人。"自己不想和不愿做的事情，就不要强加在别人身上。勿施恶于人。

第二个阶段："己欲立而立人，己欲达而达人。"这是更进一层，满足自己愿望时也帮助别人完成愿望。

第三个阶段："强恕而行，求仁莫近焉。"这是孟子的话。意思是，尽力按恕道办事，便是最接近仁德的道路。行恕道便是为仁。

由此看来，儒家恕道的内在旨趣在于使个人的道德人格到达理想的境界；推己及人，向外扩张，建立普遍的道德秩序，在广泛的道德准则下规范人心；从而达到"天人合一"的和谐境界，最终实现儒家齐家、治国、平天下的社会理想。恕道的修炼可分阶段，由浅入深，从而臻于至善。

今天的青年学生要怎么去践行恕道呢？第一是学会和解，第二是学会成全他人，第三是处理好自己和团队的关系。

有学者指出，今天的中国社会戾气弥漫，充斥话语暴力、行动暴力以及其他各种隐性的暴力。互联网是社会的重要缩影。在网上，人们好像总憋着莫名的火气，细微的磕碰都可能引发一场骂战；生活中，也会看到我们的同学，一言不合，拍案而起，翻脸不认人。人与人之间变得很难信任甚至变得冷漠。一个社会，面对假恶丑，要有"横眉冷对"的勇气，但如果只剩下"横眉冷对"，那只能说这个社会失去理性，失去宽恕与和解的能力。更重要的，这不是解决问题的办法。

宽恕与和解是一种能力，不是与生俱来的，恕道需要修习。我们上幼儿园的时候，如果有小朋友伤害到自己，就会哭、骂、恨，这时，老师会安抚我们，然后，让我们拉起小手，继续做好朋友。当我们愤怒和仇恨时，我们也要这样用理性问自己：我的愤怒和仇恨是必需的吗？是有意义的吗？它伤及更多的人，包括我自己了吗？然后，我们慢慢学会寻求和解，学会放下生命中轻的东西，提起生命中更重要的东西。

1984年诺贝尔和平奖获得者，南非大主教德斯蒙德·图图说："没有宽恕就没有未来。"著名学者熊培云把它发挥为："没有和解就没有未来。"其实，"和"本来就是中国传统文化精髓，中国人的基因中本来就有"和"。林语堂在《中国人》一书中这么介绍中国人："注重和平主义，欢乐、大度、心平气和，在艰苦环境下也能找到幸福的理由。"2008年北京奥运会主题歌就是《我和你》，这里的"和"可以是个连词，更可以是一个动词。今天，找回我们的文化基因，让每个中国人都温润如玉比任何时候都显得迫切。

践行恕道，要去追求人与人之间的美好关系。最美好的关系是肝胆相照。古人造这个词真是有智慧！中医和西医都证明肝和胆真是荣辱与共、互相照应的关系。中医典籍《类经》中说："肝胆相济，勇敢乃成。"肝调畅情志，胆主决断。肝胆相照应，才能生成勇气。"肝胆相照"形容人的关系，精当地突出人与人息息相关、荣辱与共的关系，它提示我们，人与人之间是互相成全的关系，要温柔以对，惺惺相惜。

在中国古代史传或者传说中有很多这样的故事：意气相投就把头割下来

送给你。舍生取义的不只是樊於期这样的大义之士,也有很多普通人。

《义气墩》就是一个这样的故事。

燕国的左伯桃、羊角哀是同学,学成后结伴去楚国求职。路上遇到大风雪,左伯桃把吃穿的东西给羊角哀一人用,保全羊角哀,自己冻死了。

羊角哀到楚国后很受楚王的器重,被封为大将军,他回来安葬左伯桃。当晚在附近落宿,夜里听到厮杀声,左伯桃托梦告诉他,附近的荆将军经常欺侮他。羊角哀想去拆荆将军庙,但遭到当地人的反对。第二夜,他睡觉时又听到厮杀声。羊角哀不忍好友受欺,就自刎了,到"下面"帮战。当地人把两人的尸首合葬在一处,取名"义气墩"。

这里面虽然也有江湖义气、意气用事的成分,对一个社会的公共道德秩序而言,少了理性,有时就会导致虚假,但两人美好的情谊确实动人!这是两个平民,不是什么大义,为了帮你,我愿生死相随!这就是肝胆相照。

践行恕道,要学会和解,学会成全他人,还要学会正确处理自己和团队的关系,学会成全自己的团队,过一种和谐的公共生活。对青年学生来说,公共生活首先是小组、宿舍、班集体。只有过好这个小范围的公共生活,才能更好地适应更大范围的公共生活。好的公共生活,需要好的制度保障,需要团队文化理性的涵养,团队文化理性的涵养需要每个人汇涓成流。如何使自己获得和谐圆满的团队生活?正确处理个人和团队的关系非常重要。

关于个人与社会的关系,历史上有著名的"杨墨之争"。杨朱和墨子都是春秋战国时期著名的思想家,但面对个人与社会关系这个问题,两人看法截然不同。墨子说的是"腓无胈,胫无毛"。这句话的意思是,为天下操劳,把腿上的毛都磨得一根不剩。杨朱说的是"不以天下大利易其胫一毛"。这句话的意思是,你不要以天下利益的名义来拔我腿上的毛,哪怕只是一根。

我们很容易觉得墨子很高尚,杨朱很自私。杨朱有没有可取之处?能不能进一步看出双方的利弊呢?

墨子的可贵之处在于强调了奉献与正气,杨朱的可贵之处在于强调个人的权利与尊严。但两者分别走向极端可能就会出现一些问题:墨子可能会强迫个人无条件为集体牺牲,杨朱可能会走向极端自私自利。所以,有学者指出:墨子当以杨朱为底线,兼爱天下而不强迫天下;杨朱当以墨子为底线,自私自利而不失社会责任。

诚然,杨朱和墨子关于个人与社会关系的思想可为我们建立公共生活基本原则提供帮助。在这个基础上,我们提倡践行恕道,每个人在团队中有更多的担当，每个人都为团队提升而努力。在团队中，每个人要有更多对自己的限制和要求，而不是对他人的限制和要求。少计较，多付出。在个人和团队产生严重冲突时，少数服从多数，以团队利益为重。只有在这种前提下，才能更好地实现沟通和合作，才能使个人获得一种圆满和谐的公共生活并促进自身不断成长。也只有这样，才能真正体现公共生活中平等和自由的精神。平等和自由也是儒家追求的"仁"的政治境界。应该说，儒家的"恕道"是中国人应对公共生活的一种创造，它对今天的社会生活仍然有深刻的启示意义。在纷繁的现代社会中，当我们每个人都从恕道出发，尊重自己和他人的意志和价值，每个人都以一种推己及人的心将心比心，彼此之间便能达成和解，进而努力互相成全。在成全自己的同时，成全他人，成全自己的团队乃至成全自己所处的社会和时代。那时，我们也许就真正称得上梁启超先生所说的"修身致诚，力行恕道"；更重要的，我们也许就在力行恕道的过程中，实现修身、齐家、治国、平天下！

2017 年·广州海乐路

原作发表于《广东教学》2018 年 5 月 10 日，有修改

智性 语文 教学

语文生成性课堂教学模式

教育的最终目的,是培养能够独立思考的创造者。然而,一些事实显示,我们的教育和教学似乎在某种意义上没有承担起这个应负的责任。当下教学的使命,是恢复被遗忘了的教学价值,关注学生的"创造性学力"。

新课程的最高宗旨和核心理念是"一切为了每一个学生的发展",而"发展"是一个动态的生成过程。"生成性"是当前课程改革所倡导的新理念之一。生成的过程,即是创造性学力获得发展的过程。一种教学理论只有构建起与之相适应的教学模式,才能转化为有效的教学实践。下面,拟对构建语文生成性课堂教学模式做一些深层次的探讨。

一、内涵

生成,是"生长"和"建构"的意思,生成可分为两种,一种是我们预设下的现象,另一种是我们不曾预设到的现象。生成性教学就是指教师根据课堂中的互动状态见机行事,及时地调整教学思路和教学行为的教学形态。

查有梁先生在《教育建模》中对"模式"做如下解释:"模式是一种重要的科学操作与科学思维的方法。它是为解决特定的问题,在一定的抽象、简化、假设条件下,再现原型客体的某种本质特性;它是作为中介,从而更好地认识和改造原型客体、建构新型客体的一种科学方法。"教学模式指在一定教学思想或理论指导下,为组织教学活动而设计的各种类型教学活动的基本结构。从静态上看是结构、框架，从动态上看是过程、方法。

语文生成性课堂教学模式是作为一种新探索的教学模式存在的，它表明语文生成性课堂教学已形成一种可供操作的基本范式和活动框架。概括地说，语文生成性教学模式指的是语文课堂教学中，语文教师在一定的教学理论指导下，借助信息技术环境，按照特定的结构程序，促进课堂生成，提升学生语文素养，从而实现学生发展的教学模式。这种教学模式追求科学高效的生成性课堂教学，突出课堂教学的开放性、过程性与多源性。

二、理论基础

（一）建构主义理论

建构主义教学观强调教学是师生以内在体验的方式参与教学生活之中，是师生发掘生命意义的生命活动过程和人格塑造过程，是以认识为主要活动方式的生命成长过程。建构主义学习观关注以学生自我体验和个性张扬的形式来完成知识意义的内在生成，强调合作交往中的个性化、创新发现中的动态性和自主建构的开放性。建构主义理论对构建语文生成性课堂教学模式有着重要的指导意义。生成性教学模式是教师在弹性预设的前提下，引导学生对新知识进行分析批判，最终形成自己构建的教学模式，集中体现了建构理论的基本思想。

（二）主体性教育理论

主体性教育理论认为，教学活动既是以教师为主导的交互活动，也是以学生的学为主体的学的过程，是两者相互合作、相互影响、同步发展的有机结合。主体性教学是教师引导下的学生独立学习和自主活动的过程，在活动中只有通过学生主体的同化和顺应，才能转化为学生的素质。依据主体性教育理论构建的生成性课堂教学模式注重充分发挥教师和学生的主体作用，促进每个学生在认知上、情感态度上的个性化发展。

（三）创新思维相关理论

台湾陈龙安教授认为，创新思维是指个体在支持的环境下结合敏锐、流畅、变通、独创、精进的特性，通过思考的过程，对于事物产生分歧的观点，赋予事物独特新颖的意义，其结果不但使自己也使别人获得满足。杜威认为，持久地改进教学方法和学习方法的唯一直接途径，在于把注意力集中在要求思维、促进思维和检验思维的种种条件上。马斯洛存在心理学探索表明，创造性首先强调的是人格。自我实现的创造性强调的是性格上的品质，如大胆、勇敢、自由、自主、自我认可等，或者说强调创造性的态度、创造性的人。根据托兰斯的研究，创新思维与智力的相关度甚低，创造力的培养可透过教学过程获得。实施创造性思维教学应包括：提供有利于创造的环境；帮助学生发挥潜能；激发创造动机；培养创造人格；发展创造性思维技能；鼓励创造行为；珍视创造成果。

（四）"生成"式教学过程观

叶澜教授认为，在教学过程中，教师不仅要把学生看作"对象""主体"，还要将其看作是教学"资源"的重要构成和生成者；教师在教学过程中的角色，不仅是知识的"呈现者"，对话的"提问者"、学习的"指导者"、学业的"评价者"、纪律的"管理者"，更重要的是课堂教学过程中呈现出的信息的"重组者"。这些理论具有合理性和先进性，对生成性教学模式的构建有重要的启示意义。

三、教学目标

（一）实现学生对课堂生活的深入体验

传统的课堂教学只是一种单纯的认知活动，很少关注教育的生活意义和学生的生存状态。生成性课堂教学的教学活动始终"以学生为中心"，让学生自主、开放地进行语文学习。课堂学习成为一种积极的、生动的、探究的过程，由于充分展开了思与思的碰撞、心与心的接纳、情与情的交融，每个学生都能感受到自我的尊严，感受到独特存在的价值，感受到精神相遇的愉悦，感受到心灵成长的幸福，从而获得一种深刻的课堂学习体验。

（二）实现学生语文素养的有效提高

语文课程标准指出，提高学生的语文素养是语文教学的根本目标，而提高学生语文素养关键在提高学生的阅读能力。"阅读教学是学生、教师、文本之间的对话过程"。其间包括生生、师生、生本之间的对话。师生双方在教学过程中演变为一个教育的共同体。语文教师要摆脱既定课程计划和课程目标执行人的角色；学生则要通过对话赢得对语言、文学知识等有意义、有价值的深度建构。这是对语文阅读教学的重新认识，对传统的阅读教学直线传输的一种突破。语文生成性课堂教学模式将致力于引导学生在语文学习过程中积极建构，有效生成，在生成中发展语文思维，提高语文素养。

（三）实现学生人格与思维的互构

生成性的课堂教学将注重实现学生学习个性的解放和发展，注重充分发挥学生的主体作用，培养学生的批判意识和怀疑精神，鼓励学生对书本的质疑和对教师的超越，赞赏学生独特和富有个性的理解与表达，使学习成为学生发展人格个性的过程。同时，独立的思维能力与独立的人格一起构成人之为人的根本。人格与思维是互构互动的关系。生成性的课堂教学通过培养人的认识能力，然后转识成智，开发人的思维能力，形成创造性，最后化智成德，养成德性，使受教育者成为具有健全人格的人。

四、实施过程

生成性课堂教学模式是在全新的教育思想指导下建构起来的，有很强的可操作性。其基本的教学流程如图1所示。

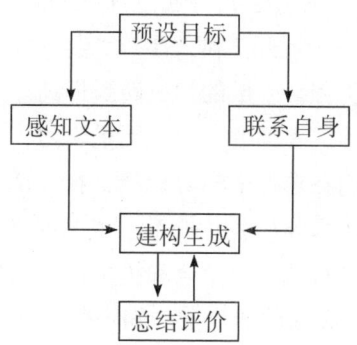

图1　生成性课堂教学流程

（一）预设目标

教学是目的性很强的活动，要想达成预期的目的就需要周密的预设。没有预设的生成是散漫的，为了生成，预设一定要有弹性。成功的预设应该既指明教学达成的大方向，又具有高度的灵活性。预设的教学目标可以在教学中修正，预设的教学内容可以在生成中调整，预设的教学手段可以在实施中变化。另外，还要注意学习对象、教学资源等隐性预设。

（二）感知文本

阅读活动必须以文本为基础，"生—本"对话是阅读教学对话的核心，只有尊重文本、从文本出发的建构生成才是有意义的。在实施生成性教学时，要提供足够的时间和空间让学生全面深入感知文本，学生对文本感知愈充分，生成会愈精彩；还要体现教师的主导作用，教师的作用主要在引导学生从整体感知到精华鉴赏，实现预设的大方向和总目标。

（三）联系自身

联系自身就是要在学生和文本之间建立联系，超越文本去思考。联系自身不只是指联系学生的生活实际，也指联系学生的情感、经验、知识、认识等方面的实际。在这个环节中，教师要特别注意引导学生多层次联系，唤醒、提升学生的自我意识、批判意识，努力使学生在文本与自身之间实现"视界的融洽""精神的相遇""理性的碰撞"和"情感的交流"。

（四）建构生成

建构生成是生成性课堂教学的核心环节。在这个环节中，学生的创造性学力将得到充分的发展。建构生成将通过深入对话来完成。在前面"生—本"对话的基础上，进一步展开"师—生""生—生"对话。生成要经历一个从孕育到诞生的艰难历程，生成的契机转瞬即逝。首先，教师要努力创设最佳情境，让学生在平等、互助的学习氛围里学习；尊重每个学生，给学生自主选择的空间，让他们在选择中学习选择，在加工中学习创造，在不断探索中有所发现，在进一步参与中发展自我，完成认识的变化和飞跃。其次，教师要善于对生成资源进行选择、整合和提炼，要当好课堂教学过程中新呈现信息的"重组者"，促成问题的生成、知识的生成、智慧的生成、生命意义的生成。

（五）总结评价

建构生成活动结束后，要对这个过程进行总结评价。总结评价的内容包括建构生成过程的参与程度、建构生成方法的科学性、问题的合理性及解决情况，尤其是学生创造力的发展与提高情况等。教师要引导学生对本节课的生成进行反思，可以引导学生对本节课生成的东西加以系统化；也可以引导学生对已经生成的东西做进一步的生成，以求得生成的深刻性；还可以引导学生从反面去批判已经生成的东西。

总结评价可由教师进行，或由学生进行，也可由师生共同进行。总结评价的过程实际上也是一个提升的过程,教师要善于引导学生由此获得更深一层的感悟和认识。

五、《再别康桥》教学实例

(一) 预设目标

1. 教学目标

(1) 知识与技能层面:掌握通过意象鉴赏新诗的方法。品味诗的意象,领悟诗的意境,体会诗人真情。

(2) 过程与方法层面:朗读、探究、启发、讲解相结合。

(3) 情感与价值观层面:感悟诗人对真善美的怀恋和追寻。

2. 教学重难点

通过对意象的把握和体味,体会诗人深沉复杂的思想情感。

3. 反思与探讨

《再别康桥》是"新月派"代表诗人徐志摩诗中的绝唱,它以轻灵飘逸的情感和优美的康桥景物以及完美的形式,显示了徐志摩的才情和个性,也成了中国20世纪最为出色的离别诗之一。诗歌形式为写景抒情诗,情感内涵深沉丰富,故预设目标大方向在"体会深沉复杂情感"上;诗歌情感基调及内容可做多元解读,故不做刚性预设。

(二) 感知文本

(1) 教师指导并通过信息技术环境提供相关资源:①诗歌及诗人生平介绍;②相关评价(胡适、林徽因的评价);③视频朗诵。

(2) 抓住主要意象,理解诗歌情感。

学生找出金柳、青荇、榆荫下的一潭等主要意象,并从景物的外在特征及文化内涵上进行分析鉴赏,然后讨论归纳其中包含的情感因素:赞美;怀恋;伤感。

反思与探讨:第(1)个环节目的在于引导学生确定阅读方向,更好地从整体上感知文本。第(2)个环节目的在于把学生对文本的感知从整体把握引向重点认知——体会诗人深沉复杂的思想情感。鉴赏意象是理解写景抒情诗情感内涵的主要途径,故感知文本的重点放在理解意象上。

智性 语文 教学

（三）联系自身

教师提出问题，学生讨论探究：

（1）你喜欢这首诗吗？请根据你对文本的理解做出回答。

（2）你自己有过离别的情感体验吗？它与徐志摩的情感体验一样吗？

（3）你还读过哪些离别题材的诗歌？请从情感基调和情感表达方面把它（们）与《再别康桥》做一番比较。

对第一个问题，基本形成两种相反的看法：喜欢和不喜欢。尽管角度各异，但学生们认为喜不喜欢因人而异，是可以并列存在的。对第二个问题，谈情感体验时开始出现碰撞，分歧点是，是沉重哀痛多一些还是潇洒飘逸多一些？对第三个问题，碰撞更为激烈，分歧点是，徐志摩的诗歌继承了中国离别诗的传统吗？

反思与探讨：第一个问题主要目的是承上启下；第二个问题的主要目的是在情感体验方面建立起学生与文本之间的联系；第三个问题则把学生与文本之间情感体验方面的联系向纵深拓展，站到另一个高度观照文本。三个问题互相联系又逐步深入，联系自身的关键在于调动学生的思维。

（四）建构生成

学生针对分歧点进行深入探讨。情感基调看法不同的双方均结合文本分析，彼此都认为对方能自圆其说。课堂回归"静态"之时，教师表示如果需要，可以要求"场外援助"。"潇洒飘逸说"的一方说有新的角度，请教师和同学提供徐志摩其他离别诗和同时代其他诗人的离别诗，一同学提供《沙扬娜拉》，教师再提供康白情的《送别黄浦》和殷夫的《别了，哥哥》。获得新的论据，"潇洒飘逸说"的一方的几位同学即时发挥，认为现代的交通和交往方式和古代已经有根本不同，送别时感情肯定比古代多样化。此时，又有一名学生指出还可以考虑诗人的气质特点和人生经历，他援用《我所知道的康桥》这篇文章中徐志摩反复提到的"独享的美好与甜蜜"；又延伸到电视剧《人间四月天》，得出的结论是：这首诗潇洒飘逸多一些，徐志摩写出了不同于传统离别诗的气质特点和人生经历。

反思和探讨：这个环节最关键的地方在于教师表示可以要求"场外援助"。及时的"场外援助"把课堂从静止僵持引向动态生成，启发了学生合作探究的热情，激发了学生思维的积极性，促成了不曾预设的精彩。在这个环节中，教师要充分利用信息技术环境激发促进课堂建构生成，可采用网络课件、BBS 讨论、图文创作、自制媒体等。当然，也要注意根据实际情况有效、适度使用而非滥用。

（五）总结评价

教师肯定了学生积极参与的热情及对文本的精彩建构生成。同时也指出，推论时，要多方考虑，综合评价；另外，艺术形象不能完全等同于生活真实。最后，又补充了徐志摩对传统离别诗继承和发展方面的内容。

反思和探讨：因时间关系，教师为了追求课时的"完整"，这个环节进行得还不够充分。

六、结语

教学要有"模式"，但在实践教学中又不能"模式化"。构建语文生成性课堂教学模式，根本在于改变传统静止的、机械的课堂，而使课堂成为"向未知方向挺进的，随时都有可能发现意外的通道和美丽的图景的充满激情的行程"。基于这样的认识，一个在生成性课堂教学模式指导下的课堂就不一定要追求所谓的"完整"和"规范"。语文课程的动态生成教学和课堂的开放可能会影响某些教学任务的完成和教学的进度，甚至会暂时出现无序的状态，但这并不影响学生的整体发展，因为学习过程已经存在，在此过程中学生的思维方式已经发生了变化，人格也实现了上升式重构。正如肖川先生所说：建基于价值引导与自主建构相统一的教育，从学生的成长过程来说，是精神的唤醒、潜能的显发、内心的敞亮、主体性的弘扬与独特性的彰显；从师生共同活动的角度说，是经验的共享、视界的融合与灵魂的感召。

2007年·汕头中山东路

原读教学策略

原读教学策略是笔者在多年阅读教学中思考、摸索出来的一种教学策略。近几年来，笔者在所教班级进行试验，收到了良好的效果，也获得了许多启迪。由此，笔者把这种自创的教学策略整理出来，就正于方家。

一

文化背景：阅读是一种个人行为，也是一种文化现象。当前，大众消费文化正迅速发展，给阅读教学带来巨大的冲击。包括网络、电视在内的大众文化一方面给学生带来更广阔的阅读空间，另一方面也在逐渐削弱学生对文本阅读的兴趣，使学生可能掉进"读图时代"的陷阱，并最终导致学生阅读能力的退化。

学科背景：新出台的《普通高中语文课程标准（实验）》从读者与作者、读者与读者、读者与自我等视角来诠释阅读的本质及规律，认为"阅读教学是学生、教师、教科书编者、文本之间的多重对话，是思想碰撞和心灵交流的动态过程"。阅读的目的在于培养审美能力和探究能力、提升学生的精神境界。这个课程标准继承和发扬了中外阅读教学的优良传统，更体现了一种全新的现代阅读理念。

由此看来，在新的背景下，广大语文教师亟须更新阅读旧观念，树立起融现代化与民族化于一体的阅读新观念，并且在教学实践中积极探索适应新形势的、更科学高效的阅读教学方法。

二

所谓"原读教学",关键在"原"字上。"原"在此有两层含义:其一,原创,即倡导阅读过程阅读者主体性的充分发挥,鼓励学生对文本进行创造性解读;其二,原本,即尊重文本的本来面目,减少脱离文本语境的误读,防止"误读"反过来又妨碍阅读者主体性有效发挥的倾向。

一般来说,"原读教学法"主要步骤有三个:自主阅读—交流阅读—探究阅读。

下面试以《装在套子里的人》(以下简称《装》)的教学为例,对"原读教学法"做具体的介绍。

(一)自主阅读

学生对文本进行独立、自主的阅读,并形成属于自己的对文本的理解及评价。这个环节,教师对课文不做任何提示,也不提供任何资料,但要在阅读方向及阅读方法方面做适当的指导。如《装》一课的教学,笔者先介绍小说的特点,提出两点阅读建议:(1)重点理解特殊的社会环境、典型的人物形象、深刻的主题意义;(2)积极打开理解的角度,对主题做多样理解。同时,布置阅读任务:从一至两个角度写出课文小评论。

(二)交流阅读

教师针对学生课文小评论中的焦点问题,推介学界、教材编者及教师本人的一般看法和评价。这个环节,教师结合课文有关内容,直接展示包括教参书在内的有关解说;同时,要求学生做概要记录,以便下面展开探究。《装》一课的交流阅读环节,教师先小结学生小评论情况,然后,就两个焦点问题介绍一般看法:(1)别里科夫是悲剧人物还是喜剧人物?一般认为别里科夫是悲剧人物,他既是沙皇专制制度的维护者,也是受害者。(2)主题指向谁?一般认为主题指向别里科夫,作者通过塑造这个"套中人"的形象,批判阻碍社会进步变革的僵化思想和专制统治。

(三)探究阅读

师生以文本为对话之本,展开"生—生"对话、"师—生"对话,就焦点问题对传统或一般的看法以及同学们的新看法进行探究。这个环节,学生的思维会非常活跃,会出现许多原创性的看法,也可能会出现偏激甚至错误的看法,教师要让学生充分思考和讨论,在具体问题上,教师不要过早地介入对话甚至裁决对话，要认真倾听每一个表达者的声音，掌握每个对话的细节，然后，适时地把对话引向深入。如《装》一课的教学，同学们对传统看法展开讨论，很快达成共识，认为传统看法是可以成立的。但是，他们对同学新提出的两种关于主题的看法却始终争不出一个所以然来。笔者从旁仔细观察，看出他们主要是只凭直觉判断，所以才说不出其中的理由。这时，笔者进行了引导：先强调作者的创作特点和作品的时代背景，再演示契诃夫晚年的一段话，让学生充分认识到契诃夫是个深刻洞察俄罗斯人心理特性和民族劣根性的伟大作家。在这个基础上，学生再精读课文有关内容，双方很快就归结出各自的结论和理由。具体如下：

第一种看法：批判俄国国民身上的庸俗习气和浑浑噩噩的半死不活的生活方式。理由是：（1）封闭孤僻、胆小怕事、卑鄙反动的别里科夫在俄国是有典型意义的；（2）其他人物也显得胆小怕事、冷漠无聊；（3）别里科夫和其他人物本质上是相同的——奴性；（4）华连卡姐弟的形象暗示了作者对新的生活方式的追求。

第二种看法：批判了无聊冷漠的人们对弱者的残害，别里科夫令人同情。理由是：（1）别里科夫并不是一个十恶不赦的恶人，他从头到尾就像众人的一个玩偶，这个可怜的人最后终于被众人毁了，他就像鲁迅笔下的孔乙己、祥林嫂；（2）其他人物在别里科夫活着时拿他取乐，在别里科夫死后还假惺惺地为他送葬，就像鲁迅笔下的"看客"：冷漠、虚伪、残忍。

第二种看法显然有"误读"的倾向，于是，笔者再做点拨：一个民族的国民有他们共同的劣根性，人性也有其隐藏的通病。同学们从俄罗斯国民性的角度来理解主题，并且注意到鲁迅与契诃夫作品的一些共性，这是很有价值的。要注意的问题是，文学作品有它的客观规定性的主题，我们在进行再创造的阅读时，也要尊重作品的原创主题。请比较契诃夫和鲁迅对国民性的批判，比如：他们笔下的"看客"形象有何异同？他们对人物（如别里科夫和孔乙己）的态度一样吗？国民的劣根性是如何造成的？

学生又展开讨论，结果确定第二种看法不能成立。理由是：（1）别里科夫跟孔乙己、祥林嫂不一样，他不是弱者，他是反动卑鄙的；（2）孔乙己、祥林嫂是被冷漠、残忍的人们有意无意推入死地的，而别里科夫的死是有他自身的必然性的。

附学生习作（学生在课后自行完善，教师未做修改）：

拿灵魂来救赎

专制的荼害使社会到处是黑暗、腐败和恐惧，人们饱受着思想上的侵蚀和道德上的沦亡。在极度的痛苦下，许多人在让步、妥协，并在不断地学习着忘却和尝试着将痛苦转移。他们将自己置身于事外，人性的流失使他们变得麻木不仁。他们总在事情的始末充当看客，以冷眼笑看一切。他们嘲笑身份卑贱的人，讥讽性格怪异的人，恐惧追求新事物的人。他们在相互打击中忘却进步，忘却反抗，这是思想统治者们唯一的目的，也是最残酷最无耻的目的。

"他躺在棺材中，脸上带着满足的微笑……"

他满足地笑了，或许这是他一生中唯一一次由衷而发的笑。因为他终于解脱了！血管中流淌的毒液摧毁了所有的东西——他的事业、他的友情、他的爱情，包括他的一生。他战战兢兢地活着，也使全城的人战战兢兢地活着。他把自己置身于一个令人窒息的"套子"中，企图寻求一丝温暖和安全的感觉。"套子"如其所愿地给予他想要的，同时也不失时机地侵蚀着他的灵魂和躯体。别里科夫，这个微笑包含了什么？是极度痛苦的终结？是在"套子"中获得永生？还是对那群还在战战兢兢地活着的人们的最终嘲笑？

"他一到店，所有人都望着他笑……店内外充满了快乐的空气。"

孔乙己，犹如狗一般地活着，在人们无情的嘲笑声中，他企图用酒精来麻痹自己。面对身无分文的现实，面对无情的嘲讽，他消失了，消失在人们的惦记中。而惦记的，也只是他被打折的双腿和欠下的十九文钱。

他们曾经在痛苦中挣扎，寻求生命所能带来的光明。思想的毒素，看客们的目光，犹如鲁镇上空夹着团团飞舞雪花的浓云，挡住了一切亮光。他们被绝望的黑暗包裹住，被拉下了无底的深渊。或许可以说，他们被毁了。

他们被称作某种思想的维护者或牺牲品，在不久以前，他们或许是敢于同命运抗争的英雄，但最后，他们成了被现实打倒的懦夫。

三

由以上课例可以看出，"原读教学法"有这样一些特点：

1. 体现了生本教育理念

"一切为了每一位学生的发展"是新课程标准的最高宗旨和核心理念。以学生为本,就要做到一切从学生的实际出发。一切从学生的实际出发,这意味着在教学设计时不能先入为主地把教参或自己的经验奉为圭臬,也意味着在教学过程中应意识到学生是"具有巨大发展潜能的人",也是"发展着的人",要相信他们是能独立解决一些问题的,也要看到他们对文本的理解可能不是尽善尽美、一步到位的,应放手让他们独立面对一些问题,也应以包容、鼓励的态度引导他们逐步体悟、内化、提高。"原读教学"摒弃教师一厢情愿、无所不包的教学设计,而以学生在自主阅读过程中的内在需求和疑难障碍作为教学的起点和重点;教学过程注重学生的独特体验和个性解读,教师不代替、也不急于即时获得结论,而是帮助学生不断地深化自己的体验和理解,从而使学生在阅读能力和精神境界方面都获得积极健康的发展。

2. 遵循了阅读教学规律

阅读不是一个被动接受信息的过程,文本的开放性和多义性需要读者调动现实生活世界的经验和想象力去填补,因而,阅读是一个再创造的过程,这个过程任何人都无法代替,只有靠读者自身的阅读实践去实现。"原读教学法"让学生在接触文本之初就能进行充分的自主阅读,打破预设,没有条条框框的限制,没有既定结论的干扰,学生的创造思维得到更自由的舒展;在整个教学过程中,注重激发学生的原创意识,让每个学生都有充分表达自己独特见解的机会。与此同时,"原读教学"也注意到,在阅读教学这个教者、学者、作者三方耦合的信息系统中,学生还是一个不成熟的读者和对话者,他们也有可能偏离对话的轨道,出现"误读"的情形。因而,教师密切关注学生阅读全程,及时给以引导、点拨,使学生的原创解读与文本的原本意蕴更完好地协调统一起来。

3. 培养了探究能力和合作精神

语文课程标准明确指出,语文教学应注重培养学生自主探究的能力和合作学习的习惯,这是对传统语文教学重个体轻合作、重接受轻探究的匡正。在阅读教学过程中,教师要努力创设研究的气氛,培养学生的问题意识,并指导学生合作解决问题,养成相互切磋的习惯。教师还要善于组织好集体思维碰撞,及时地把集体探究引向深入。"原读教学"本身就是以学生问题为设计起点的"问题教学",学习过程体现为学生群体共同探究问题,教师不强加结论、轻下结论，这就更有利于学生在研究讨论的过程中培养探究能力和合作精神。

在"原读教学"中，教师的角色有了有别于传统的根本性转变。教师的任务不再是发表权威的解说、裁决不可侵犯的定论。教师是一个与学生、作者平等的主体，更是学生阅读的服务者、促进者，必须在学生和作者之间穿针引线，使对话获得成功。教师的作用主要体现在两个方面。

一是激活文本。作品是开放的"召唤结构"，在读者注入感受、体验、认识之前，文本的语言还是一些死的文字，在教学中，经过教师这个有着更丰富体验和更细腻感受的读者的先行解读，文本的文字就被激活，"成为一个活的语言肌体"。（1）这个"活的语言肌体"介入到学生的文本阅读中去，就成为学生面对的"第二文本"。（2）这个"活的语言肌体"感染学生，影响学生，并使学生以此为基础深化对文本的感受和理解。如《装》一文的教学，教师从教参中解放出来，教参成了师生共同分享的资源，教师完全以自己的真实感受和认识解读文本，这样，即使是在导语这个教师不直接发表看法的环节中，教师的真实感受也能使文本瞬间在学生心中立体起来。

二是组织教学，包括设计教学过程、串联教学环节、控制课堂节奏，还有教学过程中的点拨引导。"原读教学"特别注重教学过程中教师的点拨引导。一方面，点拨引导要能把学生的思考逐步引向深入；另一方面，需要纠正他们不正确的读法——这正是阅读教学之所以是"阅读"教学的本意。如《装》一文的教学，关于主题的理解，教师先演示材料，让学生充分认识到契诃夫是个深刻洞察俄罗斯人心理特性和民族劣根性的伟大作家，这就为学生搭建了一个更高的思考平台，让学生站到人性的高度上审视课文。当学生的思考出现了偏差——把别里科夫完全等同于孔乙己、祥林嫂时，则及时引导讨论，并通过诱发新一轮的思考来纠正偏差。当然，点拨引导不是生硬的肯定或否定，不必急于即时得出结论或立竿见影地看到学生的"顿悟"，一个优秀的语文教师的点拨引导，必能真正尊重学生的主体地位，激励学生自身阅读的愿望和激情，洞见学生在同化、顺应过程中可能遇到的困难、可能跌入的陷阱，诱发学生作为读者的创造、发现。教师只给学生提供一支长篙，引导学生兴趣盎然地往上爬，直到他凭自己的力量看到最高处更真实、美丽的风景。

2003年·汕头豪苑

智慧教学对话

什么是智慧？什么是语文智慧教学？

黄文秉①：《现代汉语词典》对"智慧"的解释是"人辨析判断和发明创造的能力"。智慧是一种高级的综合能力，涉及人的感知、知识、情感、心理、逻辑、思维、智力、创造、文化等各方面的综合素养，体现人对知识的处理运用的全面综合能力。著名作家李二和曾经说过，智慧则涵盖了人类文化的所有。知识不等于智慧，知识与事物相关，智慧关乎人生；智力也不等于智慧，智力为"形而下者谓之器"，智慧乃"形而上者谓之道"。传统教学常常只注重知识传授而忽视智慧培养，常常止于提升智力水平而弱于启迪智慧发展。

蔡莉玲：陶行知先生说"知识是学来的，智慧是生成的"。美国教育家杜威认为智慧是"应用已知的去明智地指导人生事务的能力"。"知者乐水，仁者乐山；知者动，仁者静；知者乐，仁者寿"。孔子描述的智者，如水一般灵动，他思想活跃，事理通达，达到很高的人生境界。由此看来，智慧不只是聪明或者高智商，而是一种综合能力、素养和品质，指向人的自由发展和真善美的境界。

黄文秉：是的，智慧指向人的自由发展和真善美的境界，我们的日常教学也应该由知识本位转向思维培养和智慧追求，由单纯的知识教学转向智慧

---

① 黄文秉，广东省特级教师，时任汕头市达濠中学副校长。

教学，这样才能适应新时代人才培养需求。在基础教育新一轮新课程改革背景下，智慧教学正是实践以核心素养为本的新课程理念的具体行动。语文智慧教学就是要致力于促进学生语言、思维、审美和文化等学科素养的综合与内化，培育学生形成"语言建构与运用、思维发展与提升、审美鉴赏与创造、文化传承与理解"等语文学科核心素养，养成现代社会所需要的思想品质、学科素养、精神面貌和行为方式。

蔡莉玲：近日，老师们在传阅一篇人工智能对中国教育冲击的文章，该文主要观点是传统中国教育信奉"知识就是力量"，未来的人工智能会让我们的知识教育优势荡然无存。也是在近日，世界经合组织国际学生评估计划PISA宣布2021年会加入"创造性思维"这一指标，因为"创造性思维与批判性思维能力、解决问题能力、协作能力等都是十分重要的软实力"。在今天，中国教育如果不超越知识教育，将很难培养未来的人才。

从教育学的角度看，智慧是个体基于自身的知识和经验积累，在社会文化心理的影响下表现出来的应对社会、自然和人生的综合能力和素养。语文智慧教学要遵循语文学科规律和学生发展特点，帮助学生建构学科知识，加深语文体验，发展智能和思维能力，提升人文素养和人生境界。

智慧可以教吗？

黄文秉：智慧是人的一种综合能力和内在素养，很难在短期内一蹴而就养成，只能通过长期积累、浸润、感悟、揣摩、训练和启迪而成，所谓"博观而约取，厚积而薄发"。单独的知识、思维、逻辑、心理素质和创造能力虽然都不能等同于智慧，但是充分的知识积累、娴熟的思维技能、缜密的逻辑推理能力、浓烈的创新意识和丰富的想象力等都是构成智慧不可或缺的要素。而学生要具备这些智慧要素，就必须在学科教学中得到相应的有效训练和发展。

蔡莉玲：佛教中有个重要命题叫"转识成智"，通过特定的修行，领悟佛教真理，有"漏"（烦恼）的识就可转为无"漏"的识，从而得到智慧。把这个词借用到教育上来，人的智慧虽不像知识一般，可以比较直接通过授受获得，但人的思维是可以训练的，人的情感态度价值观是可以熏陶培养的；智慧也是可以通过教育获得提升的。因而，我们的学科知识教学不应只是把知识当成人类经验与文化的符号，不应只是注重知识的系统性，而应该站在智慧的高度，促进知识向智慧的转化。

知识是根基，智慧是目的。传授知识与追求智慧并没有矛盾。前者帮助个体接受新的经验知识，为智慧提供加工的原料；后者改善知识获得的心理机制，促进个体产生新的逻辑和思维图式。两者是相辅相成的。

黄文秉：从知识习得到智慧形成，思维技能的提升是关键的层进阶段。而智慧形成又反过来促进学生思维的灵动。不过，现阶段我们的学校课程设置、考试制度和教学模式，依然更侧重于现有知识的传授与测评。但我们教授一门知识课程更为重要的意义恰恰是为了使学生的思维技能得到发展，进而培育学生的学科核心素养和智慧。正如爱因斯坦所说，"大学教育的价值不在于记住很多事实，而是训练大脑学会思考"，我想中学教育也一样，我们应该树立和实践"为思维而教"的教学理念。

蔡莉玲：思维能力是智慧的重要方面，它的教学实践为智慧教学提供依据和路径。朱智贤、林崇德在《思维发展心理学》中指出，"教育是作用于思维发展的决定因素"。在实践中，教会学生思维，就是让学生"知道怎样思维"，让学生自觉主动地进行思维实践。在反复尝试中，比较不同的思维方法，经过经验的重复验证，建构思维图式；再用这种图式，指导以后的思维实践。

如何进行智慧教学？

黄文秉：语文课程具有智慧教育的天然优势和无限丰厚的底蕴。从语言文字到文化经典课文，无不饱含着中华民族源远流长的历史文化和智慧精华。语文教育本身就是一种智慧教育。我们要用心构建语文智慧课堂，进行语文智慧教学，将知识有效转化成智慧，促进学生智慧人生的成长。这样的智慧课堂应该是具有思维火花、极具灵性、饱含创造性的活力课堂，是能够提高学生的实践能力、思辨能力、发散思维、创新意识和创造能力的课堂。

蔡莉玲：智慧课堂要倡导理性精神。有理性精神，才可能有"自由之思想，独立之精神"，才可能有智慧的火花。中学语文课堂普遍感性有余、理性缺失。这几年，我试行"智性语文"教学，注重揭示学科自身的科学性；让语文课堂"审美"也"审智"，从"审美"走向"审智"；努力培养学生思考、质疑、批判、反思的习惯和能力。理性的核心和工具是逻辑，逻辑是促进思维规范、合理、有效的科学。语文课堂存在的问题恐怕与多年缺失逻辑教学有关。我在教学中适当增加逻辑课程，介绍概念、判断与论点、推理与论证、逻辑规律和议论文常见逻辑错误、辩证思维和观点的深刻等知识，并将理论知识与学生的语文实践相结合,让学生在运用中学会诊断逻辑问题。在这过程中,学生慢慢建立起基本的逻辑框架;更重要的是,学生懂得说话、写作要持之有故、言之成理,这也是理性精神的起点。

黄文秉:理性精神和批判思维的培养确实是很重要的,同时又是高阶思维和教学的难点所在。在具体的教学实践中,我们要因材施教,针对不同起点的学生采取不同的智慧教学策略。我比较注重构建"活力语文"课堂,激活课堂的生命活力,让低起点的学生同样能够走进文本,通过激活课堂实现转识为智的教学目标,以"活"促"转",开展智慧教学。在这样的教学中,我致力探索"以生为本、激活潜能,精巧设问、自主探究,深层对话、动态生成"的教学模式,科学有效开展师生讨论、小组合作探究学习,实现学生与教师、同伴、文本作者以及教材编者之间"思维碰撞、心灵沟通、情感融合"的多元深度对话,建构智慧型课堂。我力求抓住、抓准学生学习的困惑点、疑问点、兴奋点、争鸣点和思维的闪光点,激励学生主动碰撞,求同存异。我重视挖掘文本的创新和对话因素,挖掘问题的多向性,形成解决问题策略的多样化,激活学生思维,多元解读课文,收获动态生成的精彩。这样的课堂往往既有沉思默想,又有思维碰撞;既根植于生活,又有艺术的创造;既发展形象思维,培养丰富想象力,又发展创新思维,培养旺盛创造力和思辨能力,形成批判精神,培育学科素养。

蔡莉玲:智慧教学还要教给学生真知识。陶行知先生在《伪知识阶级》中指出"只有从经验里发生出来的文字才是真的文字知识"。他呼吁"我们应当陪着后起的青年共同努力去探真知识的泉源"。道理非常朴素,做起来却很难。中国中学生大量的时间精力都花在书本上。多少年来,中国高中生在各类国际性评估和比赛中,被指实践经验欠缺、动手能力不足。什么是"从经验里发生出来"?就我们的语文学科而言,教阅读分析,应教学生从自己的体验感悟出发而不是贴标签;教写作应该教"我手写我心"而不是人云亦云。一名教师为了教学生真知识,哪怕是对教参也要保持一分警惕。最近在备《林黛玉进贾府》一课,我注意到人教版《教学参考书》对王熙凤的"集珍珠宝玉于一身"的服饰和"三角眼""吊梢眉"容貌描写的分析,2004版教参认为"暗示她的贪婪与俗气""从侧面反映她内心的空虚""美丽的外表后隐藏着刁钻和狡黠";2007年后的教参分别改为"铺陈其华贵之气""表现其精明和狡黠"。这里面有特定历史阶段意识形态的影响,人文学科这样的情况是需要引起教师注意的。一名语文教师要教真知识,首先要保持对人类优秀文化遗产的敬畏，忠实原著，提升自身的判断和认识水平。自然科学学科由于人类认识的局限，这样的情况可能更多。教师要保有一种严谨的治学精神和开放的求知态度，这样才能和学生一起学真知识，只有学真知识才有可能发展真智慧。

2019 年 2 月·汕头龙禧花园

原文发表于《汕头日报》2019 年 6 月 10 日，有修改

高二语文教学的过渡问题

各位老师,下午好!

高中阶段最难为的语文老师是高二语文老师。高一学生比较乖,更重要的是他们充满着对新生活美好的遐想,有闲情逸致来充分感受语文;对高三学生来说,语文那 150 分的高考份额就摆在那儿,又是高考第一炮,完全怠慢语文是需要一定勇气的。高二学生就不一样了,老油条了,越来越功利了,理科难度越来越大了,更重要的是还有会考。这样,高二语文常常感到被挤压了,被边缘化了。

事实上,高二语文被边缘化,上面说的只是客观因素,如果我们深入反省一下,会发现实际上更主要的是主观因素,那就是我们可能没有很好地注意到高二语文教学的突出特点,及时调整教学策略,导致在整个外部环境发生深刻变化时,自己处于更加不利的地位。

那么,高二阶段语文教学最突出的特点、必须重点去解决的问题是什么呢?就是过渡。

从教的方面看,高二上完必修 5 之后,马上转入选修课的教学,这就需要从必修过渡到选修;从学的方面看,高二学生经过十年的母语学习,已经积累了相当的语文知识,并且,面临着高考,其必须通过高二这一年的磨砺,在高三把这些积累的知识立竿见影地转化为应试的能力和可观的分数。所以,这里有从基础到应试的过渡。

1. 从必修到选修的过渡

高中语文课程包括必修课程和选修课程两部分。这样的课程整体结构最

大的特色是体现了共同基础与多样选择的统一。选修课与必修课有共同性质,都是语文课程的重要组成部分;有共同特点,都注重工具性和人文性的统一;有共同目的,都要进一步提升学生的语文素养。

但选修课与必修课又有根本的区别,我们一些高二教师在教学上的不如意可能就是因为忽视了这个区别。我不知道选修课大家教得最痛苦的是哪一册,我觉得最痛苦的是《唐宋散文选读》。今天的学生已经没有耐得住寂寞的古典情怀,一本古文一上半个学期,要让他们坐得住本身已经是一件难事,而我们如果完全按照旧思路,按部就班,从第一课上到最后一课,天天都是翻译,学生可能就会因为机械、重复,因为没能得到新的发展,提不起兴趣。

所以,我觉得,高二的语文教师还是得重温一下选修课课程设置的意图,实施教学时一定要注意从必修过渡到选修。

为了实现这个过渡,要注意以下四方面的转化。

(1)基础性→发展性。

《普通高中语文课程标准(实验)》强调,必修课程要突出课程的基础性和均衡性,选修课程应该更致力于让学生有选择地学习,促进学生个性发展。从课程的角度可以理解为:必修课是选修课的基础,选修课是必修课的发展;必修是普及,选修是提高。

这样看来,选修课实际上对教师提出了更高的要求。我们在备课时应该常常想到:有没有更新的东西、能不能挖掘到更深的问题?这样才能吸引住学生的注意力,才有利于学生的提高。同样一篇古文,我们的教学目标设置能不能更高一点?在知识与能力目标方面,能不能不要只是教师一句一句翻译,学生一点一点记录?能不能不停留在零碎的字词句上面,而着眼于整个语文知识体系和高考的要求,让教与学都更为系统科学?在过程与方法目标方面,能不能不要只是手把手满堂灌,而进一步放手培养学生自主、合作、探究的学习能力?在情感态度和价值观目标方面,能不能更深入地研究学习,充分挖掘每篇古文中蕴涵的文学底蕴和文化精神?当一篇文章中有鲜活的充满个性的生命,有充满传奇色彩的故事逸闻,有动人的文学场景,有感天动地的人的精神,那些十五六岁的少男少女,是会被打动并能从中获得发展的。

(2)均衡性→选择性。

《普通高中语文课程标准(实验)》强调,必修课面向每一个学生,保证全体学生达到共同的基本目标，使每一个学生的语文素养都普遍获得进一步的提高；选修课则给学生更多的选择余地，每个学生根据个人的学习兴趣、未来学业和就业的需要，选修有关课程。

实事求是地说，目前我们很多学生对课程选择的权利基本上被忽视了。那么，我们在实施课程时，能不能给学生一点选择的余地？比如说，让他们选择重点上哪些篇目，跟他们商量每篇重点教什么，用什么教学方式。还有，不同的学生能否考虑有不同要求、不同评价？比如，有的学生古文功底好、兴致高，就要求他们不光阅读，还可以尝试模仿古文名篇来写作，形成自己独特的写作风格和优势。

（3）全面性→针对性。

《普通高中语文课程标准（实验）》对必修课的定位是，要照顾到语文素养的各个方面，学生通过必修课的学习，应该具有良好的思想文化修养和较强的运用语言文字的能力，在语文的运用、审美和探究等方面得到较协调的发展。而选修课具有很强的针对性，这突出表现在其专题性上，如《唐宋散文选读》《唐诗宋词元曲选读》《论述文选读》《传记选读》等都具有很强的专题性。在具体教学目标上，选修课有的侧重于实际应用，如《语言文字应用》；有的着眼于鉴赏，如《唐诗宋词元曲选读》；有的引导探索研究，如《〈论语〉选读》。注意到这些，在教学时，就不必苛求面面俱到，而要准确定位，有的放矢，深入落实。这样，学生会更清楚自己学了什么，并会在对一个点不断地强化和螺旋式的上升中深刻地感受到收获。高二的学生是很实际的，我有时听到一些学生抱怨一些不喜欢的语文课，说一节课听下来不知学了什么甚至没法做一点笔记。这往往是因为这节课目标不明确或重点不突出，笼统缺乏针对性。

（4）稳定性→灵活性。

从课程目标的实现来讲，语文必修课的设置为语文课程目标的达成提供了稳定的保证，选修课的设置则增加了课程目标达成的灵活性。从课程评价看，语文必修课的评价立足于"共同基础"，评价方式具有较强的稳定性；选修课的评价则要求"要突破追求刻板划一的传统评价模式"。

由此来看，实施选修课教学，我们就不要整个学期都是"先生在上面讲，学生在下面听"，而可以大胆选择更多样化更灵活的课型，比如研究型、讲座型、实践型、活动型等；我们也可以采用更为灵活的、多元的评价方式，只要是能挖掘课程特色的，能激发学生兴趣和潜能的，我们都不妨尝试一下。

2. 从基础到应试的过渡

这个方面相信很多老师的认识体会都比我深刻，那我简单说说。前面说过，高二学生已经积累了相当的语文知识，并且他们的头等大事就是在高二这一年，得到一样点石成金的法宝，在高三能做到兵来将挡水来土掩，把这些积累的知识转化为可观的分数。所以，这里有从基础到应试的过渡。

为实现这个过渡，教师要注意三个方面的转化。

（1）人文性→工具性。

选修课与必修课有共同特点：工具性和人文性的统一。这两者的统一在实际操作中我觉得还是有一点讲究的。在不同的年级，要做好工具性和人文性的加减法。高一阶段，人文性更突出；高三阶段，工具性更突出；高二阶段要做好从人文性到工具性的过渡。突出工具性不等于说不要人文性，突出工具性具体表现为：工具性大于人文性，工具性包含人文性。比方说，一首古典诗歌的教学，高一时你侧重让学生充分进行情感体验，充分培养学生的情操；到高二，可能更多的工夫要放在教会学生更快地读懂它，更准地解决相关问题，而为了实现这个目标，你又得巧妙地借助人文的方式。

（2）讲授→训练。

这一点教师们只要稍微注意就会做得很好，我想，一周六节语文课如果能有一节专门的像数理化一样的习题课，对学生提高解题能力是有帮助的。当然，训练最好注意两点：一是量要适当，二是有序进行。

（3）课的设计→题的设计。

这几年我们汕头市教研室每年都开展命题比赛，这在很大程度上提升了汕头语文教师群体特别是青年教师的命题能力。想要学生应试能力强，教师就得研究命题。我有时遇到一些青年教师在高一很受学生欢迎，但一到高三，学生意见就来了。青年教师有激情，课上得精彩，但到高三，对试题研究的欠缺就暴露出来了，通常表现为解题慢，对好题坏题的辨别能力不高，没办法设计出原创的好题。所以，高二教师不仅要能设计好课，还要能设计好题。关于如何提高命题设计能力，我也没有很好的办法，我也经常会感到很头疼。不过，头疼的结果是我有了一个体会：也许最笨的办法就是最好的办法，这个办法就是多做题多看题。

以上是我的一些粗浅体会，请教师们指正。

2011年·汕头市语文科教研活动

智性教学
ZHIXING JIAOXUE
GUANLI PIAN
管理篇

自觉自创，后发超越
——试论广州市天河外国语学校的特色创建

崔海友[①]　蔡莉玲

一、特色学校创建是世界基础教育发展的趋势

当今世界，社会趋于多元，变革随时都在发生，未来需要有不同特质的人。教育形势和教育对象的变化，使学校的使命也在发生变化。今天，学校的重要使命应该是创造多元的产品来满足受教育者的不同需求，通过富于特色的教育，使每个受教育者的个性和特点都获得充分的发展。

鉴于此，不少国家政府统一规划和引导学校特色办学。新加坡教育部长尚达曼提出："要让每个学校都找到让自己卓越的领域，到2012年，希望有一半以上学校能实现某一领域的卓越。"英国教育部2003年宣布，英国所有中等学校都将成为特色学校；《2006年教育与督导法》在前法基础上增加了地方教育当局的一项新职能："保障学校教育提供方面的多样性。"2008年，美国著名教育智库"21世纪技能伙伴"发表了《21世纪的技能、教育及竞争力：资源与政策指南》，在分析未来10年全球竞争中美国面临的种种挑战后，提出了一个学生素质培养框架，这些素质培养都需要学校强化特色办学

---

① 崔海友，广州市天河外国语学校第一任校长。

去实现。

在我国，特色化教育也已成为新形势下时代发展和教育改革的必然。《国家中长期教育改革和发展规划纲要（2010—2020年）》提出："树立以提高质量为核心的教育发展观，注重教育内涵发展，鼓励学校办出特色、办出水平，出名师，育英才。"国家引导义务教育阶段学校特色发展、创建特色学校，促进学校灵活自主地实施素质教育和教育教学改革，引领教师形成现代教育教学理念，转变教学方式和学习方式，培养具有创新精神和实践能力、适应时代发展需求的高素质人才。2 000多年前，孔子强调有教无类，提倡因材施教，这在漫长的历史时期还只能是一个梦想，但这个梦想在特色学校新的教育教学方式下将照进现实。

新创办学校往往发端于强大的社会推动。较之于历史悠久的学校，新创办学校与生俱来被赋予了更丰富的时代内涵，肩负着更多的时代使命。杰出的人民教育家陶行知说："因教育是一种永久事业，非目光远大不足以立百年之基；教育又是一种社会事业，非同情普遍，不足以收共济之效。"陶行知这种以教育促进社会改造和经济发展的大教育观，对改革传统的学校教育产生了巨大的影响，对现实的教育具有很高的借鉴价值。同情普遍，惠及民生；立足今天，服务未来。这是新创办学校对时代和社会的最大贡献。在此过程中，新创办学校也提升了核心竞争力，获得了自身的发展。因此，走特色发展之路成为今天新创办学校的必然历史选择。

二、新创办学校特色创建 SWOT 分析

SWOT 分析法是由美国旧金山大学管理学教授海因茨·韦里克（Heinz Weihrich）提出的战略管理学说。是对一个组织、单位或个人的优势、劣势及其所处环境中的机会和威胁的分析。SWOT 四个字母分别代表 strength、weakness、opportunity、threat，"S"是强项、优势，"W"是弱项、劣势，"O"是机会、机遇，"T"是威胁、挑战。其原理是通过对一个组织、单位或个人的优势、劣势及其发展过程中的机会或威胁的全面、客观地分析，输入并筛选相关信息后，进行合理组合及正确决策。

作为特色创建的第一步，新创办学校可采用 SWOT 分析法，对自身现状进行"特色诊断"，弄清学校的优势、劣势、机会和威胁；在此基础上，再

对学校的"特色资源"进行分析和整理,从中找出"特色办学"的现实路径。

以下以广州市天河外国语学校为例来分析新创办学校的特色创建。广州市天河外国语学校创办于 2012 年 3 月,是广州市天河区政府近年重点打造的特色中学(见表 3)。

表 3　广州市天河外国语学校的情况分析

SWOT 要素	内部条件	外部条件
优势	1. 领导队伍素质高,有干劲; 2. 师资整体水平高,有异质化特点,年轻有活力; 3. 硬件环境好,教学设备完善	1. 地处省会"首善之区"天河区; 2. 政府高度重视; 3. 所在区域生源较好
劣势	1. 没有可资继承借鉴的学校历史文化传统; 2. 目前没有固定校区	未形成品牌,缺乏知名度
机会	1. 发展态势好,2015 年将有首届毕业生亮相; 2. 2015 年将扩大办学,增设高中部和国际部; 3. 2015 年将迁至珠江新城固定校区	1. 天河区提出要创建广州国际商贸中心核心区等战略目标,珠江新城中央商务区亟须配备与之匹配的兼容东西方文化的学校; 2. 珠江新城区域古老与现代并存、传统文化与现代思潮碰撞、东西方文化交融
威胁	教师群体短时间内难以自发形成学校文化认同与教育共识	名校林立,同类外语学校品牌成熟,社会美誉度高

从以上对广州天河外国语学校的分析可以看出,新创办学校在特色创建方面的劣势和威胁是较为明显的:缺乏历史和传统,短时间内创建校园群体认同的校园文化难度较大;同时,外部名校林立,同类学校品牌成熟。这些都对其特色发展构成极大威胁。但仔细分析,也可看出新创办学校在特色创建方面有天然的优势:人的优势。

上级重视,学校领导和教师素质好、水平高,这首先在"人和"上走了一大步。新创办学校诚然欠缺时间积累和历史沉淀,但她在短时间内聚合了一群异质化的人,他们之间的碰撞将产生巨大能量。所以,新创办学校要善于变时间劣势为空间优势,从横向上激发学校教师群体的异质特征,促成碰撞,实现飞跃,把"人"潜在的优势激发整合出来,使之成为学校独特的特色资源。其次,特色学校是学校文化建设的结晶。学校文化是一所学校在长期的教育实践过程中积淀、演化和创造出来并为其成员所认同和遵守的价值观念体系、行为规范准则和物化环境风貌的一种整合。学校特色文化具有独特性、优质性、稳定性、创新性,需要时间的积淀,文化的传承,这些都是新办学校的短板。但是,即使是百年学校,如果没有校园群体的文化自信、文化自觉和文化自创,依然挖掘不出文化,也就形成不了特色;而新创办学校如果有了文化自信、自觉、自创,从创办的第一天起,就具有这种意识,依然能在很短的时间内,形成自己独有的文化。即是说,真正制约一个学校的特色文化发展的,不是时(间),甚至也不关乎地(点),而是办学者(人)的文化自觉和创造。西南联大是中国教育史上浓墨重彩的一笔,其文化精神至今辉耀后人,最根本的就是其文化自觉、自信与自创。西南联大在国家离乱中草创,却始终以入世之态度与学术精神坚守教育之本义,自觉自创,形成一套整合中西文化的文化系统和"中西会通、古今融合、文化渗透、教授治校、严谨治学"的继承民族文化与吸纳西方先进思想的、有所侧重、适应社会需要与坚持独立无所偏废的教育范式。这笔教育财富不仅对大学,对当今基础教育亦有深刻的启示意义。

三、新创办学校特色创建策略

那么,新创办学校如何以文化自觉、自信,自创学校文化特色呢?

(一)顶层设计

新创办学校的文化自觉、自信、自创,突出地表现在从创办伊始,创办团队就有明晰的整体构想,科学合理的顶层设计。

"顶层设计"源于西方国家自然科学或大型工程技术领域的一种设计理念:Top-Down Design。意思是,站在一个战略的制高点,从最高层开始,弄清楚要实现的目标,从上到下地把每一层设计好,使所有的层次和子系统都能围绕总目标,产生预期的整体效应。显然,Top-Down Design 不仅包含着对高层层次的设计,而且也包含着对中层层次和基层层次的设计。

"顶层设计"是全新的现代科学设计方式，它也适用于学校的科学发展设计。作为学校文化的提炼与结晶，学校特色创建尤其需要倚重顶层设计。学校特色创建的顶层设计关键在于学校核心理念和基于核心理念的一级目标的构建，据此，进行组织系统和非组织系统的二级设计，并使其最终体现于"施工"设计中。因此，学校特色创建需要全方位自上而下的规划，首先是宏观战略设计，需要哲学理性思维和人文思想指引，设计学校的理念文化、发展愿景、办学追求；而后还要到具有应用性、操作性的技术层面，对学校课程设置、课堂模式、团队活动等进行整体规划。

顶层设计的重要性在于它能将学校特色积极融入经济社会协调发展、区域统筹发展的大格局中，通过自上而下的科学规划和合理安排，确保学校特色办学的全面性、高效性和可持续性。

（二）落地对接

顶层设计需要实践的检验、补充和完善。实践不仅为顶层设计提供新鲜经验，而且使国家的教育政策、创办团队的教育教学理想落地生根，成为学校师生自身奋发图强的既定目标。

尽管顶层设计具有应用性、操作性，但它只是工程蓝图、施工流程，还要进一步落实施工，即要"落地对接"。正因为这样，顶层设计十分强调执行力，在绘制蓝图后，注重执行，在执行中注重细节，实施精细化管理和全面质量管理，注重各环节之间的互动与衔接，以便确保工程的完成和质量的提升。

顶层设计与教育教学实践的有效对接需要通过教育教学制度、体系与规范创新来予以实现。制定和实施适时适用的制度、体系与规范，不仅需要下传上达，也需要上策下知。正是在不断保持制度、体系与规范的连续性、稳定性、长效性和公正性，努力提高制度、体系与规范的针对性、灵活性、创造性和前瞻性的过程中，顶层设计与教育教学实践的有效对接才能得以圆满实现。

学校特色创建顶层设计的成功落地对接即是要在学校理念文化、发展愿景、办学追求的指引下，对学校课程设置、课堂模式、德育范式、团队活动、校园境界等进行因地制宜适时适用的落实创新。

1. 课程特色文化

学校课程的设置支撑特色文化。一方面，要根据学校自身实际、师资状

况、生源特点、办学理念和培养目标对国家课程进行校本化解读；另一方面，要开发校本特色课程，特别是特色项目的个性化和课程化，通过课程的学习，师生进一步理解学校的文化，达到入脑入心，从而落实在行动上。

2. 课堂特色文化

课堂是学校特色创建的主阵地，创建特色课堂，就要构建与学校特色相适应的课堂模式文化，让学生在自主、合作、探究中学习知识，形成能力，体验过程，提升素质，在师生、生生活动中学会学习，快乐成长。

3. 德育特色文化

创建德育特色文化，要从学校的理念文化出发，创新德育教育方法，使学生养成良好的行为习惯，让人们通过学生的言行看出学校的特色，注重引领与自我教育，培养引领未来的领袖气质，塑造契合时代特征、深深打上学校文化烙印的价值观，为学生的终身幸福奠基。

4. 校园特色文化

创建特色学校文化，首先，要实现学校文化物象化、校园诗意化和特色可视化。这有助于形成育人环境氛围，使特色文化快速深入校园人心，让人置身其中，感受到强大的文化冲击力，从而推动学校特色文化建设。其次，要努力强化校园群体对理念文化的认同。学校要通过入学教育，岗前培训，参与校徽、校旗设计，校歌创作等活动，对每一批新教师、每一届学生进行学校文化的广泛深入宣传，在宣传中对学校特色文化定位进行修改完善；要引导师生参与学校特色文化活动，在参与中了解学校，在交流讨论和动脑动手中理解文化，逐步认同和融入，进而落实在工作和学习中。特色学校需要稳定的学校文化，让文化变成师生的自觉行动需要符合学校特色的制度，校园里的每一个人自觉按照制度办事，才能落实到行动上，才不因人而异，才能形成稳定的学校文化。

（三）螺旋上升

学校特色文化顶层设计落地对接后，还有一段相当长的路要走。要注重阶段检查与总结，按照顶层设计进行评估，逐步修正，不断推进，臻于至善。新创办学校如此，老学校亦然。

特色学校文化的创建不是一蹴而就的。特色学校是根据经济社会发展需要，遵循教育发展规律，结合学校办学传统和办学实际，在创造性构建新型办学模式、优化整合学校特色基础上发展形成的，需要在教育实践中不断接受检验，不断发展完善，才能获得螺旋上升。

特色学校文化的创建是一项长期的系统工程，需要方方面面的条件来支撑，首先需要宏观视野内社会、政治、经济、文化条件的支撑，其次需要在中观视野内教育发展规律的支撑，再次需要在微观视野内学校自身条件的支撑。学校特色文化创建需要相当长的一段时间去寻求诸方面条件的完美契合，探索整个系统协调运作的有效路径。唯此方能获得学校特色文化建设的可持续发展。

特色学校文化的创建还需要建立相应的特色评价体系，对学校特色建设的过程和阶段性成果进行评价，从而推动特色建设的健康可持续发展。只有不断对现有的学校文化基础进行正确的评价和诊断，才能使学校特色文化实现一次次螺旋上升，从而提升学校特色文化力，促进学校特色文化的发展和最终完善。

广州市天河外国语学校创办于 2012 年 3 月，此时广州市和天河区的优质教育资源已比较丰富，格局也基本形成。创办团队依据当代广州人的时代精神特征和价值导向、天河区域的民俗积淀和文化传承、本地域的社会需求和学生特点，反复研讨论证，确立了"和雅君子，世界公民"的办学理念，提出了"在高起点上起步，以质量求生存，以特色求发展，小班教学，国际接轨"的办学指导思想。

在此基础上，创办团队提炼出天河外国语学校"和雅教育"的特色。为了让"和雅教育"真正引领学校特色的发展，学校在教育教学过程中紧紧围绕"和雅君子，世界公民"的办学理念，理顺"以人为本、科学民主"的和雅管理，确立"文理并重、英语见长、活动多样、个性鲜明"的和雅课程，构建"学生主体、小组合作、积极互动、师生和谐"的和雅课堂，探索"学生自我管理、学校、家庭、社会全员育人"的和雅德育，形成"中西交融、具有国际理解力和文化包容度"的和雅文化氛围。基于文化的自觉自创精神，肇始于科学合理的顶层设计，在落地对接后小心论证，大胆创新，使广州市天河外国语学校这所新兴的学校在极短的时间内迅速成为一所文化气氛浓厚、办学特色鲜明的学校。创办两年，即在天河区成为一枝独秀，异军突起，业绩斐然，令人瞩目！

四、结语

教育事业的发展需要理念与实践的示范与引领。教育是"做"出来的。

当今中国教育尤其需要白手起家的胆略和气魄,需要"第一个吃螃蟹"的首创精神,需要革除陈习、突破常规的鲜活榜样。创新胜于守旧,教育改革大潮为新创办学校的发展提供了空前的历史机遇,形成特色将是新创学校脱颖而出的羽翼。我们相信,新创办学校只要坚持文化自信、自觉、自创,即能抓住机遇,后发超越,为当代中国基础教育做出应有的贡献!

2014 年·广州

原作发表于《基础教育参考》2016 年第 4 期,有修改

造就智慧型名师，推动新创办学校跨越式发展
——以广州市天河外国语学校为例

蔡莉玲　陈迪[①]

广州市天河外国语学校创办于 2012 年 3 月，肩负"立足天河，服务广州，辐射广东"的使命。此时，广州市的优质教育资源已经比较丰富，基础教育格局也基本形成。如何在林立名校中脱颖而出，实现"后发超越"？创校伊始，学校以前瞻的眼光，确立"以名师推动学校发展"的战略。"大学者，非大楼之谓也，乃大师之谓也。"基础教育亦是如此，学校的核心竞争力取决于学校的名师群体。

为更好地对学校师资队伍进行诊断，制定名师培养目标和策略，我们采用 SWOT 矩阵分析法，弄清师资队伍建设面临的优势、劣势、机会和威胁，在此基础上进行分析和整理，找出从点、面、线促进名师培养的现实路径（见表 4）。

表 4　2020 年广州天河外国语学校师资队伍现状分析

SWOT 要素	内部条件	外部条件
优势	1. 立体式多元化的教师引进途径； 2. 教师综合素质高，异质化，拥有硕士及以上学历的教师达 76%； 3. 教师平均年龄 32.7 岁，年龄结构、知识结构和教学技能结构新锐有活力，凝聚力强	1. 地处省会城市的"经济强区"和"人才高地"天河区； 2. 区委区政府高度重视教育人才引进； 3. 基于外国语学校的特色建设，教育局对师资队伍有一定倾斜

---

① 陈迪，时任广州市天河外国语学校副校长。

(续上表)

SWOT要素	内部条件	外部条件
劣势	1. 新校没有可继承借鉴的文化传统，新进教师对学校文化缺乏认同感和归属感； 2. 来自不同学校的教师，差异化的学术背景和文化背景不易形成"和而融"的文化； 3. 学校发展前六年，教师人数按学校的年级递增而逐年递增，人员流动频繁，教师队伍不稳定	1. 新创办的区属公办学校，学校未形成品牌，缺乏知名度，难以吸引名师； 2. 教育经费来源单一，同等待遇条件下想吸引全国名师比较困难； 3. 师资队伍建设缺乏领军人物推动学科发展
机会	1. 学校高位起步，教育教学质量高位运转，发展态势好，从高速度发展向高质量发展转型； 2. 生源整体水平高，拔尖创新人才培养需要名师引领； 3. 学校倡导课改，课堂改革催生学科领军人物	1. 天河区提出创建广州国际商贸中心核心区等战略目标，珠江新城中央商务区亟须配备与之匹配的兼容东西方文化的学校； 2. 珠江新城区域古老与现代并存、传统文化与现代思潮碰撞、东西方文化交融
威胁	教师群体短时间内难以自发形成学校文化认同与教育共识，难以迅速形成团队文化和精神	名校林立，名师拔萃，同类外语学校品牌成熟，社会美誉度高

从以上分析可见，目前广州天河外国语学校在名师建设方面的劣势和威胁是较为明显的。从学校内部看，新创办学校缺乏历史和文化的积淀，师资队伍不稳定，短时间内创建异质化校园群体所认同的校园文化，让教师队伍建立共同的价值观、认同感和归属感有一定的难度。同时，学校超常速、高质量发展对名师培养提出了很高的要求。从学校外部看，广州市优质教育资源丰富，百年老校名校林立，同类学校品牌成熟度高，名师辈出。若按常规发展，天河外国语学校在短时间内脱颖而出难度较大。但仔细分析，也可发现天河外国语学校有天然的天时和地利优势，还有潜在的机会：若能借助短时间内探索新时代教育领军人才培养的有效模式，营造卓越教师和教育家型教师脱颖而出的生态环境，从而引领、辐射和带动更多教师成长，将能为这所新兴学校带来跨越式发展，为新创办学校树立优秀榜样。

为探索新创办学校名师培养模式，创校团队走访南京外国语学校、武汉外国语学校、成都外国语学校等国内知名外国语学校，结合当代广州人的时代精神特征和价值导向、天河区地域发展的社会需求和教育特点，特别是针对天河外国语学校作为一所新锐的新生学校的特点，反复研讨论证，提出了"造就智慧型名师，推动新创办学校跨越式发展"的策略。

一名教师的成长大概经历教学起步期、成熟期和高峰期。起步期适应岗位，熟悉教学流程；成熟期掌握技能，形成教学方式，构建自身教育教学经验体系；少数越过高原期的骨干教师形成自己教学风格，走教科研之路，在理论和实践中不断突破，步入高峰期。高峰期的教师，理论上对教育教学有自己深刻的理解和感悟，实践上不仅是"经师"，更注重做"人师"。更突出的，则形成独树一帜的教育教学流派。名师培养，指的就是助力教师实现从成熟期向高峰期的飞跃。

智慧是一种综合能力、素养和品质，它有生成性和实践性，指向人的自由发展和真善美的境界。美国教育家杜威认为智慧是"应用已知的去明智地指导人生事务的能力"，陶行知先生说："知识是学来的，智慧是生成的。"孔子描述的智者，如水一般灵动，他思想活跃，事理通达，达到很高的人生境界。

智慧型名师就是具有较高教育智慧水平的名师，智慧型名师的教育智慧是教育科学与艺术高度融合的产物，是教师在探求教育教学规律基础上长期实践、感悟、反思的结果，也是教师教育理念、知识学养、情感与价值观、教育机智、教学风格等多方面素质高度个性化的综合体现。

打破固有思想观念的束缚

真正的智慧型名师，首先是思想解放，理念与时俱进，思维无禁区的教师。"仁者乐山，智者乐水。"智慧型名师也需如水一般灵动，与时俱进，永不停滞，才能应现实教育需要，开拓创新，为新创办学校注入生命活力。

首先，需要打破经典教育体系的束缚。近一个世纪以来，我国基础教育教师深受经典教育体系影响。传统经典教育体系在欧洲工业革命背景下形成，强调知识本位、教师中心和教学过程的标准化、程式化、规范化，它使提高知识传授效率，大批量培养具备基本能力的劳动者变成现实，但也在很大程度上束缚了师生创造性的发挥。其次，还要打破近二三十年教学改革和教育科研过程中功利性取向的束缚。现实中，不少学校和教师的"改革"和

"研究"其实充满应试意味和期望一举成名的功利色彩。再次,还要打破教师自身在传统教学背景下形成的思维定式和工作惯性。

观念的更新是一项艰难的工程。特别是已形成惯性和思维定式的骨干教师和名教师。为此,天河外国语学校创校之初,多管齐下,打破教师固有思想观念束缚。一是新理论新思想的学习和争鸣,推行理论学习,开展学术争鸣,围绕某一命题展开思维碰撞,引发意义创新,展开系统思考,突破思维定式,超越传统方式;二是学校教学理念"洗脑式"的输入,使"把课堂还给学生""焕发师生生命激情"的理念深入人心;三是以小班制、走班制的班级组织形式和小组的课堂组织形式倒逼已习惯旧的固定大班制、秧田式教学的骨干教师和名教师对自身固有的教育教学理念做出深刻反思和扬弃。

建构鲜活的个人教育教学思想

智慧型名教师的智慧来源于"独立之精神,自由之思想"。培养智慧型名师,要引导其叩问教育的本真,建构属于自己的教育教学思想,思想是教师的灵魂,构建起属于自己的教育教学思想,才可能成为智慧型名师。

天河外国语学校倡导名师"建构鲜活的个人教育教学思想"。鲜活的思想来自哪里?来自骨干教师个人长期不懈的自我精神修养和研习,也来自对时代和社会的思考,来自对校情教情的研究。

首先引导名师和骨干教师改变个人心智模式,优化认知结构,将公共教育理论通过个体的生命体验,活化、内化为自己的内在素质;在教师主观知觉及个体经验的基础上进行教学情境的问题解决与意义的重新诠释;以系统性、复合式的视野优化个人教育教学思想。

杰出的人民教育家陶行知说:"教育是一种永久事业,非目光远大不足以立百年之基;教育又是一种社会事业,非同情普遍,不足以收共济之效。"陶行知这种以教育促进社会改造和经济发展的大教育观,对学校和教师的思想构建有深刻的启迪意义。天河外国语学校自建校之日起就不是自给自足的象牙塔,它身处广州珠江新城CBD,时时眼观六路耳听八方。对于新引进的名师和骨干教师,学校组织他们深入了解学习广州市市情和天河区区情,并使其关注区域经济社会发展和最新科技前沿。学校开设"和雅大讲坛",定期邀请校内名师和校外专家讲学。外请专家讲学一半以上是狭义的教学以外的内容,比如聘请经济学专家分析经济形势,请中科院院士做学术前沿介绍。这些讲学大大开阔了骨干教师的视野和眼界,激活了骨干教师的教育智慧。

建校之初，学校成立由名师和骨干教师组成的学术委员会。学术委员会负责主导学校课程文化、课堂特色、德育理念的提炼。这把名师和骨干教师团队推到学术前沿，大家围绕学校"和雅君子，世界公民"的办学理念和"在高起点上起步，以质量求生存，以特色求发展，小班教学，国际接轨"的办学指导思想以及"聆听无声，讨论小声，发言大声，质疑有声"的"四声"课堂文化，百家争鸣，百花齐放，深入研讨，反复论证，最后达成共识，确立学校管理理念为"以人为本、科学民主"；课程理念为"文理并重、英语见长、活动多样、个性鲜明"；课堂特色为"学生主体、小组合作、积极互动、师生和谐"；德育理念为"学生自我管理，学校、家庭、社会全员育人"。

通过这样由内到外、由上而下的思想撞击和头脑风暴，天河外国语学校的名师和骨干教师在前后几年间逐步建构放眼社会、依托学校、立足自身的鲜活的教育教学思想，并经由实践不断优化完善。

凝练扎根课堂的实践智慧

理论工作者用学术话语解释教育生活，一线教师应该更多关注教育教学现实问题的解决和教育教学活动效率的提高。这也是智慧型名师的核心竞争力。

教师的职业与医生、律师、建筑师一样，都有很强的实践性，相对而言，教师行业特别讲究艺术性。教育的技能技巧可以模仿、培训，但教育智慧是难以训练的。智慧型教师除了接受系统全面的专业知识、能力、价值观等方面的培养，更要在自身直接教学及教育管理工作中不断凝练实践智慧。一名教师再出名，他的岗位和价值始终在课堂。培养智慧型名师，重点应该放在凝练扎根课堂的实践智慧。课堂是名师教学智慧生成的永不枯竭的源泉。

近些年，有些教师有轻视实践经验的倾向。其实，教师的实践经验中包含宝贵的实践智慧。天河外国语学校的名师和骨干教师来自五湖四海，若把这些教师之前的经验和在天外全新课堂上的体验提炼出来，就是学校一笔宝贵的智慧财富，也是名师和骨干教师实现智慧跨越的坚实基础。因而，学校特别注重引导教师进行经验的积累和反思。学校教学常规要求教师做"日记录·周反思·月小结·年总结"。具体操作上，引导教师做到"三个善于"：善于捕捉有价值的教学现象和事件；善于发现具体问题，解决具体问题；善

于在"细"上做文章。通过这一系列举措,学校促成名师和骨干教师在日常教学中积累经验、转化经验、提升经验;同时,因为有了细致、细心、细腻,进而拥有知性智慧、理性智慧和情感智慧。

在此基础上,天河外国语学校特别注重推动名师和骨干教师进行教学风格的凝练。"风格"一词本是用于文学艺术领域的,是一种文学、艺术作品达到一定水准时所具有的重要标志,这种标志往往是作家、艺术家自身内在特性的外部显现,如书法中柳体的挺拔、颜体的稳实、欧体的刚劲。当我们说一个教师形成了自己的教学风格时,这是对他很高的褒奖。一名智慧型教师成熟的标志是形成自己独特的教学风格。

天河外国语学校依托广东省"百千万"名师培养工程等项目,推动学校的"百千万"名师培养对象每学年汇报自己的教学风格提炼成果,并请专家进行现场鉴定,提出优化意见。同时,每学期开展"名师示范课暨教学风格研讨活动周"。这一周中,每位骨干教师和名师开放课堂,举办讲座,并进行教学风格的答辩。几年下来,学校的名师和骨干教师开始呈现较鲜明的教学风格。有一次上级来校调研听课,三位语文骨干教师同上一课,虽为集体备课,素材大同小异,但由于渗透了三位教师不同的理解,浸润了三位教师不同的精神气质,教学结果各具特色:蔡老师充满智趣,丁老师热情奔放,杨老师循循善诱。笔者陈迪老师和蔡莉玲老师均为广东省"百千万"名教师培养对象,在华南师范大学培养机构和学校的共同培养推动下,分别凝练出"留白"和"智性"的教学风格。

成效和反思

面对新创办学校的发展困局,广州天河外国语学校实施"教师发展优先"的战略,把造就智慧型名师作为学校发展的命脉,制定智慧型名师发展规划和实施策略,苦心孤诣进行顶层设计,长期不懈坚持抓好落实。七年间,通过校本孵化项目、省市"百千万"项目、骨干教师项目的培训与评选认定,受聘市区特约教研员、核心组中心组成员等途径,多维度立体式培养学科的领军人才,成效显著。目前广州天河外国语学校在职教师151人,高级教师和研究生学历教师占比达66.9%,有南粤优秀教师1名、正高级教师1名、广东省名教师培养对象3名、广东省骨干教师2名、广州市名教师工作室主持人4名、广州市名班主任6名、市级以上学科带头人10名,区骨干教师、区名师、市区核心组、中心组或特约教研员共计60余人。名师群体推动学校全面跨越式发展，天河外国语学校的教育教学质量在天河区乃至广州市一枝独秀，异军突起，令人瞩目，实现了创校之初确立的"高点开局、高位起步、高质运行"的战略目标。

  智慧型名师实现了成熟期向高峰期的跨越，领略了教育智慧带来的"高峰体验"，但是，智慧型名师的成长之路没有"顶峰"。一所名校的发展也没有"顶峰"，教育的追求永无止境。当今中国，教育改革大潮为新创办学校的发展提供了空前的发展机遇，新创办学校和教师要"择高处而立"，在实践中发展智慧，在守正中不断创新，为当代中国基础教育做出应有的贡献！

2020 年·广州

广州市天河外国语学校和雅教育之我见

一、和雅教育的解读

1. 和

中国传统文化中,"和"的思想主要出自儒家。小到个人修炼,大到治理国家,都要达到"和"的境界,所谓"心平气和""政通人和"也。儒家经典中,"和"主要有"和为贵"及"和而不同"两层意思。

至圣先师孔子认为"礼之用,和为贵",这是"和"的第一层意思。"和"包含自然的和谐、人与自然的和谐、人与人的和谐以及自我身心的和谐几层含义。

"和"的另一层意思是"和而不同",在和谐、宽容、包容中提倡个性差异的存在,在多元化的现代社会,在复杂的价值互动中,每个主体价值最大化的路径既不是泯灭自我,也不是扼杀他人,而是与他人"和而不同"。

2. 雅

《诗经》中"雅"是"正"的意思,代表了古代的贵族主流的文化特征,也反映了传统士大夫必备的修养。《荀子·荣辱》中有"君子安雅"一说。即:"正而有美德者谓之雅。""文人雅士"常指具备琴棋书画、品茶论道的个人品位与修养的人群。可以说,"雅"与中国古代文人士大夫的精神特征密切相关,是一种高贵的精神气质,一种文化品位,一种理想追求,意味着品格高洁，美丽大方，隽秀精致。

和雅文化可以说是数千年中国传统文化中提炼出来的最精髓的部分。在当今中国教育背景下，和雅教育有其时代性和前瞻性。和雅教育的核心价值是实现人的全面和谐发展。当今的教育，也亟待重新将人的和谐发展提到最重要的地位。和雅教育注重内外兼修，中西交融，对于培养受教育者的文明素养、公民责任、合作意识、国际视野、实践能力有突出优势，这是当今中国基础教育着力倡导的。同时，作为一种从中国文化传统出发的教育，在今天多元文化的世界格局中，和雅教育更能体现出中国教育的独特魅力。

二、和雅教育的实施

和雅教育是一项长期的系统工程。现在处于刚起步阶段，窃以为，现阶段还要摸着石头过河。口号叫响，步子却不宜过大。可先定总体方针，分阶段实施。总的做法是：理念先行，扩大影响，做中完善。就目前而言，"和雅教育"的号角刚刚吹响，当务之急为以下几个方面。

1. 凸显与同类外语学校不同的特色

广州市天河外国语学校最响亮的口号是"和雅君子，世界公民"。先成为君子，再成为世界公民，这应该成为广州市天河外国语学校所走的特色之路。广州市天河外国语学校强调扎根本民族文化，进而实现中西文化的交融贯通。这就有别于同类学校普遍单方面强调外语教育的做法。这一点可作为实施和雅教育的基本原则。

2. 抓好校园文化建设

硬件方面，新校区即将启用，要在学校建设的同时营造好"和雅"形象的硬件环境。比如，树立有代表性的中西文化名人雕像，构建文化走廊，开辟文化墙等。软件方面，要及早形成校训、校歌，并在校园中反复宣传、传唱。可先在师生中开展大讨论，再聘请文化专家把脉，确立校园文化精神及主体价值，进而确立校训，创作校歌。另外，要出版校刊校报，展现天外精神风貌，记录天外发展历程。校刊校报可与兄弟学校交流，可分送家长及社会各界阅读，加强交流，扩大影响。

3. 加强课程建设

和雅教育成败主要在课程，一定要花大气力在课程建设上。

(1) 第二外语、国际课程、校本经典文化课程要抓好落实。

广州市天河外国语学校最引人注目之处在第二外语、国际课程、校本经典文化课程，全社会都在关注广州市天河外国语学校如何实现办校之初的承诺，要循序渐进抓好落实。

(2) 把常规课程摆在主体位置。

第二外语、国际课程、校本经典文化课程是广州市天河外国语学校和雅教育的亮点和卖点，但社会及家长会期待短期效应。现在是起步阶段，要先用中考、高考成绩来说话。所以，无论如何，常规课程要放在主体位置；特色虽在外语，但在学校课程设置上各学科同等重要。要确保在各类考试中名列前茅，尤其确保打响 2015 年中考第一枪，这还关系到以后高中部的招生办学。

(3) 美育和体育突出特色。

"和雅"除强调文化外，人的和谐也是一个重要方面。我国古代的"六艺"教育（礼、乐、射、御、书、数）强调人的各方面能力的全面发展，要求文武兼备，人格和谐。古希腊也特别注重体育，注重发展体格。体育方面可选择具有文化传统特色的项目，彰显广州市天河外国语学校特色。我国近代女教育家吴贻芳创办金陵女子大学，规定学生学习舞蹈、体操、剑术等，每年五月于花海中选出"五月皇后"，这成为当时南京城一年一度的盛事。全国名校杭州二中的一个著名之处在于在"小心翼翼上体育课"几乎成为各学校共识的今天，敢于把古希腊的掷铁饼项目纳入学校体育课中。

"雅"离不开美育。结合初中生年龄特点，可再开展中西礼仪等课程。亚运会期间，广州市组织一批精干专家研究中西礼仪，编写礼仪手册。礼仪无小事，事关国体；礼仪是"雅事"，宜从娃娃抓起。

(4) 合理安排课程结构，充分利用当地资源。

广州作为省会城市、文化名城、现代都市，课程资源丰富，人力资源得天独厚。学校教师的职能放在常规课程教学方面，特色课程可外聘专家、社会各界人士，学校只需做细致规划，通盘统筹。这样一来确保学校常规教学质量；二来引来活水，使学校教育活色生香。

4. 大力做好宣传工作

当今国内名校云集，广州市天河外国语学校一定要在起步之初就发出自己的声音，日后方可能在名校间占一席之地。学校要有一支笔杆子队伍，与媒体保持密切联系。另外，学校可经常开展一些对外开放交流的学校形象宣传的活动，如组织举办"天外论坛"、名师讲堂、教学开放日（周）、家长座谈会、专家校访等。

"和雅教育"是个大课题，学校组织大家展开讨论，这个做法很有战略意义。时间仓促，篇幅所限，仅谈一点粗浅想法。

2013 年 9 月·汕头万泰春天

天地革,四时成
——汕头一中新校区巡礼

海滨邹鲁,重教之风,源远流长。百年一中,承前启后,立于潮汕,虽域如弹丸,一乏泉林之秀,二无地势之胜,而能聚贤集俊,名师辈出;学子精进,超拔群伦,为社会栋梁之材者不可胜数。自创迄今,垂一百年,今获扩建,内充其实,外延其躯。山水校舍,气势如虹;一校两区,容纳普遍,收共济之效,为世所瞩目,诚百载之奇遇。世盛学兴,当顺天行健,自强不息,推陈出新,造福民生,泽被后人。

2004年10月24日,汕头一中迎来100岁华诞。百年,标志着一个大圆满,也预示着一个崭新的纪元。

这一天,汕头一中新校区奠基。

上午,天朗气清,惠风和畅。在黄晖阳局长、马寿民校长的陪同下,汕头市委书记林木声,广东省教育厅副厅长刘育民,汕头市领导蔡宗泽、许斯仕、陈茸、方展伟,市中级人民法院院长庄大军等出席了奠基典礼。在热烈的鼓乐声中,林木声、刘育民为基石揭幕。不久,这片244亩的热土将矗立起一个承载光荣与希望的现代化学校,她,将延续百年一中不老的精魂,开创汕头教育新的局面。

一

汕头一中创建于1904年,历来以"校风好、质量高"享誉省内外。1993年通过"省一级学校"的评估,1997年被国家教育部评为"全国现代教育技术实验学校",成为汕头市对外开放的一个窗口和汕头教育的一面旗帜。由于历史的原因,校园面积由建校初期的约100亩减少为目前的36.5亩。近几年来,学校虽尽力挖掘潜力,不断扩大招生规模,但由于校园面积和校舍设备的条件制约,也只能办36个高中班,招收市区走读生2 100余名。这与全省各地扩大高中办学规模,为社会提供大量优质高中学位的形势形成极大的反差,与汕头市广大人民群众对子女基础教育的迫切要求存在很大差距,也在很大程度上限制了一中自身的发展。走读式的办学模式限制了汕头一中的招生范围,校园面积过小也将使这个百年名校被"国家级示范性高中"拒之门外。根据广东省教育厅《关于启动"1521"工程建设示范性普通高中的通知》(粤教基〔2002〕9号)的要求,国家级示范性高中的校园面积城区学校必须达到100亩以上。

为实践"三个代表"的重要思想,贯彻胡总书记视察广东的重要讲话、张德江同志在粤东经济社会发展座谈会的讲话精神,学习省内外各地发展高中、大办寄宿制示范高中的经验,汕头一中决心解放思想,抓住机遇,走出一条加快发展的道路。为此,学校向市委、市政府提出了汕头一中易地重建、扩大办学规模的请示,得到了市委、市政府的支持。汕头市人民政府决定划拨244亩地作为汕头一中建设新校区的场址。

汕头市第一中学新校区选址汕头市龙湖区万吉生活区南侧,西临珠峰路,东临乐山路,北面为万吉居委,南面为西畔居委。规划建设用地面积为162 906.75 m^2(合244.4亩),实用地面积139 620 m^2(合209.43亩),东西长300 m,南北长约450 m,按照国家级示范性高中的标准进行规划建设,总投资约2.5亿元。投资构成为:由政府划拨建设用地;向国家开发银行贷款1.6亿元(由市财政偿还一半本金和全部利息,另一半由学校按新机制办学收费逐年偿还);学校投入少量自筹资金。为了规划、建设好汕头一中新校区,市委、市政府领导提出要高标准规划,适度超前设计,使汕头一中新校区成为汕头市的一道亮丽风景线,要做到三十年不落后。为此,市教育局组织设计单位和建设单位的有关人员到广州、深圳、珠海、中山、潮州等地的新建学校参观、学习,博采众长,对汕头一中新校区的设计方案进行多次修改和优化,并于2005年5月经市政府办公会议确定最终方案。

二

百年基业,一朝建成。

2006年12月18日，汕头一中新校区落成。

市领导黄志光、蔡宗泽、陈奕威、许斯仕、陈茸、郑丰任、陈武南、黄绍生，龙湖区委书记张泽华以及专程莅汕督导评估的省国家级示范性高中督导验收专家组组长彭坚为汕头一中新校区落成剪彩。

一中新校区校园规划布局强调校园与周边环境的协调关系；强调功能分区、动静分区、生活学习分区；强调人与环境、人与建筑、建筑与环境的完美融洽，突出以人为本的规划设计思想。校区建设总面积93 000 m^2，其中主教学楼21 000 m^2，实验楼7 600 m^2，电教楼8 000 m^2，行政楼3 100 m^2，图书馆6 250 m^2，艺术馆3 100 m^2，体育馆4 800 m^2，学生宿舍21 000 m^2，学生食堂5 300 m^2，教职工值班、工作楼7 000 m^2，教室食堂1 000 m^2，半地下车库2 200 m^2，附属配套设施2 500 m^2。教学楼群气势磅礴，图书馆、艺术楼临水而建，采用集合构成的设计手法，打破呆板的矩形布局，自由活泼、富有变化，外观独特创新，与人工湖相映成趣、相得益彰；体育馆造型挺拔有力，简洁大方，富有现代气息；学生、教工宿舍的立面造型处理在满足自设平面要求的前提下，与教学区建筑协调一致；食堂建筑显得轻盈、飘逸，体现校园建筑开朗、明快、活泼的个性。

新校区建成后实行封闭式寄宿制管理，依然是公办高中性质，面向金平区、龙湖区、澄海区、濠江区、潮阳区、潮南区和南澳县招生。

2007年3月18日，汕头一中师生进驻新校区。首批进入新校区就读的学生来自24个教学班，共1 500人。新校区的启用，标志着汕头一中历史性的跨越，粤东地区普通高中寄宿、走读两制兼包，"一校两区"统一管理的首创性办学实践开始了。

一个学校，分成两个办学区，都是公办高中，都有高一到高三年级；一个校区是住宿，一个校区是走读，这给学校管理带来新课题。学校领导班子深入分析这种管理局面，研究出一套新的管理方略。

首先，按计划稳妥扩大办学规模。按市的规划，汕头一中新校区的最大规模为每个年级24个教学班，学生4 000多名。考虑到刚开始实行"一校两区"，且刚开始实行内宿制，经验不足，管理难度大，扩招速度太快恐怕管理上、师资上难以跟上，学校决定分两步走：第一步，先安排每年招收20个班；第二步，三年后安排每年招收24个班。在招聘教师问题上坚持"两条腿走路"，即一部分招聘应届师范大学优秀毕业生，另一部分招聘在职骨干教师，同时继续坚持和完善"青蓝工程"，确保新教师的茁壮成长。

其次，探索、完善大校管理体制。坚持"一校两区"管理上的"六个统一"，即统一全校人事和行政管理，统一师资安排和考核标准，统一教学计划和进度安排，统一学生考试和评卷工作，统一学生德育和学籍管理，统一教工福利和财务管理；继续强化线条管理，充分调动中层干部工作的积极性，领导班子重在宏观调控；探索、形成网状管理，即各线条的干部、处室，在工作上加强横向联系，相互沟通，相互合作，灵活机动地共同解决交叉问题。

再次，加强内宿管理。内宿管理是学校的新品牌，学校组织了一支以班主任为主体以及全体行政干部参与的强悍、精干的内宿管理队伍，提出"只能管好，不能管坏"的口号，确保学校能吸引更多更好的生源。

在此基础上，进一步树立一中品牌形象。对内，加强思想建设，树立争取第一的观念；加强队伍建设，树立团队敬业精神。对外，开展招生宣传，吸引优质生源；热情接待各级领导来校参观指导活动；热心承接各种社会活动；积极开展海外交往。

从2007年3月进驻新校区到2008年1月，一年过去了，汕头一中"一校两区"体制基本形成，运作正常。内宿学生管理成功，住宿学习模式初见成效；"国家级示范性高中"初期督导验收顺利通过；在实行新课程改革后新的高考模式的第一年，高考取得"开门红"的好成绩。实践证明：汕头一中"一校两区"的大校管理初战告捷。

三

杰出的人民教育家陶行知说："因教育是一种永久事业，非目光远大不足以立百年之基；教育又是一种社会事业，非同情普遍，不足以收共济之效。"陶行知这种以教育促进社会改造和经济发展的大教育观，对改革传统的学校教育产生了巨大的影响，对现实的教育具有很高的借鉴价值。

高中阶段教育是整个教育体系的重要组成部分，在九年义务教育和高等教育之间起着承上启下的作用，关系到国民素质的提高和经济社会的又好又快发展。美国、日本等发达国家的发展经验表明，不同的社会阶段对劳动力的素质有不同要求：工业化初期，要求劳动力接受过初中阶段教育；工业化中期，要求劳动力接受过高中阶段教育；工业化中后期，要求劳动力接受过高中或大学教育。目前，包括汕头市在内的全省范围内所处的发展阶段，正是需要大规模接受过高中或大学教育的人才的时期。

近年来，随着城市规模迅速扩大，城区人口迅猛增长，汕头市区有限的高中教育资源已不能适应初中毕业生迅猛增长的需要。据统计，2003年后，汕头市初中毕业生、升中报考人数以年均16.5%的幅度上升，而普通高中计划招生人数年均只上升9.6%，每年仍有3万多名初中毕业生不能接受普通高中教育。2006年，广东省高中阶段教育毛入学率为61%，而汕头仅为44.72%，距离汕头市政府在汕头市教育事业发展"十一五"规划中制定的"到2010年，全市高中阶段教育毛入学率80%"的发展目标还有一段相当长的路要走。另一方面，由于市区学校布局不合理，人口逐步向新城区转移，而新城区因多方面原因，学校建设无法跟上，搬迁出的居民子女仍得返回老市区的学校读书，又造成交通拥挤等其他一系列问题。汕头市的高中教育还普遍存在一个问题，就是优质教育资源不足，而市民高度重视子女教育，千方百计让自己的子女到名校就读，结果，名校生源过多，班学额严重超编。

汕头一中扩大办学规模后，其最大的社会效益在于每年为老百姓多提供上千个优质学位，这在一定程度上缓解了普通高中教育发展与人民群众日益增长的受教育需求的矛盾，为汕头市普及高中阶段教育做出应有的贡献。时任广东省省长黄华华于2007年9月在全省加快普及高中阶段教育工作会议上的讲话中指出，加快高中阶段教育，"既是提高人口素质、促进人的全面发展的重要途径，也是保障公民受教育的权利、维护社会公平的重要内容，更是改善民生、保证人民群众共享改革发展成果的重要条件"。从这个意义上说，汕头一中新校区是肩负神圣使命的民生工程、民心工程，它的建成是时势所趋，人心所向，是顺天应时、泽被后人之举，对于构建和谐汕头有着重要的意义。

汕头一中新校区的扩建，更为百年一中带来前所未有的发展机遇。汕头一中历来为汕头教育之重镇，在粤东地区乃至省内外享有盛誉，实得益于其百年来深厚的文化传承。而在新的历史形势下，百年一中却受制于办学规模这个瓶颈，难以阔步向前。新校区建成后，汕头一中将打破被动停滞的局面，招生范围由市区辐射到整个汕头大市，其影响力也随之扩大；更难得的是，汕头一中成为整个汕头大市唯一的兼有走读、住宿两制的完全高中，在战略上可谓得天独厚、进退自如。这对于古老的一中来说，则为其一脉相承、继往开来、推陈出新，在一个世纪之后又实现历史性跨越提供了强有力的保证。百年一中更进一步指日可待。

又是一季桃李芬芳。回望2007年草长莺飞的初春，一中进驻新校区，正好经过了一次完整的四时交替。

"天地革而四时成。"古老的《易经》以这朴素的卦辞昭示世人：天地由变革形成四时变化，作育万物；一切变革顺天应时，德化天下，必将获得成功。汕头一中"一校两区"建制，谱写一中历史新篇章。站在新的起点，一中人当秉承一中传统，发扬一中精神，观乎人文，以化成天下。

一中百年，也是一中精神涵育、勃发、承续的历程。百年风云中，一中不止弦歌不辍，而且为国家和社会培养出无数栋梁英才，正是在这传统中成长起来的一批又一批一中学子，造就了一中精神：立志乐道、身体力行的理性精神，乐忧天下、鞠躬尽瘁的政治精神，学而不厌、诲人不倦的进取精神，改过迁善、反求诸己的内省精神。

先贤的精神求索创造了弥足珍贵的精神氛围。斯人已逝，精神犹存。一中的精神在一百年前先贤们筚路蓝缕、胼手胝足创办一中时就已成雏形，经百年的磨炼，已深深根植在每个一中人的心中。一中精神似乎未经确认，然而，它在不同的历史时期总会让每一个一中人感受到相同的激励和熏陶。在刚刚结束的汕头一中第七届教代会第三次会议上，马寿民校长豪情满怀地号召全校教职员工要树立"争取第一"的观念，他说，"一中"本来就应该"第一"，但由于种种原因，从纵向来看，一中历史上有时是第一，有时不是第一；从横向来看，一中与兄弟学校相比，有些方面是第一，有些方面还不是第一。承认不是第一是痛苦的，但承认不是第一是勇敢的，承认不是第一是为了真正能够成为第一。他更希望每个一中人学习两种精神："卧薪尝胆"精神和"亮剑"精神。的确，世间事物此消彼长，此起彼伏，本无永远的第一，但只要树立第一的观念，将"争第一"的精神转化为"卧薪尝胆"和"亮剑"精神，顺天应时，追求卓越，就必定能够再创第一。

时间更迭，万物周而复始。历经百年圆满之后，汕头一中螺旋上升，获得一个全新的高度与起点。假舆马者致千里，假舟楫者绝江河。顺势而为，时不我待。诚如马寿民校长所言，2007年对于汕头一中来说，是划时代的一年。唯吾辈同舟共济，自强不息，继往开来，必能创造汕头一中新辉煌！

正是：百年光辉俱往矣，而今迈步从头越！

2007年·汕头绿茵庄

建设协作型教研组，
促进青年教师专业发展

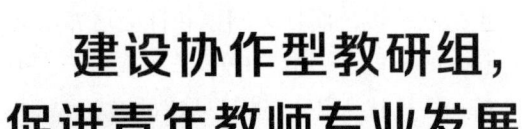

——在汕头市2009年高考备考现场会上的发言

2009年汕头一中高考备考的背景，可以用三个"新"来概括：新课程、新高考、新一中。新课程、新高考改革不断深入，与此同时，一中也迎来了扩大招生范围后的第二届应考毕业生。

一中扩建新校区给教研组和备课组带来的最深刻影响是人力资源结构的调整和教师合作条件的改变。教师合作条件方面，同一个备课组，因为一个校区走读、一个校区住校，两个校区教学安排上不能完全一致了；同一个备课组的教师，因为分布在两个校区，再也不能随时见面、随时沟通了。人力资源结构方面，随着各地骨干教师的调入和新教师的加入，教师构成趋于多元，新教师比例呈上升趋势。以2002届和2009届为例比较，2002届的高三语文备课组，8位教师中有7位在一中工作10年以上；8位教师平均年龄41岁。而2009届的高三语文备课组，10位教师中只有2位在一中工作10年以上，在一中工作不足5年的占一半，其中包括1名新调入的骨干教师和4名新教师；10位教师平均年龄32岁，其中有6位年龄在30岁以下。

这种变化，是挑战，也是机遇。我在一中语文组工作了19年，一中语文组是一个有着优良传统的教研组。要说一中语文组最主要的传统特色，我觉得是"和而不同"。印象中的前辈们，是一位位谦谦君子，博学儒雅，个个都有一手绝招，尤其是高三教师，一个年级6个班，3位语文教师，站在一起是铜墙铁壁，分开来就是三杆冲锋枪。实事求是地说，以前一中语文组的高三教师独立战斗力更强，强就强在一个"熟"字：熟悉、熟练。因为在一中的时间长，所以熟悉；因为教学经验丰富，所以熟练。那么，今天我们的优势在哪里呢？我想，今天的优势在于开放、多元、富有活力。如果说，传统一中语文教研组是以"不同"彰显"和"，以个体的特殊性和独立性构成整个团队的大和谐；那么，今天则要以"和"成就"不同"，以团队的合力和智慧推动教师风格形成，促进教师专业发展。

可以说，在一中迎来继往开来的历史契机时，构建一中特色的教师协作文化，促进青年教师快速成长，成为这所百年名校实现可持续发展的一个重要课题。

下面向各位汇报我们2009届高三语文备课组建设协作型备课组，促进教师专业发展特别是青年教师专业发展的一些主要做法和体会。

一、设立公共邮箱，打造备考共同体

2007年3月，汕头一中分成两个校区之后，学校提出"坚持'一校两区'管理上的'六个统一'"的方针，其中包括备课组统一教学管理的要求。高三备考系统庞杂，怎么实时有效地实现这些统一呢？今年青年教师比例高，如何让他们跟大团队保持步调一致呢？

我和老校区的备课组长许老师商量后，决定先想方设法把10位教师"捆绑"到一起再说。我们先做两件事，一是设立备课组专用邮箱。以前，我们备课组中也有开辟公共邮箱的做法，但一般仅限于资料保存和个人往来方面。现在，要让这个邮箱成为我们备课组的教学资源库、备课交流平台和信息发布中心。于是，我和许老师先把我们"珍藏"多年的备考资料发到邮箱中，再发动新调入的姚老师把她的"秘籍"贡献出来，上一届高三留下的全套资料也在第一时间进驻邮箱。二是制订备课组"协作备考实施方案"。除了像往年一样详细地安排了教学内容和教学进度外，我们还制定了"协作备考"的工作目标、工作安排及工作评价。工作目标包括科研目标、教学目标和高考目标。工作安排方面，实行个人责任制和小组责任制相结合的做法。个人责任制即每一个教师一整年中专门负责高考备考中某一板块的工作；小组责任制即把10个人分为三组，我们4位老教师负责全面统筹工作，4名有高三教学经验的青年教师为一组，负责专题开发工作，2位新上高三的小青年教师为一组，负责全组资料收集、整理、印刷工作。对6位青年教师的工作，我们专门制定了"八字方针"：自力更生，以大带小。4位有毕业班教学经验的青年教师，对分内的工作，要大胆独立干；对分外的工作，如备课组中大一点的工作项目，要集结起来合力干。同时，要在备课组中起辐射作用，带动2位第一年带毕业班的小青年教师。工作评价方面，不以班级为单位评价，而以板块为单位评价，定期召开质量分析会，主要以2位小青年教师定期跟踪、调查、分析取得的具体数据（比如板块平均分及分数段统计）和实证材料（比如学生反馈意见）为依据，集中在备课会上分析交流，调整完善板块和整体工作思路。

今天，我们这个备考共同体已经从开始的制度上的"捆绑"关系过渡到自然"松绑"的自觉的协作关系。我们学校最繁忙的邮箱是教务处的公共邮箱，到今天为止，共收邮件596封；而我们高三备课组这个只有10个人在使用的邮箱，今天上午，已收到第660封邮件，并且，这660封邮件的发信人都拥有一个共同的名字，那就是"我"！每个教师心中认定"我"只有一个，那就是这10个人的团队。我们10位教师深深地感到：自己和同事之间有共同的工作，需要共同的付出，最终方有共同的收获。

传统备课组中，教师往往更注重通过个人的努力实现对教育的追求，这在一定程度上切断了教师从外界获取各种支持和评价的通道，不利于其自身以及其他教师的专业发展。为了促进教师特别是青年教师的专业发展，备课组必须建成协作型的备课组。要先从制度上确立协作关系，把教师"捆绑"为共同体，并努力形成团队核心价值观和共同的教学信念。

二、改变心智模式，突破协作瓶颈

组内一位有6年教龄的青年教师，基本功比较扎实，也比较有个性。在一次备课会议上，几位教师对她的阅读板块教案的可操作性持质疑态度，这位青年教师急于辩解，于是，就演化为质问与争辩，之后，又变为冷场的静止。显然，双方都进入一种防卫式心理状态中。这时，我对提意见的教师说："你们的意思是说整体框架还是不错的，就是细节处理上再加强一下是吧？"他们说"是"。我再对这名青年教师说："你去年参加高考评卷的样卷用上来多好啊。"我又转身对质疑的教师说："你不是还有2007年的高考评卷资料吗？我有2006年的，咱们看看能怎么用。"这么一说，教师们的眼睛亮起来了。最后，大家决定以高考评卷场上的各类样卷得分分析来增强阅读板块的实际解题指导作用。事情圆满解决了，但心智模式的改变不是一朝一夕的事。几天后，我从家里带来了《反思性教学》和《第五种修炼》两本书，因为平常我们有课后交流读书体会的习惯，我就在闲谈中自然而然地把这两本书推荐给了这位青年教师。不久，这位青年教师把这两本书看完后还给我，她调皮地对我说，这两本书让她学会了同一句话，那就是：我想听听大家的意见。这之后，这位青年教师变得善于倾听，善于反思，进步很快，最近，她在学校青年教师基本功比赛中获得语文科第一名。

把备课组"捆绑"成共同体后，其实还有一个"瓶颈"，即由于教师未能改变防卫式的心理定式，导致对话和交流平台缺失，协作未能推向深入。建设协作型备课组，促进青年教师成长，要关注和改善教师特别是青年教师的心智模式。在这个过程中，备课组组长要从自己做起，敞开心扉，引导深度会谈；同时，要适时激活同伴间的柔性碰撞，引导他们由防卫性姿态变为开放式心态，善于自我反思，善于吸纳他人意见，最终使每位教师尤其是青年教师从协作中获益。

三、实施教学协作，促进专业发展

第一学期第 6 周，一篇学生考试作文在我们备课组中引起不小的震动，这篇文章以极偏激的情绪批评了作文题。做了这位学生的思想工作后，我觉得不能把这次事件当作偶然。于是，我们集中了 10 位学生开学以来所写的 50 篇课堂作文，在备课组会议上对作文教学问题进行专门研讨。通过比较分析，我们发现，虽然这段时间进行了比较大量的训练，但学生的作文能力并没有得到相应的提高，规范意识也较为薄弱；另外，部分作文中的消极应对情绪还有不断加重的趋势。两位小青年教师提供的作文板块中学生反馈意见也证明了这个判断。看来，学生提前进入备考疲劳期了。如何改变这种被动的局面呢？大家认为要两手抓：一是创设文化氛围，激活作文思维；二是实施课例研究，规范作文意识。第一项工作主要由我们几位老教师来做。我们开展了一系列读写说活动，如"后奥运时代""纪念改革开放三十年"专题活动；又在 A 班开设写作讲座；在此基础上，举行全年级现场作文比赛。

与此同时，几位青年教师负责的课例研究也在紧锣密鼓地进行。根据学生集中存在的突出问题，再结合《考试说明》的相关要求，他们把课例主题确定为四个方面：审题问题、语言表达问题、议论性作文的论据问题、记叙类作文的构思问题。我们几位老教师为4位青年教师提供了相关的资料，特别鼓励他们要根据自己的理解大胆创新设计。

第7周，4位青年教师的系列作文课"通用版"试讲，我们全组进行了观课活动，并提出了修改和完善的具体意见：紧扣考纲，体现更强的针对性；淡化理论，体现更强的实用性。4位青年教师根据教师们的意见和自身的体会，整理出四份教学反思，发到公共邮箱中，供大家进行"个性版"系列作文设计时参考借鉴。

第8周开始，公共邮箱中先后收到教师们的"个性版"作文系列设计24个。我们请2位小青年教师分别准备一个"二度"设计的"个性版"公开课。2位小青年教师的"个性版"课件制作得既精美又实用，新设计也能结合所在班级的特点。小林老师把作文材料问题做细做实，要求学生先分小组课前对课本中的素材进行整理归类，再全班共享；小石老师则大刀阔斧地谈考场快速审题方法，理科班的学生觉得很受用。

作文系列教学协作取得良好效果。学生作文又焕发出生气和灵气，我们把一些优秀的学生作品推荐给校刊和文学社，其中就有那位批评过作文题的学生的作文。不久之后，高三级3名同学参加潮汕三市"星河杯"现场作文比赛，取得优异成绩，其中，陈乔可同学获得汕头市唯一的一等奖。

在这个过程中，6位青年教师获得了很多鲜活的教学经验，并逐步形成他们的教学特色，有的热情奔放，有的循循善诱，有的冷静理性。在提高教学能力的同时，他们各方面的专业素养也得到不同程度的提升。由他们指导的云起文学社和学思工作站分别获得省"十佳文学社"称号和市"十佳网站"称号。这一年，他们还出色地完成了语文组一个国家级子课题和一个市级课题的部分工作，并成为汕头一中新校区宣传片脚本创作的主要力量。

备课组实施教学协作，必须在行动中协作，使每位教师亲历整个过程，在群体协作的反复活动中不断做行为反省和调整跟进；还要鼓励教师在认同团队核心价值理念的前提下，形成自身独特的教学风格，教师个性化特征越鲜明，相互团结协作的可能性就越大；更要注重青年教师的培养，青年教师在群体实践中最能得到快速成长，因为在这个过程中，他们不但能更快捷地获得专业知识，还能更有效地获得镶嵌于情境之中的实践智慧。

创建协作型备课组，目的在于提高备考效益，使学生在高考中立于不败之地；还在于促进教师尤其是青年教师的专业发展。一年即将过去，我们构建协作型备课组也取得了初步的成效，最让人感到欣慰的是，在"和"的大背景下，我们的 6 位青年教师开始呈现丰富多彩的"不同"。一个学校的发展离不开青年教师，一支富有活力的青年教师队伍将能促进团队协作的深化，团队协作的深化又将造就一批快速成长的青年教师，使学校薪火相传，生生不息。

  汕头一中的教学理念是"追求优质教学，促进师生发展"。创建协作型备课组，正是对这种理念的积极实践。教育的根本目标是完善人、发展人，发展知识，发展能力，更发展一种精神。一中百年，留下多么宝贵的精神遗产：乐忧天下、鞠躬尽瘁的政治精神，立志乐道、身体力行的理性精神，学而不厌、诲人不倦的进取精神，改过迁善、反求诸己的内省精神。如果每个一中学子都能从中获得滋养，那他们从一中得到的，就不只是应对高考的法宝，还有可持续发展的素养和人格；而对于每位高三教师来说，我们不仅完成了一年一度神圣的使命，还将由此活出特有的职业尊严与欢乐！

2009 年·汕头万吉

教研组协作文化建设探索与实践

当下,我国基础教育正在经历从"近代型学校"向"现代型学校"的转型。在这转型性变革的过程中,学校的教研组文化内涵也随之发生深刻的变化。

随着变革的不断深入,新的教育挑战愈见突出,教师专业发展被视为回应新的教育挑战的有效方法。教研组作为集教学、科研、管理于一体的教师基层组织,是教师专业发展的现实载体。而传统教研组中的教师工作具有孤立性的显著特征,缺乏同事间的协作,这制约了教师的专业能力发展。在新的背景下,构建协作型的教师文化,推动教师专业发展,成为学校可持续发展的根本所在。

汕头一中是粤东地区一所百年名校,近年来扩大办学规模,成为粤东地区规模最大的中学,汕头一中语文组也成为粤东地区最大的语文组。为促进教师间的融合,推动教师专业发展,实现学校可持续发展,近几年,我们在构建教研组协作文化方面做了一些探索和实践,并取得初步成效,相关经验在市级教育教学现场会上宣传推广。

下面以汕头一中语文组近几年的探索和实践为基础和依据,对教研组协作文化建设做深层次的探讨。

一、教研组协作文化的内涵

1. 教研组协作

1957年1月21日教育部《关于中学教学研究组工作条例(草案)》指

出:"教学研究组是教学研究组织,不是行政组织的一级。它的任务是组织教师进行教学研究工作,以提高教学质量。"教研组是进行学科教学研究的机构,是学校里有特定目标和具体任务的业务组织。简言之:学校教研组是以本校教师为基础形成的学科教学研究组织。教研组协作指在继承传统教研组职能特质的基础上,教研组中的教师群体针对教育教学过程中出现的各种问题,寻求解决这些问题的合理方案而展开的双边或多边活动。

2. 教研组协作文化

在西方,文化意指"一种物质上、知识上和精神上的整体生活方式"。在中国,文化就是"文治和教化",以伦理道德教导世人,它置于一定的生活方式之上。总的说,东西方对"文化"这个概念的共同理解是:文化包括观念形态和行为方式,提供道德和理智的规范。

教研组协作文化是一种有关精神、价值观体系的理念文化,也是教研组成员共同具有的新型的行为规范体系。它主张教师的教学活动是一种关系性活动,它坚持本体论意义上的平等,它强调不同思想观点、多元思维方式的互动碰撞和兼收并蓄。

二、建设教研组协作文化的理论基础

1. 中国传统文化中的人际关系取向

中国社会自古就强调人与人之间的相互依赖和相互合作,维系中国社会秩序的基本骨架——儒家伦理的基本假设便是人生存在各种关系之上,人与人之间的关系网相互交叉便构成和谐的社会秩序。许多学者都认为"关系取向"为中国社会心理学的精髓。中国的传统文化已经反映了个人对自己与他人间关系的看法和态度,社会行为最有力的决定因素并不是个体本身,而是个体以外的关系背景。

2. 系统论

系统论强调,任何系统都是一个有机的整体,它不是各个部分的机械组合或简单相加,系统的整体功能是各要素在孤立状态下所没有的新质;系统中各要素不是孤立地存在着,每个要素在系统中都处于一定的位置上,起着特定的作用;系统要素之间相互关联,构成了一个不可分割的整体,要素是整体中的要素,如果将要素从系统整体中割离出来,它将失去要素的作用。

3. 群体动力理论

群体动力理论认为，群体的行为与个体的行为一样，是以所有发生影响的、相互依存的事实为基础的，这些事实的相互依存构成了群体的本质；群体对个体有很强的支配力，群体动力来自群体内部的一种"能源"（内聚力）；在一个协作性的群体中，具有不同智慧水平、不同知识结构、不同思维方式的成员可以互相启发，互相补充，在交流的撞击中，产生新的认识，上升到新的水平。

4. 合作与竞争理论

马克思主义认为，合作竞争是自然界、人类社会的一种普遍现象。人类作为具有思维和理性的生物，除了以竞争满足自身生存发展外，更能主动从实践中学习合作，在合作中竞争，获得更大的利益。当代的不少社会心理学家也不断丰富合作与竞争的理论，如美国的莫顿·多伊奇进一步提出，良好表现和组织生产力，源自合作的互动关系，合作较竞争能产生更多的人际互动。

三、教研组协作文化的特征

1. 民主性

教研组协作文化倡导民主平等、相互尊重、信任理解的人际关系。主要体现在三方面：第一，协作成员间的地位是平等的；第二，协作成员可以自由发表自己的看法；第三，协作成员可以实现对协作内容和成果的自由评价。成员抱着一种民主、积极、合作、学习的态度，不断改变自己的教学行为，不断发展自己的专业水平，从而提升自己的教学智慧。

2. 开放性

"和而不同"是教研组协作文化建设所追求的一条基本理念。协作型教研组对一切参与者开放，交往通道增加，交往内容丰富；参与者的思维和认识也全方位开放，与其他教师进行思想的碰撞、深度的思考与讨论，以兼容的态度看待研讨过程中的不同意见，以开放的胸怀来理性解决协作过程中的问题。

3. 过程性

教研组协作文化一直处于动态变化过程中。一方面，随着新课程改革向纵深推进，新问题不断出现，教师面对这些新问题，以新的观念、新的思维方式进行审视和解决，从而推动教研组协作文化不断生成新质，以适应课程改革的需要；另一方面，过程性也体现在教研组建设的阶段性发展中，教研组根据本组的总体规划，分阶段、有计划地实现子目标，从而使教研组协作文化保持流变状态。

4. 创新性

创新性是教研组协作文化的本质特点。当前，学校改革和发展正处于转型期，许多矛盾和问题接踵而来，问题为教研组协作文化提供了广阔的创新生成空间。教师在协作过程中不仅改变了自己的教学经验与教学能力，而且改变了自己的精神世界和教学、生活方式，同时也改变了学生的学习方式，提高了学生的学习效率。这样，教师协作重构了教研组文化的核心价值观，更有利于教师开展创造性的工作。

四、实践

汕头一中地处经济欠发达地区，近几年，为缓解汕头高中教育学位尤其是优质学位不足的问题，汕头一中扩大办学规模，形成"一校两区，一个校区寄宿，一个校区走读"的相对复杂多元的办学格局。一中扩建新校区给教研组和备课组带来最深刻的影响是人力资源结构的调整和教师合作条件的改变。教师合作条件方面，同一个备课组，因为一个校区走读、一个校区住校，两个校区教学安排上不能完全一致了；同一个备课组的教师，因为分布在两个校区，再也不能随时见面、随时沟通了。人力资源结构方面，随着各地骨干教师的调入和新教师的加入，教师构成趋于多元，新教师比例呈上升趋势。针对这种局面，语文组以校为本，创建了宏观教研组（备课组）协作系统和微观主题式协作模式。具体的基本范式如下：

宏观教研组（备课组）协作系统针对较大型的、多层次的协作，侧重宏观指导和调控。具体运作如图2所示。

第一个环节"原设计"是教师对教研教学问题进行个人设计，呈送备课会议集体研讨后进入第二个环节"协作设计"，在"协作设计"的基础上，教师根据自身风格特点及教研教学实际进行个人反思，形成新设计。全程渗透专家或首席教师的引领作用。

微观主题式教学协作主要针对小范围小规模的日常化教学。教师在自己

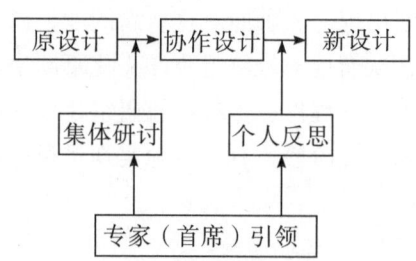

图2 宏观教研组协作系统

的教学实践中寻找、发现实际问题,经过多方筛选确定协作主题,以此主题为教研目标,开展同伴共创、协作备课、互动研讨的活动,互动互促,优势互补。微观主题式教学协作模式主要有以下三种(见图3)。

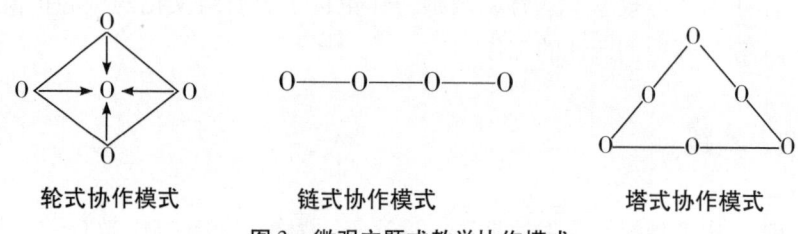

轮式协作模式　　　链式协作模式　　　塔式协作模式

图3 微观主题式教学协作模式

轮式协作模式即协作教师确定主题,就相同的教学内容分别进行设计,然后进行互动分享;链式协作模式即协作教师确定主题后,把教学内容分为若干有机组成部分,分工合作;塔式协作模式则由专家、备课组长或首席教师确定主题并以任务驱动方式,把参与教师以若干层次组合为若干小组,分工合作,有序列地完成教学内容。

创建宏观教研组(备课组)协作系统和微观主题式协作模式,我们特别注重改善硬环境,创造软条件。主要做好以下三方面工作。

(1)改变教研组教育教学实践中出现的行政化倾向,突出教研组学习研究和以教研教学实践为核心的特点。我们建立了《汕头一中语文组教研教学协作制度》《汕头一中语文组文化构建评估细则》等制度,每学期都配套教师专项学习资料,使学习成为制度,实现高效教研;近三年,组内教师全员参加课题研究,其中包括两个国家级课题子课题和两个市级课题。

(2)注重专业引领。汕头为经济欠发达地区,学校经费不足,教师高层次培训学习机会较少。我们充分利用本地专家资源,如市教育局学科教研员、汕头大学的有关专家及社会各界热心人士;还充分挖掘本校资源,设立备课组长和各级首席教师,有针对性地组织教师学习,以教学观念的更新和教学行为的改进为指导重点,开发教师教学潜能,提高教师教学研究水平。

（3）注重教师观念的转换和心智模式的改变。教师观念的转换和心智模式的改变是协作得以深入的关键。我们注重引导教师学习新理论,接受新思想,在研读中察觉思维定式,在比较分析中审视自我,在柔性碰撞中改变思维定式,激发个性创新。

教师协作文化建设作为一种校本模式,有很强的针对性和实效性。在几年来的教师协作文化建设探索和实践中,我们看到,学生能力得到发展,教师专业素养得到提高,教师幸福指数提高了,现代教研文化逐步形成了。在21世纪世界教育改革的价值取向上,教研组对于支持教师协作学习并吸引新教师加盟,强调教师参与责任制和教育治理方面具有支柱作用。当前,学校间的竞争最终在文化。有学者认为,三流的学校只做制度,二流的学校还做品牌,一流的学校则做文化。加拿大教育改革专家迈克·富兰说:"所有成功变革的唯一共同要素是关系的改善。"我们相信,理想的教师协作本身就是学校文化的建设过程,它将有效推动学校文化重建,从而实现学校高效的可持续发展。

2008年·汕头绿茵庄

智性 语文 教学

有行动就有成长
——汕头一中"国家级示范性高中验收暨教学水平评估"
语文组汇报课述评

对于汕头一中来说,在 2008 年的"国家级示范性高中验收暨教学水平评估"中,她的收获绝不仅仅是一张"全优"的成绩单,还有全体教师的一次宝贵成长。

三天的评估看似平静,其实充满着悬念与险象。对于语文组来说,最大的悬念是,整个备课组近十位教师集体备同一个课究竟是作茧自缚还是将成就由蛹化蝶的美丽?最终的结果是,高一高二近十个同题课均顺利通过;尤为可贵的是,胡晓洁、柯霓雯、余滨三位教师恰恰因同题的背景而更彰显各自鲜明的教学风格,成为本次评估语文课的一个亮点。

教案不能复制教学效果。《楹联赏对》同题三教的教学案例并未能完全地还原当时鲜活的教学现场,但它们却又如此真切地让人重回整个紧锣密鼓的过程:确定课题、备课、说课、试讲、完善教案、再试讲、再完善教案……亲历整个过程的每位教师,在群体合作的反复活动中不断做行为反省和调整跟进,获得了专业知识,更获得了一些不可言传的、镶嵌于情境之中的实践智慧。

当今教育改革,教师专业成长成为备受关注的课题。人们越来越认识到,如果一种职业人人都可以胜任,那么,这种职业在社会上是没有地位的。只有使教师职业像医生、律师一样具有专业不可替代性,教师才能真正受到社会的尊重。同时,人们也认识到,正如整个教育教学的背景是动态发展的一样,教师专业化也不是静态的,不是从师范院校毕业后就一蹴而就的。教师这个职业与相对成熟的医生、律师、建筑师一样，都有很强的实践性，但相对而言，教师的行业特别讲究艺术性。因而，在教师专业化的道路上，实践的艺术性，或说实践智慧尤为重要。有了智慧，教师的专业成长便有了灵魂。智慧不是一般意义上的聪明，也不只是心理学概念中的智商，它是人的一个综合能力系统。教师的智慧是以知识和经验的习得为基础，在教育和人生的历练过程中形成的一种品质、状态和境界。

分析哲学家维特根斯坦说："我们已经走上了一个光滑的冰面，冰面是理想的，没有摩擦力的。但是，没有摩擦力就不能往前走。要前进，还是回到粗糙的地面上来吧。"这对教师也有深刻的启示意义。为了获得教学智慧，一名教师只有把他的工作、研究指向属于他的"粗糙的地面"——他的学校、课堂和学生，他才能前进。教师智慧的生长可能有诸多途经，但最重要的是在实践中积累和反思，捕捉有利于教学的现象，并转化为自己的教学经验，进而从中提炼出属于自己的教学理念。为了获得教学智慧，教师要在教学中发现具体问题，解决具体问题。只有在一个又一个具体问题的解决过程中，实践智慧才能越来越丰盈。为了获得教学智慧，教师要特别注意在"细"上做文章：有了细致，就拥有了知性智慧；有了细心，就拥有了理性智慧；有了细腻，就拥有了情感智慧。

当我们说一个教师形成了自己的教学风格时，这是对其很高的褒奖。"风格"一词本是用于文学艺术领域的，是一种文学艺术作品达到一定水准时所具有的重要标志，这种标志往往是作家、艺术家自身内在特性的外部显现，如书法中柳体的挺拔、颜体的稳实、欧体的刚劲。一位教师在长期自我选择、自我扬弃的过程中也能形成自己独特的教学风格。有的教师擅长理性分析，善于运用严密的推导方式展开教学，就有"理智型"教学风格；有的教师深入浅出，谈吐幽默，就有"诙谐型"教学风格；有的教师饱读诗书，温文尔雅，就有"典雅型"教学风格。此次评估中3位教师的课，虽为集体备课，素材大同小异，但由于渗透了3位教师不同的理解，浸润了3位教师不同的精神气质，教学结果各具特色：胡老师的课热情奔放，柯老师的课循循善诱，余老师的课冷静理性。在此之前，他们不知在"粗糙的地面"上走过多少的路，栽过多少跟头，当然，最终他们也获得了教学智慧，获得了可贵的成长。

有行动就有成长。这是此次教学评估给我们留下的最宝贵的启迪。也许，在专业化的道路上，我们只是刚刚迈出了第一步。但是，有了第一步，我们就将展开一段追寻幸福的美好旅程。因为强调提升教师发展的自觉，其

目的在于使每个教师意识到,自己能成为自身职业生涯的主人,只要努力实现自我更新,就能在成就学生的同时,提升自己的生命质量,活出特有的职业尊严和欢乐。

案例(一)

执教者:胡晓洁

一、教学设想

对联是我国民间一种喜闻乐见的文学艺术形式,是文化艺术芳园中极为别致的一朵奇葩。对对联更是高考中语言文字运用能力考查的形式之一。这节课旨在用自主探究的教学形式让学生在轻松活泼的氛围中寻找对对联的基本规律,并学会评改和拟写对联,从而达到激发学生对传统文化的兴趣及提高其语言素养的目的。

二、教学现场

(一)激趣导入

20世纪30年代初,清华大学教授陈寅恪在一次国文考试中出了一道"对联题",上联是"孙行者",要求学子对出下联。许多考生见此"怪题",个个搔头弄耳,答案也五花八门——"猪八戒""沙和尚""牛魔王"……甚至有人戏对"王八蛋"。后来只有一考生答"胡适之"得了满分。而老师的标准答案则是"祖冲之"。

如斯答案,为何?这便与对对联的规律有关。

(二)赏对联,寻规律

1. 请学生欣赏一组对联,并用"慧眼"寻出其中规律。
(1)新年纳余庆,佳节号长春。
(2)青山有幸埋忠骨,白铁无辜铸佞臣。
(3)写鬼写妖高人一等,刺贪刺虐入骨三分。
(4)风声雨声读书声声声入耳,家事国事天下事事事关心。
2. 学生归纳对对联的规律,教师补充总结:
(1)上下联的字数必须相等。

补充趣联：

中华民国万岁；

袁世凯千古。

（分析：此联是民国时期袁世凯死后，四川某人写的一副挽联，暗含玄机，即袁世凯对不起中华民国，是中华民国的罪人。此人便是利用对联字数相等特点故意做出此联，来引发人们去理解他这副对联真正的含义）

（2）上下联相同的位置词性和语法结构应该相同。

补充例子：青山有幸埋忠骨，白铁无辜铸佞臣。

（分析：青山对白铁，是名词；有幸对无辜，是形容词；忠骨对佞臣，是名词；青山有幸、白铁无辜是主谓短语；埋忠骨、铸佞臣是动宾短语）

再如：

孙行者，

祖冲之。

（分析：孙、祖有祖孙之意，为名词；行、冲为动词；者、之为虚词）

（3）上下联平仄相谐，仄起平落（上联尾字须仄声，下联尾字须平声）。

引入潮汕八音口诀（"分粉训忽，云混份佛"）帮助学生判断平仄。

（4）上下联内容关联。

串对：上下联一般为顺承的关系。串对顺势而下有如流水，故又名"流水对"。如：才饮长沙水，又食武昌鱼。

正对：上下联并列关系。内容相似或相关。各自具有一个完整的意思，但两者又和谐地统一在一个意境之中。如某地摩天岭联：山势巍峨，翱鸟不能越过；崖壁峻峭，飞猿亦苦攀登。

反对：上下联也是并列，内容相反或相对。如：青山有幸埋忠骨，白铁无辜铸佞臣。

（5）上下联同一位置避免出现重复的字。

（三）张贴对联的方法

按照传统竖写书法的习惯，人面对对联时，应该是上联在右，下联在左。横批由右向左。但随着人们的书写习惯的改变，方向也有所改变。所以，张贴对联时，关键是看横批的方向，如果横批是由左向右，那么应该是上联在左，下联在右；否则则反过来。

（四）活学活用——评改对联

下面每副对联均有毛病，请指出并做修改：

(1) 上：冬去春来千条杨柳迎风绿

下：冰消雪化万朵梅花扑鼻前

(2) 上：荔枝龙眼木瓜，皆是岭南佳果

下：丹霞西樵鼎湖，全是广东名山

(3) 上：爆竹声声旧风俗旧习惯随旧岁离去

下：春风习习新思想新气象伴新年来到

(4) 上：东风送暖大江南北春光好

下：春雨润物长城外百花香

(5) 上：抬起头颅，光明正大做人

下：放下身段，平易近人为师

(6) 上：四方精英来相聚

下：班级团结创佳绩

(1)—(4) 分别为历年高考的题目，(5) 为教师自己拟写的师德座右铭，(6) 为授课班级的班级口号。该口号当时因其押韵和藏头而入选，现要求学生运用对联的知识，将其改为对联。

（五）牛刀小试——对对联、拟对联

(1) 上联：华夏儿女传递圣火迎奥运

下联：_____（参考：世界人民抵制藏独创和平）

(2) 根据课文《琵琶行》的内容对出下联：

上联：落魄倡女情寄琵琶独诉身世苦

下联：_____（参考：潦倒司马泪湿青衫同感命运悲）

（六）作业：请看图拟联

参考：

给百姓送电漫天风雪难阻抗冰路

为人民服务众志成城能保平安年

三、教学反思

这一节课学生们的参与热情空前高涨，细细想来，原因有三：一是此次教学的内容——对联是学生生活中喜闻乐见的一种文艺样式，学生对此有较强的求知欲望；二是本人所设计的练习注重时效性和实用性，充分结合社会热点和学生的生活实际及其所学内容；三是在教学过程中使用了激励性的教学用语，创设了轻松活泼的教学情景，大大提高了学生的参与面和参与热情。这是本节课的成功之处。当然，也有一些需要改进的地方。比如，在"牛刀小试——对对联、拟对联"这一环节，如果设计的练习能从三字或四字对开始，由易到难，形成梯度，相信会更符合学生的学习规律。

这节课给了我很大的启发：兴趣是最好的老师，而只有了解学生学习规律和学习心理、做到有的放矢，才能充分点燃学生的求知之火。

案例（二）

执教者：柯霓雯

一、教学设想

对联作为一种我国独有的文学样式，从来就是语文教学中必不可少的一项内容。国学大师陈寅恪在《与刘叔雅论国文试题书》中，就反复申明这样的想法：清华大学的国文试题一定要考对子，因为"对子可以测验应试者能否分别虚实字及其应用"；"对子可以测验应试者能否分出平仄音"；"对子可以测验读书之多少及语藏之贫富"；"对子可以测验思想条理"。

事实证明，对联得到了"应有"的重视，它不仅出现于陈寅恪口中的清华大学的国文试题上，也出现于高考语文试题上。从20世纪80年代开始，对仗或对联就出现在高考语文试卷上。2004年，对联更得到空前重视，全国15套高考语文试卷中，竟然有7套出了对联题。在欣喜地看到对联进入了教材，进入了高考的同时，我却不得不冷静地思考：对联是否进入实实在在的语文教学，进入师生的心中？

我的教学设想正是基于以上的思考所得出的。
（1）短短的一节课堂教学只是对联教学的一个起点，但应力图使之成为

一个好的起点,让学生对对联有长远的喜好。

(2) 从浅处着手,以兴趣带动,让对联从学生印象中的"阳春白雪"转变为"下里巴人",让学生发现对对联其实没那么难。

(3) 让学生在练习中发现对联的基本规律,并能实际运用。

(4) 让学生由易到难,运用规律拟写对联。

(5) 让学生意识到对对联的考查其实就是对自身整体文化素养的考查,更能感受到对联作为一种传统的文化样式所具有的文化内涵。

二、教学现场

(一) 导入

提及对联,大家会想到什么呢?

(1) 什么人?(唐寅、解缙)

(2) 什么样的场景?(私塾里摇头晃脑的老夫子口中的"天对地,雨对风,大陆对长空。山花对海树,赤日对苍穹。雷隐隐,雾蒙蒙,日下对天中"。虽朗朗上口,可似乎相距甚远,而事实上对联就在我们的身边)

(3) 最亲密的接触?(春联)

(二) 春联

(1) 由王安石《元日》中体现的中国春节的习俗谈春联的演变。

元日

王安石

爆竹声中一岁除,

春风送暖入屠苏。

千门万户曈曈日,

总把新桃换旧符。

(2) 我国最早的春联(五代后蜀主孟昶自题的"新年纳余庆,嘉节号长春")。

(3) 春联举隅(明代解缙的春联所体现的才智)。

①门对千根竹,家藏万卷书。

②门对千根竹短,家藏万卷书长。

③门对千根竹短无,家藏万卷书长有。

（三）对联的规律

对联对的不单是风雅，更见才智。而如何对对联，对联有怎样的特点，是我们接下来要探讨的问题。

（1）让学生完成练习"对联'寻偶'找规律"。

①月涌大江流

②时雨点红桃千树

③亭闲有竹春常在

④春风吹绿柳万枝

⑤星垂平野阔

⑥山静无人水自流

答案：

星垂平野阔　　月涌大江流

时雨点红桃千树　　春风吹绿柳万枝

亭闲有竹春常在　　山静无人水自流

（2）让学生谈自己是如何做题的，完成练习是依照怎样的解题思路的，由此引导学生自己总结对联的规律。

（3）总结、讲解对联的规律（5个）。

①字数相等。

②相同位置的词性、结构相同。

③平仄相谐，上联尾字须仄声，下联尾字须平声。

④内容关联。

⑤同一位置尽量避免出现重复的字。

（4）让学生在掌握规律的基础上评点下列对联的不足或错误之处。

①上：冬去春来千条杨柳迎风绿

下：冰消雪化万朵梅花扑鼻前

②上：荔枝龙眼木瓜，皆是岭南佳果

下：丹霞西樵鼎湖，全是广东名山

③上：爆竹声声旧风俗旧习惯随旧岁离去

下：春风习习新思想新气象伴新年来到

④上：东风送暖大江南北春光好

下：春雨润物长城外百花香

（5）由易入难，让学生尝试对对联或自写对联。

①尝试写出下联。

国兴旺家兴旺国家兴旺

老平安少平安老少平安

②根据所学的课文《背影》的内容对下联。

老父亲步蹒跚买朱橘，父爱似海。

小儿子眼蒙眬忆背影，儿思如潮。

③征联（课外扩展）。

结合班级口号，请学生为自己的班级写一副对联。

三、教学反思

虽然这节课完成得比较流畅，也基本达到了预想的教学目标，但通过这节课以及课后的反馈，我再次思考自己教学中的得失，有所感悟。

（1）要更注重学生平时的积累，注重与经典古诗文的联系，使知识能更好地从课内迁移到课外。

（2）相同的课题、相同的教案在不同的教师的手里却有不同的解读，所以，讲课还是得有自己的风格。

（3）对联教学是对教师、学生整体文化素养的考查，教师得不断提升自身文化素养，否则会"以其昏昏，使人昭昭"。

案例（三）

执教者：余滨

一、教学设想

对联是我国特有的一种体制短小、文字精练、历史悠久、雅俗共赏的传统文学形式，千百年来一直为人们所喜闻乐见，被广泛应用于各种各样的生活场景和名胜古迹，具有强大的生命力。而近年高考在语言表达方面的命题日益灵活化，出现了诸如拟写手机短信、设计公益广告语、编写串词和解说词等与生活实践结合紧密的题目。对对联也是其中之一，并出现在语文必修3教材上。可以说，让学生了解对联，既是对中国传统文学精华的一种继承的表现，又是语文实用性、工具性的体现。

因此，本课将了解对联的相关知识，把感知对联的形式美和内涵美作为知识目标；将学习欣赏对联，尝试创作对联作为能力目标；将激发学生对祖国语言文字的热爱之情作为情感目标。由于所任课班级学生具有良好的语文功底，且求知欲旺盛，动手能力较强，对本课的设计就不能简单停留在感知表面文字上，而应重在让学生掌握拟写对联的一些方法，从而达到知识与能力目标的统一。

为了追求最佳的教学效果，课前应充分准备相关对联的照片、图片及多媒体课件，可在课堂上通过互动提问来了解学生对对联知识的掌握程度，组织学生小组讨论，引导学生达成共识，推出佳对，并可借助课件容量大、内容更新快的优势，运用小组竞赛的方式，来激发学生编拟对联的积极性，活跃课堂气氛。

二、教学现场

（一）雾里看花识对联——情感导入

（1）简介对联的历史。

（2）对联的常见种类：春联、婚联、挽联。

（二）火眼金睛辨对联——对联的基本知识

（1）赏对联。

（2）寻规律。

①字数讲相等。

②词类讲相同。

③平仄讲和谐。

④结构讲相对。

⑤内容讲相关。

还需注意思想性、针对性、文学性。

（3）对联的知识要点。

字数相等，词性相同，仄起平收，结构相对，内容相关。

（三）牛刀小试拟对联——学习拟写对联

（1）对联与高考：改改高考卷。

（2）拟写对联的三种思维角度。

①相似联想。

八百里洞庭凭岳阳壮阔,两千年赤壁览黄鹤风流

②相反联想。

横眉冷对千夫指,俯首甘为孺子牛

③发散联想。

喝茶,茶壶里没茶叶,怎能算茶

下棋,棋盘上无棋子,也可下棋

(四)你追我赶赛对联

(1) 为下列上联对下联。

蜂酿蜜——蝶恋花

望梅止渴——画饼充饥

福如东海阔——寿比南山高

(2) 调整下联顺序。

上联:大江东去,浪淘尽千古英雄,问楼外青山,山外白云,何处是唐宫汉阙?

下联:西回小苑,池边绿树,一庭佳丽莺唤起,看树边红雨,此间有尧天舜日。

下联调整为:小苑西回,莺唤起一庭佳丽,看池边绿树,树边红雨,此间有舜日尧天。

(3) 把下列句子中的画线部分改写成一副对联,用来作"画卷"的修饰语。

中国人民在这奔腾不羁的长江边,展开了一幅<u>把五千里长江斩断,把三峡无数山峰锁住</u>的神奇画卷。

改为:斩断长江千里水,锁住三峡无数峰

(4) 下面是某餐馆门上贴的对联。请你运用《悯农》中的有关词句,将上联补充完整。

上联:_____,弃之可惜;

下联:杯里酒口口都香甜,量力而行。

填充为:盘中餐粒粒皆辛苦。

(5) 征联。

江山千古秀,<u>祖国万年青</u>

一夜风流项链成锁链,<u>十年艰辛娇容变愁容</u>

甘做园丁为祖国添秀，愿化雨露给桃李送香

（五）小结

（1）审题要细心。

（2）要合律工稳，联句要自然流畅。

（3）善于联想和想象。

（4）注重意境。

（六）作业

试为学校大门拟一副对联。

三、教学反思

这节课归结起来大概有以下几个特点。

1. 富有竞争意识

从认识字词句对仗开始，到感悟对联的特点，强化对联的训练，教学由浅入深，层层推进。教学的主要环节"雾里看花识对联""火眼金睛辨对联""牛刀小试拟对联"不断地激发学生的学习兴趣，从学生的课堂反应上看，气氛越来越热烈，学生把多年学习积累的语文知识及自己的想象充分发挥出来。

2. 重点明晰突出

本课抛却了简单的对联赏析授课方式，而是结合学生语文学习实际情况，把拟写对联的方法技巧作为教学重点，并把近年高考对联题设计成例题、练习题，贯穿于整个设计，既使学生在赏析对联的基础上能自行总结出对联规律，又强化了学生的高考意识，把语文学习与生活实践有机结合起来。

3. 体现合作探究精神

活动必须要全员参与，从教育论角度来讲，活动必须注重过程，注重体验，不能以活动成果的完美作为唯一标准来评价活动的教育效果。我最初的预期是每个学生都能认识到一副对联的优劣（通过尝试性作业和评价达成），都能拟写三至五副对联（通过"创制"和"竞赛"达成）。在实践活动中，我们发现，学生的参与意识、合作探究意识在各个主要环节均有很好表现。学生在教师指导、同学积极合作下，对对联精心构思、拟写和润色加工，并

把活动成果以较好的形式表现出来,强化了成功体验,尤其是活动初尝者更是如此。由于活动形式和时间的制约,可能无法保证全体学生都得到完全相同的实践锻炼。个别学生也可能由于文字功底稍差,回应不够积极,但只要教师设法引导,并对其及时鼓励,多些宽容评价,我想他们所获得的课堂体验也同样快乐。

专家[①]引领

2007年4月下旬,汕头一中接受省的国家级示范高中教学水平评估。因为第一学段教学已近结束,高一级的语文课必修3模块只剩下"表达交流活动"的《珠联璧合觅佳趣》,于是我就陪着专家连续听了三节《楹联赏对》。胡晓洁、柯霓雯和余滨3位教师上同一课题、同一内容、同一学时的课,现在他们将教案整理出来,比较研究在新课程实验中,如何既发挥备课组集体备课的作用,又发挥教师的主观能动性;如何既能够保证相近的教学质量,又能够展现教师不同个性的教学特点,这是具有挑战又是很有意义的。

《楹联赏对》这一课,汕头一中高一级语文备课组按照惯例进行集体备课,确定了教学目标,提供了基本教案、课件和相关资料,商定了大体的教学内容和教学流程——就是引入之后,利用有代表性的对联例子让学生来总结对对联的基本要求,再通过赏析、修改、撰写对联练习,完成《楹联赏对》的学习要求。

我非常赞赏这样的集体备课。因为这样做比较充分地发挥了教师群体的力量,能够对教材、教学内容进行比较深入细致的研究,探讨适合学生实际的教法学法,交流相关的教学资料,制作、修改上课课件。由于整个年级教学目标、进度基本统一,相关的教案、课件、资料都可以共享,教学内容大体相同,包括讲析的要点和上课范例,以至于反馈练习,都能够基本统一。这样,不管是经验丰富、水平高超的教师还是刚上讲台、能力不足的教师来授课,都能够保证学生学到的基本一样,不至于因为个别教师教学能力较低、备课有偏差而严重影响教学质量。另一方面,通过大家共同切磋,互相学习,取长补短,也有利于教师的专业发展,特别是青年教师的教学水平可能得到较快的提高。如果高中循环三年,经过这样一轮认真的集体备课,自

---

① 特别邀请了汕头市教育局教研室副主任、语文特级教师任泽对老师们的教学进行点评。

已有所研究、有所领悟，努力进行教学实践，积累比较完备的教学资料，应该是很快就能够站稳讲台的。与单枪匹马自己摸索相比，进步幅度肯定大大不同。而且，这样做也可以减轻语文教师的备课负担。新课程实验换了新教材，必修选修的内容大大拓展了，像"对联"这样的教学内容语文教师还比较熟悉，相关资料还容易找一些，如果是比较生僻的教学内容，备课的工作量就很大了。备课组适当分工合作，各人分担一些课程，深入细致备好，然后再一起来"磨课"，大家共享备课成果，既有质量保证，又降低了工作强度，于公于私都是一件大好事。

当然，这样集体备课之后，也要防止一些教师图省事，以为反正有了现成的配套的教案、课件、练习，上课"照葫芦画瓢"照搬就是了，甚至马虎应付，更别说针对学生实际、展现教师教学个性了。

在这方面，汕头一中3位教师的实践做出了很好样板。正如柯霓雯老师说的，"相同的课题、相同的教案在不同的教师的手里有不同的解读""讲课还是得有自己的风格"。他们在集体备课的基础上，结合学生的具体情况和自己擅长的教学方式，不但对教学内容进行调整、增删，更注意改进教学方法、学习方式。三节课各有特色，风格不同，给人留下深刻的印象。

胡晓洁老师比较从容自然，善于引导学生挖掘平时积累的诗文，寻找对对联的基本规律。比如，她用陈寅恪出的清华大学国文考试考题"孙行者"对"胡适之""祖冲之"，来说明"上下联相同的位置词性和语法结构应该相同"；用四川某人写给袁世凯一副挽联，故意用"袁世凯"三字来对"中华民国"四字，暗含"对不起"，来说明"上下联的字数必须相等"，等等，深入浅出，饶有趣味。整节课没有太多的波澜起伏，学生学习得轻松自如，对联知识的习得和思想的熏陶都在"润物细无声"中悄悄完成。

柯霓雯老师具有较好的亲和力，善于调动学生学习的积极性。她模仿私塾里的老夫子摇头晃脑念对子来引导学生理解何为"对"，用明代解缙智斗土财主的春联来讲对联体现的风雅和才智。学生在阵阵笑声中，很快进入状态，完成了为对联"寻偶"的练习。她热情鼓励学生回顾自己解题的思路，和学生一起总结写对联的规律，再结合学生实际，要求学生根据朱自清的《背影》写下联，为自己的班级写对联。由易入难，循循善诱，教师语言很具鼓动性，学生热情高涨，取得了较好的教学效果。

余滨老师沉静自如，利用自己学识积淀比较厚实的优势，用心收集相关资料，丰富上课内容，把课上得相当充实饱满，"识、辨、赏、写、赛"等几个环节条理清晰。他根据任教班级学生语文功底较好、动手能力较强的特点，提高教学要求，介绍拟写对联如何运用相似、相反、发散等联想方法，从思维的层面培养学生的语文素养；在组织小组竞赛的基础上，总结了写对联要合律工稳，自然流畅，注重意境，善于联想和想象等基本要求，条分缕析，娓娓道来，重点明晰突出，实用性强，使学生得到较大的收获。

  我们必须正视教师教学方法以至教学水平确有差异的现实。在新课程实验中既要求教师群策群力，互助合作，以保证学校整体的教学质量，又强调教师各尽所能，不断提升教师的专业水平，争取逐步形成自己的教学风格。汕头一中3位教师《楹联赏对》的课，尽管是集体备课，上课思路基本相同，课件也大体相同，但是他们善于扬己之长，具有鲜明的个人教学特色，能够能根据学生的实际情况调整教学内容、教学流程，条条大路通罗马，都取得了比较理想的教学效果，对于我们如何搞好校本教研，提高教学效益，具有很好的借鉴意义。

2008年·汕头万吉

智性课堂

ZHIXING KETANG
SHISHI PIAN

实施篇

《东方风来满眼春》教学设计

一、教学目标

（1）了解通讯的基本特征和主要表现手法，学习快速、准确地阅读通讯，提取重要信息，赏析其写作特色。

（2）准确解读文章内容，领会邓小平同志南方谈话的基本精神及重要意义，解放思想、实事求是，坚持改革开放。

二、教学重点

（1）学习通讯的基本特征和主要表现手法。
（2）培养快速、准确把握新闻要点的能力。

三、教学课时

2课时。

四、教学过程

（一）导语设计

（PPT 以歌曲《春天的故事》为背景音乐，展示深圳深南中路邓小平同志大型画像和邓小平同志的话："我是中国人民的儿子，我深情地爱着我的祖国和人民。"引入本课新闻事件）

1992 年，邓小平同志视察深圳并发表了"对深圳的改革开放和建设，对整个社会主义现代化建设事业，都有着重大而深远意义"的重要谈话。对于这样一件大事，绝大多数的中国老百姓是通过一篇一夜之间被全国各大报刊转载的通讯了解到的，这就是陈锡添所写的通讯《东方风来满眼春》。一篇通讯推动了十多亿人的思想大解放，推动了中国改革开放的进程。

传媒时代，新闻在社会政治生活中发挥着越来越重要的作用。

（二）基础知识认知

阅读"点击链接"《真实快速地报道生活》。

1. 回顾初中学过的新闻文体知识

（学生发言，教师指导归纳）

提示：

　　※新闻的定义：新闻是对新近发生或发现的有价值的事实的信息传播。

　　※新闻的特点：真实性、及时性、准确性。

　　※新闻的分类：狭义新闻一般特指消息；广义新闻泛指广播电视、报刊关于现实情况的报道文章，包括消息、通讯、访谈、特写、新闻评论等。

　　※新闻六要素：时间，地点，人物，事情的起因、经过、结果。

2. 梳理通讯的文体基本特征和主要表现手法

提示：

　　※通讯的定义：以叙述、描写为主要表达方式，将具有新闻价值的人物或事件及时、具体生动地给予报道的新闻体裁。

　　※通讯的分类：主要分为人物通讯和事件通讯。

　　※消息与通讯的异同：

（1）相同点

①真实性；②时效性。

（2）不同点

①从报道对象看，消息侧重于写事，通讯侧重于写人。

②从内容上看，消息相对概括，通讯相对详细。

③从表达方式上看，消息多用叙述和描写，通讯综合采用多种表达方式。

④从时效上看，消息时效强，通讯时效较弱。

（3）占有材料详尽的写通讯，占有材料相对较少的写消息；要快速报道的写消息，要详细报道的写通讯；动态性内容写消息，成就性内容写通讯。

（三）速读——整体感知

（1）结合自己阅读新闻的经验，说说怎样才能又快速又准确地读懂一篇新闻。（学生讨论，教师指导归纳要点）

当今社会，信息传播的方式手段与过去有了很大的不同，受众每天所接收到的信息量也空前丰富。今天的新闻通过报纸、广播、电视以及互联网等新兴媒体，通过对新闻事件多方面、多角度的描述，以及各阶层人士广泛参与的评论，让受众更迅速、全面、具体、形象地感受到新闻事实。快速、准确把握新闻要点成为现代人的一种必备的基本技能。

怎样快速、准确读懂一篇新闻呢？

提示：

①抓住文字信息中的关键环节与部位，如标题、导语、结语，主体中的关键语句等，顺着线索和顺序掌握新闻的基本事件和核心信息。

②借助非文字信息，如图片、视频、声音等。

③关注专业机构权威人士的分析，结合网上各层次人士的评论。

（2）速读全文，抓住全文线索和顺序，理清文章结构，快速了解主要新闻事实。（学生回答，教师指导整理）

提示：

①主要的新闻事实：邓小平同志到深圳考察。

②本文以时间为顺序，以邓小平同志一行的行踪为线索。全文由导语、主体等五部分组成。

(3) 展示邓小平同志南方谈话系列图片，要求学生参考课文中的插图，为各部分挑选一幅插图并拟出标题。（通过图文搭配理清本文所记邓小平同志主要活动）

标题示例：

①邓小平同志观看深圳市容。

②邓小平同志在深圳国贸中心大厦考察。

③邓小平同志在深圳华侨城考察。

④邓小平同志在深圳同省、市负责人做重要谈话。

⑤邓小平同志前往珠海特区途中做重要讲话。

（四）精读——深层理解

这篇通讯最重要的新闻信息、读者关注的焦点是——邓小平同志说了什么？

(1) 观看邓小平同志五处谈话视频，要求学生笔录邓小平同志南方谈话的内容。

(2) 找出文中邓小平同志的五处谈话。

第一处：第一部分第 15~16 段。

第二处：第二部分第 6~9 段。

第三处：第三部分第 10~13 段。

第四处：第四部分。

第五处：第五部分第 4、第 6、第 11 段。

小组交流。把你记录的与原文、同学记录的做比较，看看有什么不同。（注意：不要仅仅关注记得全不全，更要关注是不是记下了主要的观点）

(3) 精读邓小平同志五处谈话。

①整合提炼邓小平同志南方谈话的主要观点。

邓小平同志的重要谈话散见于南方谈话的不同时间与地点，随机性很强。这些谈话有没有一个中心话题？围绕这个中心话题谈了哪几个问题？对这些问题邓小平同志有什么观点？

引导学生找出邓小平同志前后反复强调的内容，筛选谈话的中心话题，整合提炼主要问题及观点。

提示：

中心话题：社会主义建设。

经济特区的性质问题：特区姓"社"不姓"资"。

中国特色的社会主义问题：坚持"一个中心、两个基本点"；坚持两手抓，实现共同富裕。

经济建设问题：要靠实干，要上去，要搞快。

改革开放问题：要敢于试验，大胆地闯。

②对照原文，体会作者是怎样以时间地点的转移为线索，恰当安排、剪裁材料，准确清晰地表达邓小平同志的观点与看法的。

提示：

主要问题相对集中表述，重要问题反复强调。

③结合全文内容，联系歌曲《春天的故事》歌词及相关评论，体会邓小平同志南方谈话的重要意义。

提示：

邓小平同志胸怀全局，高瞻远瞩，对1992年国内外形势的认识非常透彻，分析极为深刻。他的谈话涉及当时我国改革开放和社会主义建设的方向、道路、性质等重大问题。针对当时争论最多的关于深圳到底姓"社"还是姓"资"的问题，邓小平同志旗帜鲜明地说：姓"社"。

（4）小结。

新闻事实的呈现往往是瞬间的、零散的、表象的，一篇好的通讯，往往离不开作者极强的信息分析整合能力，极高的把握事实、过滤真相、提炼本质的水平。文如其人，文章体现了作者的思想高度和认识水平，体现了作者对社会现实形势的深度理解与准确把握。

结合刚才我们比较自己记录邓小平同志谈话的内容，我们会更加深切地体会到这一点。

（五）写法赏析

这篇通讯在写作手法上有什么值得借鉴之处？（小组讨论，再在全班范围内交流对话）

学生可能会关注到标题、选材、表达方式、人物形象等问题，教师可根据学生交流对话的情况做进一步完善；或抓住关键处点拨，把问题引向深入；或提供新信息、新材料，拓展视野，深化认识。

例如：

1. 使用各种表达方式的作用

本文记叙主要用于介绍邓小平的行程；说明主要表现在用数据介绍深圳的发展速度与成就；描写体现在两个方面，一是用于刻画邓小平的神情面貌，描绘出了邓小平可亲可敬的形象，二是用于描绘深圳的自然环境与建设面貌，烘托出了一派生机勃勃的景象；议论主要用于发表对邓小平深圳之行重要意义的看法；抒情主要是用于表达对邓小平同志的崇敬之情。

记叙、描写和说明主要用于记录邓小平视察深圳这一事件，强调了事件的真实性，体现了新闻客观性的一面；议论、抒情主要表达作者的立场和态度，体现了通讯具有倾向性的一面。综合运用多种表达方式，使文章语言更具灵活性，内容更富有感染力。

2. 本文多用间接引语的好处

这篇通讯报道邓小平同志的谈话内容，作者为什么很少用直接引语，而大多都用间接引语的形式？这样处理有什么好处？

因为邓小平同志的谈话内容，事关我国当时改革开放和社会主义建设的方向、道路、性质等重大问题，涉及党和国家重大决策，对我国的政治、经济工作有根本指导性质，因而作者引用时十分谨慎，大多都用间接引语的形式，将邓小平同志的谈话进行整理，避免了口语对话中常有的重复、省略等问题，这样就更准确、全面、清晰地反映了邓小平同志讲话的意思。

而且，作者是随行记录，很难保证记录一字一句丝毫不差，相当多内容也只能是事后几个人追忆整理的，文章用间接引语，更体现了新闻的真实性。

（六）文本探究

有学者把《东方风来满眼春》与1978年发表的《实践是检验真理的唯一标准》一文并列为"历史关头的雄文"，认为它是继真理标准讨论之后，中国又一个标志性事件，具有划时代的意义。

为什么《东方风来满眼春》这篇通讯能获得成功？请从通讯采写的角度加以探究。

（1）作者有高度的历史责任感和强烈的政治敏感。

（2）作者全程跟随采访，掌握丰富的第一手材料，所写通讯有极强的真实性和现场感。

（3）作者善于捕捉重大新闻，善于提炼具有鲜明时代特点的重大主题。

（4）作者善于谋篇布局，恰当运用多种表现手法。

（七）能力迁移

1. 把这篇通讯改写为消息

要求：（1）改写的消息包括标题、导语、主体、结语四部分；（2）200字左右。

（注意指导标题拟写方法。形式上，可用单行标题，也可用多行标题；内容上要高度概括新闻事实，引题、正题、副题特点及作用突出；语言上可平实，也可生动）

标题参考示例：

※东风绿鹏城，特区又逢春
——邓小平同志视察深圳并发表重要讲话

※东方风来，春满人间
——邓小平同志视察深圳并发表重要讲话

正文参考示例：

（本报讯）本月19日至23日，邓小平同志视察深圳并发表重要讲话。

邓小平同志先后参观了深圳市容，考察了国贸中心和华侨城等地，听取了省、市负责人的汇报。他充分肯定了深圳改革开放的成就，并发表重要讲话。他强调要坚持改革开放，建设有中国特色的社会主义，他澄清了特区姓"资"姓"社"的问题，并鼓励特区大胆试验，加快改革开放的步伐。邓小平同志的讲话将使深圳再一次涌起改革开放的春潮。

2. 自选题材，写一篇校园通讯

要求：（1）小组合作，明确分工；（2）体现通讯文体基本特征，恰当运用各种表现手法；（3）体现以下采写过程：定题—采访—核实—整理—写作；（4）关注效果反馈。

［本教学设计被收入粤教版《普通高中语文课程标准教科书教师教学用书》（必修5）］

白嘉轩、鹿子霖和"民族的秘史"

——《白鹿原》教学实录

一、导入

师：这两周，我们一起阅读了家族小说《白鹿原》。我们重点研读了《家族的学堂》和第四章、第十七章。这几章从不同侧面表现了白嘉轩和鹿子霖两个主要人物的性格特征。今天我们来分析评价白嘉轩和鹿子霖两个主要人物在特定历史文化背景中的复杂性格，以更深入理解这部小说。请助教同学介绍两个人物的结局。

助教同学：两个人物都是悲剧结局，白嘉轩抗拒不了家族的不幸，永远佝偻，眼睛也因"气血蒙目"被挖掉；鹿子霖最后疯了、死了。

二、介绍"乡约"和"族"

师：从大家写的评论看，有些同学对这两个人物的看法还有点分歧：对白嘉轩，有同学认为是圣人，也有同学认为就是个尽了职分的农民；对鹿子霖，有同学认为肮脏卑下，也有同学认为其人还是挺好的。

生：主要是大家的角度不一样。标准也不太一样。有的用小说里的标准。

师：你的标准是什么？

生：《白鹿乡约》。

师：它本来就是用来衡量白鹿原上的人的。乡约是宗族乡里订立的共同遵守的规约。我们可以先以此为标准来看看这两个人物。

师：在中国漫长的传统社会中，行政管理只是到县一级，乡约自治在中国有悠久历史。《周礼·地官·族师》曰："五家为比，十家为联，五人为伍，十人为联，四闾为族，八闾为联。使之相保相受，刑罚庆赏，相及相共，以受邦职，以役国事，以相葬埋。""联"是古代户口编制的名称；"闾"，古代25家为一闾。

PPT展示：

（在家）五家为比，十家为联；（在军）五人为伍，十人为联；（在家）四闾为族，（在军）八闾为联。使他们相互担保托付，有刑罚、喜庆、赏赐的事，相互共受共享，这样来承担王国的职事，为国事服役，相互帮助丧葬。

——据《周礼·地官·族师》整理

三、分析评价白嘉轩

师：小说列出《白鹿乡约》文本的一、二部分，一是《德业相劝》，二是《过失相规》，前者正面提倡，后者反面规约。我们现在一起朗读第一部分主要内容。

齐读《白鹿乡约·德业相劝》。

PPT展示：

《白鹿乡约·德业相劝》

见善必行，闻过必改，能治其身，能修其家，能侍父母，能教子弟，能守廉洁，能救患难，能决是非，能解斗争，能与利除害。

1. 评价内容

师：你怎么评价《白鹿乡约》的内容？

生：我觉得挺好的。规定了人的自我修养，也规定了孝顺父母、教养子弟。

生：跟我们现在的要求也差不多。

师：《白鹿乡约》大多是按照儒家学说中修身、齐家、治国、平天下的人生哲学和政治哲学做出的规定。这些乡约与统治者宣传的价值观高度契合，也符合中国人的传统道德观念。

2. 小组讨论，班级互动，助教补充小结

师：白嘉轩是乡约的制订者、监督者和维护者，他本人的行为是否符合乡约？下面小组讨论。

要求：(1) 对照乡约分析白嘉轩是否达标，举第四章、第十七章和《家族的学堂》的相关情节；(2) 前3组：1~6条。后3组：7~11条。

小组讨论后代表发言。

第一组代表：我们认为前六条他都做到了。他推动办学堂，是见善必行；他犁罂粟是闻过必改；他自律严，孝顺父母，一辈子为家庭、为家族操心，儿子孝文堕落他毫不犹豫清除门户，这是能治其身，能修其家，能侍父母，能教子弟。

第五组代表：我们认为后五条中，惩罚儿子孝文是"能决是非"，把白孝文清除门户是"能与利除害"。但他修学堂有私心；种罂粟有利可图，不能算"能守廉洁"。

第六组代表：我们提两个问题，第一，儿子行为不端，族弟对族长之位心怀不轨，能算是"能修其家""能教子弟"吗？第二，田小娥被逼到走投无路，叫"能救患难"吗？

助教同学：确实有人认为白孝文的彻底堕落跟他的惩戒方式有关。但我觉得主要是儿子的问题，儿子犯错他有教、罚。至于田小娥，当时认为田小娥不洁。如果她是可以挽救的，就是族长乡约这方的错；不是白嘉轩本人的道德，而是乡约的问题。

师：讲得很好！透过人物看到乡约保守、残忍的一面；白嘉轩的一些缺陷，更多是体现文化本身的缺陷。

师：以乡约为标准来分析人物，我们看人物更加清楚了。你能从中看到作者对白嘉轩的态度吗？

生：作者对白嘉轩这个人物虽有批判，更多是对其优秀品格的赞赏。

师：不错，白嘉轩是中国宗法文化的人格典型。作者对他有批判，是因为质疑传统家族宗法制度的落后成分，作者对其赞赏是因为依恋民族文化中的优秀成分。我们也来看看评论家是怎么看白嘉轩这个人物形象的。

PPT展示：

白嘉轩是陈忠实贡献于中国和世界的中国家族文化的最后一位族长，也是最后一个男子汉。在他身上包容了伟大的中国文化传统全部的价值——既有正面又有负面。

——李星《世纪末的回眸》

师：分析到这里，应该说，我们有同学认为白嘉轩是圣人，有同学认为他就是个尽了职分的农民；都……

生：都走极端。

师：那应该怎么定位白嘉轩这个人物形象？孔子曰："人有五仪，有庸人，有士人，有君子，有贤人，有圣人。"白嘉轩大概可以放在哪一层？

生：我觉得可以是君子。

生：贤人吧？

生：君子和贤人有什么区别？

PPT展示：

孔子曰："所谓君子者，言必忠信而心不怨，仁义在身而色无伐，思虑通明而辞不专。笃行信道，自强不息。油然若将可越而终不可及者。此则君子也。"

师：孔子认为，所谓君子，说出的话一定忠信而内心没有怨恨，身有仁义的美德而没有自夸的表情，考虑问题明智通达而话语委婉。遵循仁义之道努力实现自己的理想，自强不息。他那从容的样子好像很容易超越，但终不能达到他那样的境界。这样的人就是君子。

生：他"仁义"体现在哪里？

助教同学：对长工鹿三情义很深，还有，他以德报怨：营救打断他腰的黑娃和长期与他较量的鹿子霖。

生：自强不息又体现在哪里？

助教同学：组织"交农"反抗国民党横征暴敛。他刚直、自强，腰被打断后，腰刚好就下田犁地；"四一二"反革命政变后田福贤回乡，他是唯一不问候的。

PPT展示：

孔子曰："所谓贤人者，德不逾闲，行中规绳。言足以法于天下而不伤于身，道足以化于百姓而不伤于本。富则天下无宛财，施则天下不病贫。此则贤者也。"

师：所谓贤人，他们的品德不逾越常规，行为符合礼法。他们的言论可以让天下人效法而不会招来灾祸，道德足以感化百姓而不会给自己带来伤害。他虽富有，天下人不会怨恨；他一施恩，天下人都不贫穷。这样的人就

是贤人。"

生：白嘉轩达到贤人的标准了吗？

助教同学：我觉得差不多能称得上，他严于律己，杖责淫乱的田小娥，更狠鞭挞子孝文。他很慷慨：对鹿三像兄弟，常多给工钱粮食；建学堂跟鹿子霖包了三分之一。

师：君子侧重自身的道德修养，贤人侧重对他人、对天下人的感化和恩惠。我同意助教的看法。白嘉轩差不多称得上白鹿原上的君子和贤人。还要注意到的是，作者没有做脸谱式的道德评价，也没有以成败论英雄。人物是立体、丰富的真的人。通过他，我们也看到中国文化传统全部的价值，乡约能教化出这样一个男子汉，乡约也有它自身的缺陷和冲突。乡约保守到近乎残忍。

四、评价鹿子霖的形象

师：白嘉轩有《乡约》，鹿子霖也有"乡约"。乡约这职位在明清时是乡中小吏，由县官任命，负责传达政令，调解纠纷。我们也先把鹿子霖放到《白鹿乡约》上掂量，再看看他的乡约究竟是什么。

生：读《家族的学堂》觉得这人还不错，读到第十七章觉得很肮脏。

师：为什么呢？

生：在《家族的学堂》中，鹿子霖算慷慨也随和，还重视子弟教育。在第十七章里面，他唆使田小娥勾引白孝文给白嘉轩打击，装好人把白嘉轩背回家，白嘉轩惩罚白孝文，他长跪不起，既收买人心又使白嘉轩难堪。很阴险、卑鄙、虚伪。

师：用《乡约》来衡量的话……

生：严重违背《白鹿乡约》"能治其身"这条，没道德。

助教同学：补充一下。鹿子霖这个人政治上蝇营狗苟，不择手段。他热衷当官，当上"乡约"与田富贵狼狈为奸，鱼肉百姓。他道德上肮脏败坏，阴险狡诈，乘人之危霸占田小娥，又唆使她去勾引白孝文以打击白嘉轩；白鹿原有姿色的女子都被他奸污过，以至于长得跟他一样"深眼窝长睫毛"的"干娃"能坐三四席。

师：古语说"公德利群，私德修身"。分析鹿子霖这个形象，公德来讲，能慷慨解囊，待人也随和；但私德方面，好色、卑鄙、虚伪。私德差到一定程度，公德就没有说服力。《白鹿原》的人物都是立体、丰富的真的人。在特定的历史文化背景中，性格都有复杂性。

师：为什么要塑造鹿子霖这个人物？

生：小说叫《白鹿原》，鹿子霖是鹿姓的代表。

生：衬托白嘉轩。

师：白鹿原与白嘉轩共同构成清帝逊位之后宗族文化的内涵。人格方面，代表儒家文化正负两面——君子型人格和小人型人格。但君子型人格也有保守甚至残忍的一面；小人型人格也有开放、平易的作风。他们代表的力量不同。一个传统道德，一个现代政治；一个道统，一个政统（当时已有现代政治介入中国乡村）。他们起家不一样。白家信奉耕读传家，鹿家靠烹饪起家，一个代表传统农业文化，一个包含城市商业文化。

师：鹿子霖的"乡约"和白嘉轩的《乡约》分别代表什么？"乡约"和《乡约》的较量说明什么？

生：分别代表现代政治和传统道德。

PPT 展示：

【资料1】在中国传统社会，掌握实际控制权的官吏很少。没有军队，也没有警察，靠的是像乡约、社学、圣谕之类的教化力量，这是传统社会中的互助组织，也是一种社会制约。

【资料2】清帝逊位后，新成立的民国改革了政治体制，县令改为县长，县下设仓，仓下设保障所，作为基层的行政单位，仓里的官员称"总乡约"，保障所官员则称之为"乡约"。鹿子霖是新政府任命的"滋水县白鹿仓第一保障所"之"乡约"。

【资料3】从1840年到辛亥革命，中国遭遇了三千年未有之变局。从清帝逊位到民国诞生，各路军阀混战，墙头变幻大王旗……传统社会价值观被撕裂，半现代化治理模式开始形成。

师：社会外部环境剧变，《乡约》赖以存在的社会框架已经不复存在；《乡约》道德系统自身的局限使其在现代社会环境中遭到挑战。白嘉轩和鹿子霖两个人物的结局和《白鹿乡约》的结局耐人寻味。

助教同学：白嘉轩、鹿子霖两人结局是两败俱伤，鹿子霖疯，最后死掉了；白嘉轩最后残废了。《白鹿乡约》的结局，黑娃在成立农协后，带着36个弟兄抡起铁锤，把"仁义白鹿村"的石碑和刻着乡约的石碑砸断了。

师：两个人物的悲剧性结局引发人们思考：在告别传统道德文化的同时，中国人如何找到新人生之路？而《白鹿乡约》被砸坏的结局则昭示着传统礼教乡约走向没落。陈忠实在小说《白鹿原》的扉页上引用了巴尔扎克的

名言"小说被认为是一个民族的秘史"。你能理解吗?

生:我觉得这包含小说主题。

生:这民族的秘史包含着主题。作者通过写白鹿原的家族故事,来揭示我们民族的秘史。

师:是的。小说通过写一个家族的命运变迁,揭示传统道德在时代大变革前面临的挑战,让人认识到:无论宗法家族的力量多么强大,都必然走向崩溃。

附

广州天河外国语学校2018届高二1班讨论

(1)白鹿原并没有从当时文学作品中常见的尖锐的阶级矛盾、家庭冲突或是社会的变革起笔,而是描写了一个团结和谐的乌托邦逐渐从外部分崩离析的故事,它开辟了一个新的思考维度:历史永远是进步的吗?(马靖成)

(2)家族现象全世界都普遍存在,人是群居动物,动物的本能是生存。家族最原始的目的是互帮互助,好在充满威胁的世界中存续。因而,若家族成为欲望与权力的寄托,必然走向覆灭。(刘望炜)

(3)白鹿原这片土地,具有田园乌托邦的理想色彩。当理想破灭,人物的命运也就走向悲剧。但其对土地的依恋、热爱,对亲情的珍视,对家族的维系,仍十分动人。(苏琳琳)

(4)《白鹿原》深刻地指出了国民精神形成之过程,也让读者看到,惰性力量消淡之时便是新兴思想崛起之日。(曾蔚琳)

(5)《白鹿原》是充满民间烟火味的家族史诗,在一定程度上重构了民族精神。(王星月)

(6)汉代以后宋明理学将孔孟之道灌入了"君权神授"思想后,宋教道德便一体化为一种"存天理去人欲"的信条。人们在无监督下自觉地执行了其政治道德哲学律令,而他们的思想实际上是被桎梏着的,非为自身内在力量或意志。白鹿原中的受人崇敬的长者、家族领袖固有可爱之处,而他们就是这类人的典型代表。马克思指出,通过传统和教育接受了这些情感和观点的个人会以为,这些情感和观点就是他行为的真实动机和出发点,事实并非如此,他们本质上非自觉的"自律者",而是"他律者"。社会氛围以及异化的儒教思想,造成了中国社会史上无数个典型的悲剧人物和故事,亦使国民麻木维护封建专制,乃至最终走向极端,如愚昧无知、自我欺瞒——《呼兰河传》《阿Q正传》中典型人物皆有一记。(曾蔚琳)

魏晋悲歌
——《兰亭集序》教学实录

一、导入

师：上节课疏通了文字意思，大家提了一些问题，大家比较集中关注作者的感情变化。为什么作者感情变化跳跃这么大？这个也是本文的重点和难点。

PPT展示：

（1）信可乐也（人教版译文：实在令人快乐。粤教版译文：实在是快乐啊！）陈述句。

（2）岂不痛哉（人教版译文：能不感到痛惜吗？粤教版译文：怎能不令人感到悲痛呢？）反问句。

（3）悲夫（人教版译文：多么可悲啊！粤教版译文：真是可悲啊！）感叹句。

二、重点研读

1．"信可乐也"——乐

师：作者的"乐"是什么呢？从哪里体现出来？

生：有四乐：良辰、美景、赏心、乐事。"良辰"是暮春之初；"美景"

是崇山峻岭、茂林修竹、清流激湍；"赏心"表现在游目骋怀、极视听之娱；"乐事"是修禊事也，群贤毕至。

师：谢灵运说"天下良辰、美景、赏心、乐事，四难者并"。四难者并，应该是非常乐了。"信可乐也！""也"表示什么语气呢？

生：表肯定。

师：既然实在快乐，为何不用感叹语气？

师：苏辙面对黄州快哉亭，也很"乐"："快哉此风！"这风多么使人快乐啊！两个"乐"有不同吗？

生：苏辙更痛快！

师：是的，苏辙是酣畅淋漓的；王羲之的乐是舒畅的，是从容沉稳而不是喜形于色的。"一切景语皆情语"，王羲之笔下的景应该也不是浓墨重彩、热烈奔放的吧？

生：只选淡雅的景物，不写浓艳花卉。

师：淡雅这词用得好。写山岭林竹也只是本色形容，连"绿""碧"这样的颜色都不用。时在暮春，三月江南该是多么灿烂，作者没有任何渲染，只交代时令。

生：一般聚会会写音乐，这里却没有。

师：对作者来说，音乐都是多余的。有写到视听方面的吗？

生："游目骋怀"。

师：只写让自己的眼睛和心灵去旅行已经极尽视听的乐趣。

师：这是一种有节制的乐。为什么会是这样的一种乐呢？

生：跟作者的性格有关吧？他不喜欢热烈奔放的。

生：应该跟当时人们的审美有关吧？

师：说得很好，这跟作者的气质，也跟当时人们特别是当时文人的审美取向有关。

其实中国文化中就有这种传统。《诗经》有云："乐而不淫，哀而不伤。"所谓"乐而不淫"，快乐而不过分，表达情感有节制。这在王羲之身上和他所处的魏晋时期体现得尤为突出。

PPT 展示：

（1）《世说新语·赏誉》："殷中军道右军'清鉴贵要'。"

（2）魏晋风度：

魏晋时期名士们所具有的那种率直任诞、清俊通脱的行为风格。饮酒、服药、清谈和纵情山水是名士所普遍崇尚的生活方式。一部《世说新语》是魏晋风度的集中记录。

魏晋是一个动乱的年代，也是一个思想活跃的时代。新兴门阀士大夫阶层社会生存处境极为险恶，同时其人格思想行为又极为自信，风流潇洒、不滞于物、不拘礼节。士人们多特立独行，又颇喜雅集。正是在这个时代，出现了令人模范景仰的书圣与"竹林七贤"，即阮籍、嵇康、山涛、刘伶、阮咸、向秀、王戎，他们在生活上不拘礼法，常聚于林中，喝酒纵歌，清静无为，洒脱倜傥，他们代表的"魏晋风度"得到后来许多知识分子的赞赏。

师：率直任诞、清俊通脱的风格使魏晋名士在审美取向上崇尚天然，追求淡雅从容。《兰亭集序》中的"乐"，是一种舒畅的乐，同时是一种有节制的乐。这种有节制的乐跟传统文化情趣、作者自身气质、魏晋的时代风尚有密切关系。

2."岂不痛哉"——痛

师：作者的"乐"很快转为"痛"。"痛何如哉！""哉"是一种什么样的语气？（学生反复诵读句子）

生：反问，又有感叹。

师："哉"这个语气词一般表示反问，加强肯定和感叹，语气强烈。这里我们感到作者痛的强度、深度无以复加。这肯定是大痛，人生的大痛。关于"痛"，大家提的问题比较多，我们看看下面几个有代表性的问题。

PPT 展示：

(1) 作者痛什么？（周雨祺）

(2) 为什么会由"乐"转"痛""悲"？（金羽涵）

(3) "向之所欣，俯仰之间，已为陈迹，犹不能不以之兴怀，况修短随化，终期于尽"的逻辑不太理解。（陈芃昕）

陈芃昕：我先说一下我的问题吧。"向之所欣"成为"陈迹"之后会"以之兴怀"，这个我能理解。但为什么会接上"修短随化，终期于尽"？还是递进的关系？

师：我们再研读第3段。作者的思路是怎样的？

生：这一段从上一段的"乐"，乐极生悲，想到乐不能长久，人生短暂。

生：这种"乐"转瞬即逝，最后都会消逝。

师：理解得不错。这一段由前面的"乐"想到人们应该怎么度过这短暂的一生。虽然人们选择的生存方式存在差异，但思想历程和结果是一致的：得到使自己高兴的事物时，"快然自足"；等到感到厌倦时，感情就变化了，感慨也产生了。人变得快事物也变得快，原来感到欢快的事物转瞬成为陈迹，人还在那里感慨。更悲痛的是，人的寿命完全听凭自然；最悲痛的是，人最终都归结于消亡。

我把作者的逻辑思路梳理成下面的填空题，陈芃昕能补充完整吗？

PPT展示：

  人变得快事物也变得快，（　　　　　　　　　　　　　）；
  更悲痛的是，（　　　　　　　　　　　　　　　　　）；
  最悲痛的是，（　　　　　　　　　　　　　　　　　）。

陈芃昕回答问题，梳理本段逻辑思路。

  人变得快事物也变得快，<u>原来感到欢快的事物转瞬成为陈迹，人还在那里感慨</u>；
  更悲痛的是，<u>人的寿命完全听凭自然</u>；
  最悲痛的是，<u>人最终都归结于消亡</u>。

师：我们再来看周雨祺的问题：作者痛什么？

周雨祺：我们会比较直接地读到作者为生命的短暂而痛，但总觉得还有更深的内涵。

师：体会得很好。我们一起看看"痛"的表现，哪些句子表现出"痛"？

生："修短随化，终期于尽。"不能把控生命，生命终将消亡之痛。

生："向之所欣，已为陈迹。"乐转瞬即逝之痛。

师：是的，这里围绕对生命的思考表达了多层次的"痛"。"向之所欣，已为陈迹"是生命短暂之痛；"修短随化，终期于尽"是生命无常之痛。还有别的痛吗？

生：我觉得"及其所之既倦，情随事迁，感慨系之矣"也有隐隐的痛。

师："隐隐的痛"，落在哪些字眼上？

生："所之既倦，情随事迁。"

师："情随事迁"是美好稍纵即逝，"所之既倦"呢？

师：这里我们是不是也隐隐感到作者对人的"倦"的感慨？这种"倦"是什么？

生：喜新厌旧。

师：开始是"欣于所遇"，很快就"所之既倦"，这是人生欲望不断之痛。关于"痛"，请周雨祺小结。

周雨祺：作者的"痛"包含了生命短暂之痛、生命无常之痛和生命欲望不断之痛。

师：我们最后看看金羽涵的问题。

金羽涵：作者由乐到痛，是如何过渡的？为什么在如此愉悦的状态下，会突然转入"痛"的心境呢？

生：乐极生悲。

生：人一生聚会交往，缘聚缘散，转眼就是一世。

师：乐极生悲，兴尽悲来，人之常情，尤其是敏感文人。如曹操畅饮中吟唱——"对酒当歌，人生几何？譬如朝露，去日苦多"。

金羽涵：我总觉得魏晋时期的人特别悲观。

师：很好，刚才是从常理看，这是从背景看。魏晋时期，社会动荡，普遍感到生命虚无。

PPT展示：

【资料1】

《兰亭集序》首句"永和九年"，"永和"是东晋穆帝年号。永和元年至九年，社会动乱，内忧外患；兵灾、地震、瘟疫……东晋王朝建立以来，试图北伐复国。但一直没能如愿。永和八年，东晋大将殷浩再次北伐。但在统治集团内部，争斗激烈。保命成了文人的首要任务。兰亭所在的会稽虽是大后方，但连年旱灾，饿殍千里。年过五旬的王羲之，任会稽内史右将军，掌管会稽。面对着连年的战火和百姓的流离，他对生命有着更深刻的感受。

魏晋时代，老庄思想盛行，知识分子普遍感到生命短暂、无常和虚无。

【资料2】

汉魏聚散生死之雾

过江诸人，每至美日，辄相邀新亭，藉卉饮宴。周侯中坐而叹曰："风景不殊，正自有山河之异。"皆相视流泪。

——刘义庆《世说新语》

石崇《金谷诗序》先叙宴集之乐，接以"感性命之不永，惧凋落之无期"。

师：这里本是"天气晴和相约到新亭，坐在草地上宴饮"，听到"风景没两样，只是山河与中原不同"忽然变化为"相视流泪"，尽管有怀念故土的因素，其情感变得太快。《兰亭集序》中的情感转换也是这样。应该说，无论是《世说新语》还是《兰亭集序》，其任情哀乐不是偶尔为之，而是普遍的社会风尚。

三、"悲夫"——悲

金羽涵："乐"转"痛"已经是一个很大的转折，后面还有"悲"。"悲"和"痛"有什么不同？

生：我觉得"悲"更深沉。

师："悲夫！"我们先从语气词入手，"夫"是什么语气？感叹。包含扼腕叹息之意。所以，它在情感表达上更深沉。上文有个词表达的情感跟它相似。

生：嗟悼。

师：对！"嗟悼"。叹惜哀伤古人兴感之由。"悲"感情的深沉源自它内涵的深广。为什么事情扼腕叹息？为谁而悲？

金羽涵：不仅为自己，还为昔人。

生：还有后人。

师："悲"的深沉在于从前面观照自身，为生命的短暂无常而痛，发展到纵贯时空的千古同悲：悲昔人、悲时人、悲后人。

师：如何理解这个"悲"？它是消极的吗？

生：作者肯定"死生亦大矣"，否定"一死生，齐彭殇"。这就是肯定生命的价值。这就不会消极。

生：注释说都选自《庄子》，那庄子不是自相矛盾吗？

师："死生亦大矣"是孔子说的。《德充符》讲孔子的故事，是要反对他的。

师：在当时魏晋"一死生，齐彭殇"的风尚下，王羲之是积极的、有为的。中国人信奉"三不朽"——"太上有立德，其次有立功，其次有立言，虽久不废，此之谓不朽。"王羲之著《兰亭集序》就是积极立言。悲观背后往往是积极的留恋，王羲之本人是旷达之人。

PPT 展示：

（1）表面看来似乎是如此颓废、悲观、消极的感叹中，深藏着的恰恰是它的反面，是对人生、生命、命运、生活的强烈的欲求和留恋……人对自己生命、意义、命运的重新发现、思索、把握和追求。

——李泽厚《美的历程》

（2）通篇着眼在"死生"二字。只为当时士大夫务清谈，鲜实效，一死生而齐彭殇，无经济大略，故触景兴怀，俯仰若有余痛。但逸少旷达人，故虽苍凉感叹之中，自有无穷逸趣。

——（清）吴楚材、吴调侯《古文观止》评《兰亭集序》

独享的美好与甜蜜

——《再别康桥》教学实录

一、导入

(课前3分钟:"让我们共享阅读的欢愉",学生分享《雨霖铃》)

师:在遥远的宋代,大词人柳永把他深重的离愁别绪凝聚于这首感人肺腑的离别词《雨霖铃》中。一千多年后,它依然让我们怦然心动。今天,我们也一起来学习一首现代离别诗《再别康桥》。

(学生介绍徐志摩和康桥)

PPT展示:

徐志摩,现代诗人、散文家,曾留学英国剑桥大学两年。1931年11月19日,从南京乘飞机赴北平,途中飞机失事,不幸遇难,死于泰山脚下,时年35岁。

徐志摩与康桥

1. 1920年秋—1922年8月　在剑桥大学学习

1923年　诗歌《康桥再会吧》

2. 1925年7月　重访剑桥大学

1926年1月　散文《我所知道的康桥》

3. 1928年8月　再访剑桥大学

1928年11月　诗歌《再别康桥》

师：我再补充几个资料。

PPT 展示：

  他（徐志摩）的人生观真是一种"单纯信仰"，这里面只有四个大字：一个是爱，一个是自由，一个是美。他梦想着三个理想的条件能够会合在一个人生里。

——胡适

  你是人间的四月天
    林徽因
  我说你是人间的四月天；
  笑响点亮了四面风；
  轻灵在春的光艳中交舞着变。

  你是四月早天里的云烟，
  黄昏吹着风的软，
  星子在无意中闪；细雨点洒在花前。

  那轻，那娉婷，你是，
  鲜妍百花的冠冕你戴着，
  你是天真，庄严，你是夜夜的月圆。

  雪化后那片鹅黄，你像；
  新鲜初放芽的绿，你是；
  柔嫩喜悦，水光浮动着你梦期待中白莲。

  你是一树一树的花开，
  是燕在梁间呢喃，——你是爱，是暖，
  是希望，你是人间的四月天！

  康桥我要算有相当交情了，再次许只有新认识的翡冷翠了。呵，那些清晨，那些黄昏，我一个人发痴似的在康桥！绝对的单独。

  在康河边过一个黄昏是一服灵魂的补剂。呵，我那时的甜蜜的单独，甜蜜的闲暇。

——徐志摩《我所知道的康桥》

师：徐志摩的生命是短暂的，不过，他却为世人留下了一个说不尽的徐志摩，说不尽他的诗，说不尽他的人，说不尽他的情……不过，胡适先生却认为徐志摩是一个"单纯"的人。曾经走进徐志摩生命深处的女子林徽因写过一首诗《你是人间的四月天》，人们普遍认为这是写给徐志摩的。反映徐志摩一生传奇的电视剧《人间四月天》就以此作为剧名。也许，这才是真实的徐志摩。

1920年，徐志摩来到了著名的剑桥大学，开始了他人生的一段美丽的旅程，也催生了他诗歌创作的无限激情。

（学生听读）

（学生诵读）

二、意象

师：美丽的诗句把我们带进了康桥那充满异国情调的氛围之中，也把我们带进了徐志摩的情感世界。徐志摩视康桥为自己的"精神故乡"，他最先学政治经济学，后来对哲学非常感兴趣，再后来才在康桥开始他的诗歌创作的。他曾经自述他的精神历程——"是康桥教我睁开眼睛的：说也奇怪，竟像是第一次，我便认了星月的光明，草的青，花的香，流水的殷勤，我能忘记那初春的睥睨吗？"他说："我的眼睛是康桥教我睁的，我的求知欲是康桥给我拨动的，我的自由意识，是康河给我胚胎的。"那么，徐志摩是怎样来写这个精神的故乡的？

生：写了很多英伦风情的景物。

师：但凡读诗，特别是读写景抒情诗，都要从意象入手，有着诗人感情的物象即是诗歌的意象。从意象入手，能更好地感知诗歌的意境，体会诗歌的思想感情。

师：诗歌的主体意象集中在哪几段？写了什么意象？

生：诗歌的主体意象集中在第2、第3、第4节。

生：金柳、青荇、榆荫下的一潭。

师：先来看金柳。为什么写柳？

生：柳代表离别。

师：能举例吗？

生："春风知别苦，不遣柳条青。"

生:"渭城朝雨浥轻尘,客舍青青柳色新。"

师:不错!在中国传统文化中,"柳"总是代表着离情别意,与"留"谐音。这里的柳却很不同,它不是青柳,而是……

生:金柳。

师:为什么是金色的?

生:因为夕阳照射到了。

师:大家可以想象一下,落日熔金,镀上一层耀眼的金辉,非常灿烂夺目。金色只是写实吗?

生:金色很高贵,特别脱俗。

师:金子是最珍贵的,写出柳的脱俗,更突出作者的热爱、眷恋。又把它比作"新娘",突出柳什么特点呢?

生:很美。

生:很羞涩。

师:"新娘"是一个女子一生中最美的时候。柳树,在传统审美习惯中,也是女性的象征,人们常用"柳腰""嫩柳"形容年轻女子。把这样的一个新娘放在夕阳的背景中,是一种什么样的感觉?

生:特别宁静的美。

生:我感到有点伤感。

师:为什么?

生:夕阳总是让人惆怅的。

师:"夕阳无限好,只是近黄昏。"夕阳是惆怅,是诗人心中旧情的流露,逝去旧情的象征。

师:我们再看"青荇"。"青荇"就是"荇菜",是古典诗歌中一个常见的意象。大家不陌生吧?

生(齐答):"参差荇菜,左右流之,窈窕淑女,寤寐求之。"

师:《诗经》中,这是个什么样的意象?

生:很美,很女性。

师:是的,青荇形象很美。青荇花开时常在阳光下泛光如金,因此又得名"金莲儿";叶形与生态近于荷花,又称"水荷"。古典诗歌常以青荇象征美女。你从诗人的哪些描写感到"很美很女性"?

生:首先,"软泥"跟青荇很配!(生笑)都很温馨柔美。下面"油油"让人联想到美女光滑的皮肤;"招摇"这个动词用得很好,写成一个美女在

用她的美色招惹人。(生大笑)

师：这是什么手法？

生（齐答）：拟人。

师："招惹"本来的意思是故意张大声势，引人注目。其实是诗人主动地被它吸引，却说是青荇招惹他。康河的柔波是因为青荇的招摇，所以，作者甘心做"柔波中的一条水草"。前面的"金柳"在诗人的心头荡漾，这里的"青荇"使诗人甘心做一条水草。这里的感情有何不同？

生：前面是被感染、很依恋；后面的是深深的眷念和痴迷。

师：请同学来赏析"榆荫下的一潭"。

生：诗人想象奇特，把被榆荫映照的一潭清泉想象成彩虹，还是揉碎的，意象非常梦幻；从表现的情感看，感情更深了。

师：嗯，想象是诗人的法宝。彩虹这个意象，在西方，整条彩虹被认为是圣母玛利亚的象征；在古希腊，圣洁的彩虹是女神艾利丝的象征；在古代中国，彩虹被看作阴阳结合的象征，中国民间也常以彩虹指代美人。感情更深表现在哪里？

生：前面是眷恋，甘心不做人，就做康河里的一条水草；这里是完全陷入彻底迷醉，愿意在其中长睡不醒。(生笑)

师：原作是"天上虹"后边没有分号，现在加了一个分号，好吗？

(生讨论)

生：加好，诗歌更整齐了。

生：不加好。把原本没有断的句子隔断了。用"不是……是……"的句式，"是"指"揉碎在水藻间的天上虹"。

师：闻一多先生提出诗歌"三美"，即音乐美、绘画美、建筑美。加的话，把一个长句隔开了，视觉上建筑美突出一些；不加的话，视觉上觉得没那么齐整，但更能完整体现诗歌原来要表达的意思。

音乐美方面，我个人也觉得隔开节奏会好一些。大家不妨反复朗读，比较一下。

(生反复朗读)

师："天上虹"是美好的，用"揉碎"觉得如何？

生：有点残忍。

师：是的，我们进一步体会，这里感情是比较复杂的。"揉碎的天上虹"是破碎了的美好的东西，是美好的梦。"沉淀"暗示是过去的。依恋、眷念，也带些感伤。

三、情感

师：根据诗歌主体意象的内涵，我们来总结诗中蕴含的情感。请一位同学来概括，这首诗包含哪些丰富的情感？

生：对康桥的怀恋和惜别之情，有对过往生活的伤感。

生：还有对康桥的赞美。

师：刚才同学提到诗歌中的伤感。我们一起来探究一下。昨天大家交上来的《初读〈再别康桥〉》，关于情感基调，我看到有两种不同的看法，一种认为是沉重哀痛的，另一种认为是潇洒飘逸的。

（学生分小组讨论后，交流分享）

第一小组：我们觉得是潇洒飘逸的。首先，所写的意象很美，全诗表现的是一种温馨的情调；其次，诗人反复强调他的"来"和"走"是"轻轻的""悄悄的"，让人感到这不是一个沉重的离别者形象。

第二小组：我们认为是沉重的，意象越美好，越显得诗人离开时的沉痛；他反复强调"轻轻""悄悄"正是他不胜重负的表现。

第三小组：我们认为是沉重的，补充一下，古典诗歌很多都是写美景来衬哀情。结合徐志摩的经历，在那里他度过了人生中最难忘的时光，那里有给他启蒙的导师，还有刻骨铭心的爱情，这些都是他生命中很重的部分。

师：关于徐志摩在康桥的经历，把你们小组查到的资料跟大家分享一下。

生：徐志摩到英国最先认识的是大作家狄更生，狄更生到过中国，崇尚庄子，他自信自己也是黄帝的子孙，他写过《从中国来的信》，徐志摩把它奉若经典。此外，大哲学家罗素、名作家韦尔斯、汉学家魏雷、诗人卡因、画家傅来义，都与志摩有深厚的友谊。在这里，徐志摩的世界观、人生观、艺术观也逐步形成了。

最重要的还是徐志摩在康河与林徽因的恋爱。虽然当时徐志摩已娶妻张幼仪，但这个婚姻是父母包办的。林徽因是一个不凡的女子，她天生丽质，才华横溢，在当时被誉为"中国第一才女"，两人非常默契投合，徐志摩把林徽因视为"灵魂的伴侣"。然而，最后林徽因和梁思成结婚，徐志摩的思想感情受到巨大的打击。徐志摩对美和爱的自由追求就发生在康河，因此，

康河成了承载他情感的河。

师：梁实秋曾评论，"志摩的单纯信仰，据我看，不是'爱、自由与美'，而是'爱、自由与美'三个条件混合在一起的理想，而这一个理想的实现便是对一个美女子的追求。"

第四小组：我们认为，这里不是在说有没有沉重哀痛，有没有潇洒飘逸，而是哪个是诗歌基调。综合全诗看，我们同意第一组的看法，基调是潇洒飘逸的。从读者的感受来看，我们始终感到美、愉悦和陶醉；从诗人的气质看，徐志摩是个风流才子，诗人本人对离别的态度是洒脱的。离别，一般都要带点信物，但作者连片云彩都不带，还要"挥挥衣袖"。我们感觉作者反而愿意一个人静静地享受离别，他不愿意让过往成为沉重的负担。

师：你们从哪里看出诗人反而愿意一个人静静地享受离别？

第四组：第5、第6节写他寻梦。这梦美好到他要唱歌的程度。但是，他又说，歌是不能唱出来的。还说，"沉默是今晚的康桥"，连夏虫也为他沉默。这是诗人的默默回味，自我陶醉。

师：你们的理解跟福建师范大学孙绍振老师不谋而合！孙老师用"还原法"解读《再别康桥》，还原法就是想象出未经作者处理的原生的状态，原生的语义，然后将之与艺术形象加以对比，揭示出差异与矛盾来，再以此为基础来分析。

PPT展示：

（1）再别，是一种告别，从原生的语义来说，应该是和人告别，但是这里，并没有和人告别，这是第一个层次的矛盾。

（2）既然是和云彩告别，步子再大，再有声响，也不可能惊动它。这说明，和云彩告别不过是一个诗化的想象，通过这种想象，回味自己美妙的记忆。和云彩告别，就是和自己的记忆告别。为什么是轻轻的呢？就是因为和自己的内心、自己的回忆在对话。这里所写的不是一般的回忆，而是一种隐藏在心头的秘密。大声喧哗是不适宜的，只有把脚步放轻、声音放低才能进入回忆的氛围，融入自我陶醉的境界。

师：从这里也可以看出，他的"轻轻""悄悄"，不是为了惊动校园。相反，都是为了成全他悄悄地回忆自己的秘密。

这里就带出徐志摩的心态问题。在《我所知道的康桥》这篇文章中，徐志摩反复提到"独享的美好与甜蜜"。

PPT展示：

  康桥我要算有相当交情了，再次许只有新认识的翡冷翠了。呵，那些清晨，那些黄昏，我一个人发痴似的在康桥！绝对的单独。

  在康河边过一个黄昏是一服灵魂的补剂。呵，我那时的甜蜜的单独，甜蜜的闲暇。

——《我所知道的康桥》

  师：这里强调的不但是"单独"，而且是"甜蜜的单独"，正是这种单独的、一个人的、无声的甜蜜，才决定了这首诗"轻轻"和"悄悄"的基调。这就是徐志摩诗的洒脱和飘逸。

  最后，他在默默回味中离开了。"不带走一片云彩"，一方面是说诗人洒脱，他不是见到美好的东西就据为己有的人；另一方面是说"一片云彩也不要带走"，让康桥这个梦绕魂牵的感情世界以最完整的面貌保存下来，让昔日的梦、昔日的感情完好无缺。

  师（总结）：大家的讨论分析都能抓住关键。诗歌本身就是需要经读者解读才算完成创作的。从这个意义上说，两个说法都是可以成立的。我个人比较倾向于认为是诗人"独享的美好与甜蜜"，有哀愁但不至于沉重哀痛，更多的是飘逸潇洒。这跟徐志摩的气质和意趣也有关系。他的另一首离别诗《沙扬娜拉》虽然写到离别的忧愁，但也是一种"甜蜜的忧愁"。

  中国传统的离别诗大都因"伤别"产生了压抑感、沉重感。如王维的《送元二使安西》："渭城朝雨浥轻尘，客舍青青柳色新。劝君更进一杯酒，西出阳关无故人。"又如："多情自古伤离别，更那堪，冷落清秋节。"《再别康桥》的"挥手"多少有点李白"挥手自兹去"的痕迹，但飘逸如李太白，最后还是留下"萧萧班马鸣"的凄凉气氛。《再别康桥》表现的"洒脱的温情"是对传统的发展。

  《再别康桥》不但情感上脱出了古典诗词的窠臼，语言也从接近口语的白话中提炼出来，不再停留在早期康白情、胡适等人的"大白话"的低水平上。

  所以，《再别康桥》不但是徐志摩的，也是整个新诗的。北京大学孙玉石教授这样评价《再别康桥》：

PPT展示：

  中国20世纪里最出色的现代离别诗。

《鲁迅作品中的国民性》教学实录

一、导入

师：在现当代中国，鲁迅是一个现象。他被誉为中国现代文学的奠基人，他的精神被称为中华民族魂。鲁迅留给后人非常重要的，是他的国民性剖析。他的作品曾在中学语文教材中占据重要位置。

二、对鲁迅作品中国民性的讨论

师：最近我们进行了一个鲁迅专题拓展阅读，在深入学习课文的基础上，我们又阅读了几篇高中课文：《祝福》《阿Q正传》《最先与最后》，对鲁迅剖析的国民性有了更深了解。中国人民诚然是勤劳勇敢的，鲁迅先生却经常暴露中国人的劣根性。鲁迅笔下的国民性是怎么样的？

生：麻木的，比如《故乡》中的闰土、《祝福》中的祥林嫂。

生：这两个人物同时也是愚昧落后的。

生：还很冷漠。

生：《孔乙己》中的人物也都很冷漠。孔乙己死爱面子。

生：阿Q欺软怕硬，又有奴性。

师：从大家写的"质疑有声"小评论看，大家对鲁迅的国民性也有自己的看法。还有不少是质疑批判的。这节课我选几个有代表性的一起来探讨。

PPT展示：

(1) 鲁迅把国民劣根性夸大了。（黄潇）

(2) 鲁迅的每篇文章都让人心寒。（李雅洁）

(3) 鲁迅只批判，不指正。（袁瑜）

(4) 鲁迅在《最先与最后》中说中国一向就少有"不耻最后"的人，这不是和他在《中国人失掉自信力了吗》中说的相矛盾吗？（周健）

（四位同学一句话解释观点）

黄潇：我觉得鲁迅把中国人写得太坏了，有点"愤青"。（生笑）

李雅洁：如果可以，我希望鲁迅给我们温暖的力量。

袁瑜：如果可以，我希望鲁迅不仅指出问题，还指明出路。

周健：我的问题很清楚。（生笑）《最先与最后》说"一向少有"；与《中国人失掉自信力了吗》的"自古就有"矛盾。

师：现在小组讨论，可重点讨论一个问题。值日组长做好记录。

（小组讨论）

师：下面各小组分享交流，可以支持或反对，要有充分理由；提这个问题的同学可以随时站起来捍卫你的观点；老师也会表达观点。

第一组代表：我们讨论第一个问题。黄潇对鲁迅先生不太公平。（生笑）第一，那个时代很黑暗，我们可以在历史书、纪念馆照片中看到，在这样的黑暗社会的压迫下，人很压抑甚至扭曲；第二，可以在很多其他作品中得到证明。比如《骆驼祥子》也是反映那个时期的，祥子最后变成一具行尸走肉；萧红《小团圆媳妇之死》也暴露了"无意识无主名杀人团"。

黄潇：不能因为有部分这样的作品就以偏概全啊！

师：我同意黄潇不以偏概全的提醒。不过，你在这里用的是"夸大"……

黄潇：我并不是说鲁迅说大话，也许我这个词用重了。

师：如果换成"放大"如何？

生、黄潇：好！

师：老师的看法是"放大"而非"夸大"。如第一组同学所说，国民劣根性有历史中的真实，也有那个时代众多作品中的事实。我再补充一个趣闻。作《阿Q正传》时，就曾有小政客和小官僚惶恐，硬说是讽刺他。直到鲁迅把《阿Q正传》收到《呐喊》里，还有人问鲁迅："你实在是骂谁和谁呢?"这使得鲁迅大伤脑筋,不得不进行解释:有人说,我的那一篇是骂谁,某一篇又是骂谁,那是完全胡说的……

师:这说明阿Q的劣根性在当时是普遍存在的,不仅农民有,政客官僚也有。

(板书:历史真实)

第二组代表:首先,我们觉得鲁迅是个革命家、战士,他不是在写言情小说,所以没能让李雅洁感到温暖。(生大笑)其次,当时那个时代真的是很黑暗,鲁迅在《记念刘和珍君》中就曾写道:"我将深味这非人间的浓黑的悲凉。"

师:第二组分析时能知人论世,不错。关于社会背景,我再给你们补充一个资料。李雅洁看看同不同意。

PPT展示:

假如一间铁屋子,是绝无窗户而万难破毁的,里面有许多熟睡的人们,不久都要闷死了,然而是从昏睡入死灭,并不感到就死的悲哀。现在你大嚷起来,惊起了较为清醒的几个人,使这不幸的少数者来受无可挽救的临终的苦楚,你倒以为对得起他们么?

——《〈呐喊〉自序》

师:鲁迅把那个时代比成"绝无窗户的铁屋子",这是多么令人窒息的社会啊!

李雅洁:为什么要写这么令人心寒的作品?这不就越不能鼓舞人,越没有温暖,也没有力量吗?

生:让国民看到真相更重要,不能因为要温暖就麻痹人民。

师:说得不错。刮骨疗伤,虽然痛,但能够救人。我再给大家看一段话。

PPT展示:

"所以我的取材,多采自病态社会的不幸的人们中,意思是在揭出病苦,引起疗救的注意。"

——鲁迅《南腔北调集·我怎么做起小说来》

师:有启迪就有力量。鲁迅先生有这样两句诗:横眉冷对千夫指……

生(齐答):俯首甘为孺子牛。

师:鲁迅也是这样的人:眼极冷,心肠极热。

(板书:疗救注意)

第三组代表：我们讨论袁瑜的问题。请问袁瑜，你认为"鲁迅只批判，不指正"，你的依据是什么？

袁瑜：好多文章只是说这样做不好，没告诉该怎样做。比如说《祝福》《阿Q正传》《故乡》这些作品。

第三组代表：鲁迅也不是所有文章都不指正。比如《最先与最后》，批评"不为最先，耻于最后"的心态，提倡"勇为最先，不耻最后"的态度。这就是指出该怎么做了。

师：好！先驳后立，立可以认为是指正。这篇杂文最后还指出"那虽然落后而仍非跑至终点不止的竞技者和见了这样竞技者而肃然不笑的看客，乃正是中国将来的脊梁"。我再提供一个材料，大家能否看出什么问题？

PPT展示：

(1) 真的猛士，敢于直面惨淡的人生，敢于正视淋漓的鲜血。

——《记念刘和珍君》（1926年）

(2) 青年们先可以将中国变成一个有声的中国。大胆地说话，勇敢地进行，忘掉了一切利害，推开了古人，将自己的真心的话发表出来……只有真的声音，才能感动中国的人和世界的人；必须有了真的声音，才能和世界的人同在世界上生活。

——《无声的中国》（1927年）

(3) 要治这麻木状态的国度，只有一法，就是"韧"，也就是锲而不舍。

——《两地书·致许广平十二》（1932年）

生：这些作品都有指正。

生：鲁迅在不同的年代其实一直在思考、在探索、在建构。

师：是的，鲁迅几十年的创作一直在塑造，在建构中国"脊梁"，起支撑作用的人、中坚力量。哪一个小组来说说对周健问题的看法？

PPT展示：

鲁迅在《最先与最后》中说中国一向就少有"不耻最后"的人，这不是和他在《中国人失掉自信力了吗》中说的相矛盾吗？（周健）

"所以中国一向就少有失败的英雄，少有韧性的反抗，少有敢单身鏖战的武人，少有敢抚哭叛徒的吊客；见胜兆则纷纷聚集，见败兆则纷纷逃亡。"

——《最先与最后》

"我们从古以来，就有埋头苦干的人，有拼命硬干的人，有为民请命的人，有舍身求法的人……虽是等于为帝王将相作家谱的所谓'正史'，也往往掩不住他们的光耀，这就是中国的脊梁。"

——《中国人失掉自信力了吗》

第四组代表：周健觉得矛盾，我们觉得不会。《中国人失掉自信力了吗》强调的是苦干精神和献身精神；《最先与最后》强调一向少有韧性、担当和独立精神。两者强调的重点有不同，不会矛盾。

师：注意到两段文字强调重点的不同。在不同的阶段，鲁迅的思想也有变化发展。《最先与最后》写于1925年，《中国人失掉自信力了吗》写于1935年。这十年，鲁迅看到中国革命力量的壮大，尤其是共产党领导下的革命者，让他看到希望。从"一向少有"到"自古就有"，语气更加肯定。

鲁迅"国民性剖析"思想的发展也有一个过程：早期，倡导"立人"，呼唤人格独立；中期，反思传统，对国民劣根性展开社会的、文化的批判，疗救病态的国民人格；后期，采用阶级分析法，剖析不同阶层的国民性，以铸造新的"民族魂"。鲁迅也由剖析国民劣根性到发现民族优良性。

（板书：脊梁重建）

三、今天读鲁迅作品的意义

学生分小组交流讨论，然后教师总结。

师：我们对四个问题的讨论告一段落。社会对鲁迅及其剖析的国民性讨论一直没有停息。

PPT展示：

"青年学子眼中的鲁迅"征文活动

鲁迅，一个影响了几代人的名字。在教科书里，鲁迅是被提及次数最多的作家之一，作为青年学子的你，对鲁迅有着怎样的理解？今天，9月25日，鲁迅诞辰130周年，本报借此举办"青年学子眼中的鲁迅"征文活动，冀求引发当代青年学生重新解读鲁迅的作品、思考鲁迅研究的当下意义。（《羊城晚报》2011年9月25日）

静待这个时代的鲁迅（林千越）

鲁迅对当代人的启示，不只在于他对社会劣根性的无情批判，还在于他始终伸着一双充满生命热度的手，抚过他所处社会每个阴冷的角落；始终用一双悲天悯人的眼睛，看清了那个时代的弊端并对症下药。当代有诸多弊端，唯一不缺的就是口头上的批判。

师：这个文章片段的作者是我女儿。写这篇文章时她上高一。三年后，我问她现在怎么看鲁迅，她说，鲁迅是个让人尊敬的人。他于国运衰微之际，独自走向一座新的山头——剖析国民性，寻找民族出路。他的作品是值得去读的。

鲁迅对青年，对我们这个民族是有意义的。我觉得更可贵的地方是，今天的青年学生，像你们，敢于这样来质疑大师，跟大师对话。大师走下圣坛，这也许有更大的意义。

这次大家写的小评论还涉及一些很有深度的问题，比如：国民性的成因等。同学们今天课后交流你们的评论，推荐你们认为有价值的文章。

附

静待这个时代的鲁迅

林千越

弹指一挥间，先生诞辰竟已是百余年。刚硬的两剑眉，深邃冷峻的双眸，厚重锋利的一字胡，这样令人过目难忘的遗容早已深深地印刻在国人的心中。但在重温这被多少人感叹为"忧国忧民""冷锋暗藏"的肖像时，我却忍不住揣测先生在镁光灯以外的表情。揭露丑恶麻木是他带给中国人的，怒国人不争是他带给中国人的，所以这一切都成了"鲁迅"二字的同义词，它们塑造出一个伟人的形象。可是我想，除了以刚烈不阿和尖锐堆砌起《狂人日记》《阿Q正传》的沉重以外，先生是否在疲惫之余，忍不住地，对自己笔下的人物露出了一丝温情。

譬如《伤逝》，虽然终究又是一场悲剧，但区别于其他作品中不断扎着读者神经、让人直面那最深处劣根性时的痛心疾首，《伤逝》是一曲叹惋之歌。爱是存在过的，但两颗心从未在一起。是爱暂时地遮挡了他们的视线，但现实却让他们看清彼此的距离，读者只能眼睁睁看着两个原本誓言厮守的人越走越远，走向各自最终的归宿和结局，徒留下欲说还休的惆怅和哀伤。

斯人已逝，但是，当年风云渐逝，褪去了历史背景的鲁迅的文字，分明让我感到它们并非锐利冰冷的投枪匕首；它们鲜活、真实，它们历经近百年而保持恒温，它们因为被注入理性与智慧而让人感觉柔滑圆润。

对于当代人而言，最重要的，是如何促进这个时代的良性成长。鲁迅对当代人的启示，不只在于他对社会劣根性的无情批判，还在于他始终伸着一双充满生命热度的手，抚过他所处社会每个阴冷的角落；始终用一双悲天悯人的眼睛，看清了那个时代的弊端并对症下药。当代有诸多弊端，唯一不缺的就是口头上的批判。当微博带给人们更大的言论自由，人们就会爆发出更强的表达欲望。有人曾将人分为五种，中间阶级的称为"中人"。中国人多，所以"中人"也多。这就是微博火的原因——每当风吹草动时，"中人们"不论虚实便争着向上，唯恐落后。人心浮躁而冷漠，这才是中国人当前致命的弊端。一面是热衷围观，声色俱厉；一面是事到临头，高高挂起。小悦悦事件中，事发后全民的群情激昂与事发时18名路人的无视形成鲜明对比，这阻止不了这个两岁的小生命离开这个世界。惨烈的事实需要有人首先鼓起勇气去面对、去反思、去寻求良策、去付诸行动。

而这个"真的猛士"在哪里呢？也许，我们只能静静等待这个时代的"鲁迅"诞生。

原文发表于《羊城晚报》2014年9月14日

智性应试

研究篇

ZHIXING YINGSHI
YANJIU PIAN

2006 年高考评卷日记

2006 年高考评卷日记（一）

2006 年 6 月 13 日

今天是评卷的第一天。吃过早餐，和几位老师在大学城中随意地走了几圈，7 点 50 分来到评卷楼前。只见楼前已聚满黑压压的人群，看来今年的语文评卷大军依然声势浩大。

8 点钟评卷大会准时开始。上半场为动员大会，广东省考试中心、华南师范大学文学院等部门的领导依次介绍了今年高考的基本情况，并提出了评卷的若干要求。今年是历年来考生最多的一年，达 51 万人，普通高考语文试卷达 47 万份，评卷量比往年增加 20%。为了应对这个情况，今年省考试中心从全省各地抽调的大学教师、高三一线教师及研究生达 700 多人。整个评卷队伍分 35 个组，其中作文占 25 组，高三一线教师全部参加作文部分的评卷工作。

下半场分组开会，作文组由华南师范大学文学院陈教授主持。陈教授言语颇为大胆风趣，弄得大家心甘情愿任她苦口婆心、嬉笑怒骂把会开到 13 点。当然，陈组长洋洋洒洒、鸿篇大论确实举足轻重，因为每个大点、小点都关系到评卷的核心问题。头绪繁多，整理如下：

一、关于作文监控

继续实行"背对背"网上阅卷,并通过小组长、题组长、科组长三级监控机制,对每位评卷教师的评卷时间表、平均分、标准差、离散度等指数进行实时监控。

二、关于今年作文题的理解

今年的作文仍为话题作文,话题为"雕琢心中的天使",应重点理解话题中的三个关键词——雕琢、心中、天使。

1."雕琢"

(1)依据材料,理解为一种手段,一种方法或一种行动,通过这样一种手段、方法、行动,把无形的内心意念转换为一种有形的、可视的美的雕像。因此,本文揭示,要使心中的天使成为实在的天使,需要方法,更需付诸行动。

(2)依据材料,"雕琢"有一个成型的过程,可爱的小天使是通过一道道的雕琢才成型的。因此,"雕琢心中的天使"需要一个过程,心中的天使需要一步一步地形成。

(3)依据材料,"雕琢心中的天使"有去粗取精、去恶扬善和不断完善的意义。

(4)依据材料,"雕琢"有用心、细心、耐心、苦心去做一件事情的过程。

2."心中"

依据材料,"心中"可以是"雕刻家"的"心中",也可以是考生本人的"心中",是考生文中某个人的"心中"。总之,在同一篇文章中,"心中"的归属不限,可以是任何人的"心中"。

3."天使"

依据材料,"天使"指可爱的小女孩,话题中的"天使"是个广义的概念,可将其引申为美好的人、事、物,理想、目标等。

三、怎样评判不在话题内的作文

作文未能体现"雕琢""心中""天使"三个关键词，视为"不在话题内"。

（1）如丢掉"雕琢"，只写"天使"，视为对话题理解不全面，判基本符合题意，内容、表达项只能在三等（含三等）以下评分，可评发展分。

（2）如"雕琢"的不是"天使"，判基本符合题意，内容、表达项只能在三等偏下或四等评分，不给发展分。

（3）对表面看来"不在话题内"的作文要反复推敲有无"暗合"情况，只要有一点"暗合"，就不能轻易判其"不全面"。

四、关于"注意"

（1）作文字数必须在 800 字以上，每少 50 字扣 1 分。

（2）无标题扣 2 分，只要有题目，不管恰当不恰当，都不扣分。

（3）文体四不像的作文可视为"低级"的散文，按中学生散文写作要求衡量判分。

下午上半场学习熟悉十份样卷，下半场试改，试改过程中，教师们发现了不少问题，讨论非常热烈，各小组的组长忙得东奔西跑。不过，五点下班的时候，电脑上所有评分记录自动消失，组长宣布下午为试改，全部无效。

原作发表于《汕头日报》2007 年 4 月 23 日，有修改

2006 年高考评卷日记（二）
2006 年 6 月 14 日

今天还是雨天，虽然一路泥泞很是不便，我们倒是满心欢喜。一来我们住的宿舍没有空调，在广州六月天而无冷气设备，下雨无疑是最好的降温方式；二来在雨后的清新气息中，人的头脑也清醒了很多；三来这雨中迷离的大学城，让每位评卷教师仿佛又回到青春的大学时光。总之，早上 7：30，撑着伞走在前往评卷场的路上，每位评卷教师脸上都展现出灿烂阳光。

通过工作人员的身份检查，来到评卷室，组长已在台上严阵以待，大家一坐定，组长又反复强调，一定要本着对全省 47 万考生及全省人民高度负

责的态度，认真地掌握评分标准，深入地了解全省考生的作文状况，准确地为每一份作文打分。

和旁边两位分别来自深圳和中山的教师说起满分样卷《我是天使》，都说作者是个聪明的孩子，因为就文字功底来说，他并不是出类拔萃的，但是他把题审透了，他的立意正中靶心。

每年高考，各地都会出现一些有争议的作文，平时写作水平高超的"小作家"，高考作文却不及格了，然后就出现了很多对高考作文评改的声讨笔伐。其实高考作文不是一般的文学创作，它是一种淘汰性考试，有着一套严密的评审规则，这其中，扣题是核心，有着一票否决权。对同一篇文章，作家们更注重的是作者的写作潜能，而评卷教师更注重的则是其是否紧扣题意。在高考考场上，符合题意比任何技巧文采都来得重要，并且，只要高考存在，它就还将继续"重要"下去。考试需要规则，只有每个考生都遵守这个规则，才能实现几十万考生的更大公平。因而，当你在考场上提起笔来作文，你就要旗帜鲜明地扣题。当然，你可以选择"明扣"——直截了当地开门见山地解说你对题意的理解；也可以选择"暗合"——用形象化的手段生动地、富于个性地阐述话题。无论是"明扣"还是"暗合"，都要做到重点突出，观点明确，立场坚定。

9：30休息的时候，小组长过来与我们交流从昨天到今天的阅卷情况，总体来说，大家看法还是比较一致的。又说起作文考试改革，小组长认为话题作文是"需要改进"的。回想起柯汉琳院长的讲话，也有反思话题作文的意思。看来2007年高考作文可能是有"动作"的。其实这一点大部分的高三教师都是有思想准备的，但会是什么样的考法呢？大家私下分析，可能是一种倾向于材料作文又不同于材料作文的题型，它应该在审题立意方面对考生提出更高的要求，也更侧重挖掘考生的个性情感和思想。看来，2007届的考生一定要努力全面地提高语文思维能力，扎扎实实地练好各项写作基本功，尤其是论述类文章的写作基本功，不能有一点投机取巧的心理。

9：45重新打开电脑时，发现评卷记录清空了。组长说，刚才又是试改，全部无效。教师们不免有些遗憾，因为经过昨天一整天的反复学习、试改、讨论，今天大家都改得比较有把握了。对高考作文评卷，这几年社会上有"几分钟看一份作文草菅人命"的说法，这样的说法确实是欠客观全面的。他们只看到评卷教师在评卷场上"很快"地评卷，却看不到为了能够在评卷场上尽量快地评卷，评卷教师在背后漫长的准备，包括上阵前的反复琢磨。

随便叫一个从未大量接触过高考作文、从未长期应用高考作文评分标准评判作文的人来评卷，用一个小时乃至更长的时间来评价一份作文，其准确性也是有待推敲的。而高考作文评卷教师大多是有多年教学经验、有大量高三作文评改经验的高三语文教师，他们对高三学生作文能力的准确把握，他们对应试作文的种种规则、评分标准的驾轻就熟使他们形成了敏锐的直觉判断。另外，评阅每篇作文的时间其实也不是完全相同的，对有些"个性作文""问题作文"，一个颇有资历的评卷教师也会花上好半天的时间。

正式评改后，一切都比较顺利。

原作发表于《汕头日报》2007年4月30日，有修改

2006年高考评卷日记（三）

2006年6月17日

今天是评卷的第五天，评卷将要进入二评阶段。

几个日夜的评卷下来，评卷员不只是眼睛疲劳、身体疲劳，还有精神疲劳、审美疲劳。虽说评卷员评阅作文并不以获得审美愉悦为主要目的，但这并不意味着评卷员没有审美期待，每天面对着几百份几乎是千篇一律的作文，审美疲劳不言而喻。这几天教师们说得最多的就是：平庸的作文怎么这么多呀？教师们哪里会不知道，几十万份的卷子，当然大部分都是"平庸"的，只不过教师们太渴望好作文了！

其实，考场上的高分作文、满分作文并非都是十全十美的文章，拿出这些年的满分作文仔细推敲，你总会发现一些瑕疵。那么他们夺得高分的奥秘是什么呢？有人说高考作文是"带着镣铐跳舞"，确实如此。每篇优秀高考作文可能内容不同，风格各异，但他们一定是带着规则的镣铐跳出了个性之舞。评卷场上常会遇到这样的情况，一篇基础等级不是很高但某方面比较突出的作文，评卷教师还是会打比较高的发展分，并且他还会因为惜才而千方百计地从作文中寻找提高基础分的证据，酌情打高基础分，所以考生一方面要小心翼翼地守住规矩，另一方面要大胆地展示自己独特的风采，只要在规则和个性之间找到平衡点，夺取高分并非难事。

比如材料问题，有些考生担心材料"撞车"，于是千方百计找一些新颖新鲜的材料，如果能做到既新颖新鲜又切题，那当然是最好的了。其实，材料不一定"人无我有"，关键在"为我所用"，有自己独特的处理和转换方式。同样是感动中国年度人物的洪战辉、徐本禹，不少考生只是将背好的颁

奖词照搬过来，而一考生题为《心有天使，诗意人生》的作文却能把这些众所周知的材料巧妙地转换到话题"雕琢心中的天使"上来，从不同角度展现他们身上天使般的责任之心、报恩之心，材料之间衔接紧密，流转自如，辅以充满个性激情与意蕴的语言表达，通篇显得优美雅致而意境深远，一评即被打了满分。

他是这样使用徐本禹的材料的：

用歌声动人，听者有泪；用行者之心动人，行者无疆。徐本禹，是什么驱动着你奔向贫瘠的大山？是爱的天使，是一种对社会报恩的责任感吧……你用爱点燃的火把，刺痛了人们的眼睛，同时也苏醒了人们的心扉。如果说眼泪是一种财富，那么你是一位富有的人，让我们泪流满面，只因为你心中存有爱的天使！（原颁奖词：如果眼泪是一种财富，徐本禹就是一个富有的人。在过去的一年里，他让我们泪流满面。从繁华的城市，他走进大山深处，用一个刚刚毕业的大学生稚嫩的肩膀，扛住了倾颓的教室，扛住了贫穷和孤独，扛起了本来不属于他的责任。也许一个人的力量还不能让孩子眼睛铺满阳光，爱，被期待着。徐本禹点亮了火把，刺痛了我们的眼睛！）

使用洪战辉的材料时，他做这样的议论：

地承万物，心存爱的天使，方能成就美好人生；寸心载世，心有责任之天使，方能抒写诗意的人生之篇。……他们托起了中国明日之太阳，他们是中华民族精神的守望者。

比如结构问题。结构是思路的归宿，文章结构的各部分，必然存在着推理、相承或分解等的关系。好的结构应该各部分环环相扣，符合认知规律和文体要求，体现语文思维的特点。备考阶段，要认真总结各种不同文体的结构模式，深入细致地思考，扎实有序地训练；备考后阶段应结合自身写作优势，进一步强化典型结构模式训练。另外，考虑到高考现场评卷的特点，要特别注意结构清晰，考场上最好做到"四化"：段落精短化、段首主旨化、过渡处标志化、精彩处独立化。

原作发表于《汕头日报》2007年5月14日，有修改

2006年高考评卷日记（四）

2006年6月22日

今天收到华南师范大学文学院的约稿信，邀请我参加由华南师范大学编

辑出版系主持编写的一本关于高考作文方面的书的撰写工作①。

上午,不少教师的电脑已很长时间调不到试卷了,这显示三评已进入收尾阶段。

"停工"的间隙,我一一调出这些天看到的各类有代表性的作文,为接下来的撰写工作梳理一下头绪。半个多小时之后,电脑跳出五份三评作文,之后就调不到卷子了。于是,我从更广的面上,随机回阅今年考生作文的开头部分。总体印象是:精彩的开头太少了,大部分的开头都显得粗糙一般化。看来今年的考生对开头部分的"经营意识"还是不足的。开头是整篇文章的起笔,自古以来作者向来重视文章开头。虽说评卷教师不可能像某些人所说的"看头看尾瞟中间就打分",但他们倒普遍有这么一个习惯:在最后定分前再浏览一遍开头和结尾。所以,一般来说,最顺利的话,评卷教师也要看两遍开头。第一遍是要从中寻出作文的主旨、线索,并以此为纲领审读下文;第二遍是在读完全文后据此重温对全文的印象并对全文进行整体评价。这样,开头部分成了反复刺激评卷教师的主要信息点,如果开头是好的,那它将反复给评卷教师积极正面的暗示。所以,一个考生在定下了文章的主旨、结构、材料之后,还要花些心思经营一下文章的开头。

从 2006 年考生作文开头出现的问题看,2007 年的考生要特别注意以下事项:

1. 旗帜鲜明地扣题

开篇最忌讳的是一下笔便给人离题的感觉,它如同直白地告诉评卷教师:作者没有审准题意。

2. 表达真情实感

评卷教师评阅一篇作文的过程,其实也是一个评卷教师与考生沟通的过程,是一个考生说服评卷教师的过程。落笔伊始就要表达真情实感。表达真情实感,一方面是指不包装,不做作;另一方面是说要实实在在地审题,不写些花花草草不着边际的文字。

3. 与下文自然贯通

考场上可以从三方面入手快速检验开头是否与下文自然贯通:一从内容

---

① 《高考作文:如何抓住评卷老师的心》一书已于 2006 年 12 月由广州出版社出版发行,并于 2007 年再版。

入手,看开头是否与下文表现同一主题;二从结构入手,看开头是否与下文逻辑联系紧密,全文结构是否严谨;三从风格入手,看开头的语言风格、行文节奏等是否与下文一致。

4. 展示亮点

高考作文亮点的展示越早越好,最好是在评卷教师的鼠标轻轻点开你的作文时,你的光环就照亮了他的眼睛。你也许博览群书,文化积累深厚;也许善用修辞,富于文采;也许文言文运用娴熟,颇有古风;也许机智幽默,对事物总能有独到的见解……展示自己的亮点,开头这一炮将会打得更响。

5. 不出现语病

一个有语病的开头除了白白丢掉"印象分"之外,还往往使教师因不知所云而判其"不能审清、审准题意"。2007年高考将实行1个错别字扣1分的标准,还可能将标点符号的使用纳入评分标准中。

至于具体操作上的开头方法,根据评卷经验,以下几种开头方法比较贴近发展分评分标准。

第一种,修辞开头法。

修辞是语言运用中不可缺少的部分。巧妙而又贴切的修辞手法常能更准确地表情达意,抒发作者心灵的感悟,引发读者赏读的情趣。善于运用修辞手法,将能在"有文采"方面获得更高的发展分。

第二种,情景开头法。

情景引入是指借助描写的技法,写出某个具体场合的情形,这既可以为文章提供一个特定的背景,又能使文章形成一种特殊的氛围,还能为下文人物或事件做好烘托铺垫。以情景引入的作文便于塑造丰满形象、创设深远意境,同时,用这种生动的表达方式可以使作文焕发出亮丽的文采,这些是"丰富""有文采"发展分的得分点。

第三种,哲理开头法。

哲理开头法常用富有哲理色彩的议论来开头。或揭示某个生活道理,或归结某种人生哲理,或凝练成几句含义深远的警句。它往往折射出理性的光辉,或饱含着深厚的感情。文字入情入理,言简意赅,语奇意远,给人以深刻的感染和启迪。哲理引入的思辨色彩使作文易于获得"深刻"方面的发展分。

第四种,引用开头法。

引用的对象可以有很多,如故事、诗文、歌词、名言警句、熟语、趣闻等，它们丰富深刻的内蕴，形象生动的样式往往使作文开头充满"理趣"和"情趣"，同时又显示了作者广博的知识和深厚的积累，易使作文在"材料丰富、新鲜"方面获得发展分。

第五种，悬念开头法。

文章一开头就有意设置悬念，突兀而起，引起读者的关注，激发读者的兴趣。悬念开头法往往能给人以精警、挺拔、气势不凡的印象，同时又能收到简洁明快的阅读效果。此外，它能增加文章的曲折性，显现文章的布局之美，易在"构思新巧"上获得发展分。

第六种，直接开头法。

也叫开门见山法。"直接开头"也要讲究艺术技巧，最重要的两点是：（1）认真提炼出能够引领全文主题表现的内容；（2）语言要非常精练，要有一种引人入胜的效果，激起阅卷教师的阅读欲望。好的直接开头易在"深刻"和"有创意"上获得发展分。

上午 11 时，2006 年广东高考作文评卷工作全面完成。

原作发表于《汕头日报》2007 年 5—6 月，有修改

细致重温高中必修课文

2009年高考的战鼓已经打响。作为开考的第一个学科,语文科备考的意义不仅在于守住高考五分之一阵地,更在于实现打响第一炮、夺取全面胜利的整体目标。

目前,各个学校基本上都完成了第一轮复习,接下来三个月的时间将进入深化复习的攻坚阶段,这也是考生成绩实现质的飞跃的关键时期。那么,如何在最后时刻为12年的语文科学习画上画龙点睛的一笔,实现付出与收获的最大化转换呢?总的来说,要注意"一个中心三个基本点"。

"一个中心"是按部就班不放松。不无所作为,也不过度紧张。一切按原来的节奏进行,跟着学校的备考步伐走。按部就班贵在坚持不放松,到这个阶段,有些考生可能会因为精力不济、学科挤压等原因疏忽了语文科,企图等到考前几天再重点突击。这样的做法是不太科学有效的。语文能力的提升过程不像一些学科一样呈块状的直线上升的过程,而是一个整体的螺旋式的上升过程,它需要持续不间断的积累。只有这样,才能实现一次次的飞跃。

"一个中心"是从思想上端正认识,"三个基本基本点"则是从行动上付诸实施。

第一个基本点是落实。经过第一轮撒网式的复习操练,到这个阶段,是收网的时候了。要有意识地"归本落实"。首先要落实到考点上,要认真研读《2009年语文科高考考试说明》,对照自身完成的情况。《2009年语文科高考考试说明》中有的考点是比较具体的,要把它们数字化;有的考点是比较抽象的,要尽量把他们具体化。其次是落实到教材上,有些考生对语文考试，有一种误解，认为高考都是考"课外"的。实际上，高考的能力点都源自课内。掌握了能力点，才能真正立于不败之地，所以要扎扎实实地把高中阶段的教材，特别是必修阶段的课文重温一遍。先纵向对照每个单元的学习要求，检测自己的掌握情况。再横向梳理课文，可按体裁、题材、时期或作者等进行分类，摘要记录，横向比较，做到对每类课文特点了然于胸。在此基础上，对典篇课文进行二度精读，精读时结合阅读任务和课后思考练习题，联系相关高考题，由此及彼，以点带面，搭起典篇课文与高考之间的链接。

第二个基本点是精细。这是把备考推向深化的一个关键，经过第一轮的复习，考生已经打下了较为坚实的基础。同一个层次的考生群体水平大体也相差不远，这时需要通过做精做细来实现新的突破，所谓做精做细，就是抓重难点、薄弱点。考生要不断完善自己的资料库，特别是试卷集、作文集、错题集、素材集等，反复归类、比较、分析。翻开一本错题集，你的薄弱环节就可以比较清楚地看到了。有的放矢地查缺补漏，一方面强化了薄弱点，另一方面也避免了不着边际，重复浪费。一份高考语文卷的重难点首先是作文，分值占全卷五分之二；其次是现代文阅读，近几年高考现代文阅读全省满分率大概只有1%。要在教师复习指导的基础上，根据自己的实战经验和实际情况归纳出思路规则和注意事项来。特别要强调的是，这个阶段，作文要更抓紧。作文复习同样要根据《考试说明》把一个个大点细化、精化。要从理论上详细了解考点，更要通过实践来强化一个个小考点。此外，还要继续坚持积累——积累生活、积累素材、积累思想、积累写法，争取在高考中写出紧扣作文要求、文气饱满、有血有肉、个性鲜明、凸显真性情、真思想的高水平文章来。

第三个基本点是规范，要特别注意三个规范。首先是考试规范，除了高考各个学科的一般规范外，语文科还要特别注意选考题目的选择填涂。其次是答题规范，要认真审题，严格按照题目要求作答；就具体题目而言，各种问法要有相应的技术处理。最后是评卷规范，评卷的一个基本特点是"快"，一定要做到书写清楚规范；答题时尽量分出层次，并做到表述简洁准确；作文除了审题立意外，还要特别注意结构和语言表达问题，结构严谨利于使评卷教师一目了然，表达出彩利于在第一时间赢得评卷教师的心，赢在起跑线上。

十年磨一剑，今朝试锋芒。祝愿2009届汕头考生打响高考的第一炮！祝愿2009年汕头语文高考再创佳绩！

原作发表于《汕头日报》2009年2月25日，有修改

高考作文：如何抓住评卷老师的心

开头：赢在起跑线上

开头指文章的开始，古时称为"起笔"。笔落惊风雨，头好一半文。自古以来，评家对文章开头的重要性有不少形象的表述。元代乔梦符提出作文"凤头"的说法。意思是，文章开头要像凤头一样美丽动人。明代的谢榛则用了另外一个比喻："起句当如爆竹，骤响易彻。"意思是，文章开头要像燃放爆竹一样，清脆响亮，贯通全篇。开头是一篇文章的总纲，一篇精彩的文章，离不开开头漂亮的点染；而它在起笔时的惊天一吼，往往"一吼定乾坤"，铸就鸿篇巨制的磅礴气势。

高考作文是应试文章，它限题、限时、限量。如果把高考作文过程比作一场赛跑的话，这将是一场破吉尼斯纪录的比赛。几十万名考生在同一时间，面对着同一文题进行着无声的较量。800字所提供的机会只能说是恰到好处的，它没有多余的空间容忍失误与平庸。一篇高考作文，每百字、十字的行进都举足轻重。开头部分约占一篇高考作文20%的比例，而由于它处于这800字中最显眼的位置，它的分量往往不只20%！优秀的赛跑运动员往往在起跑时就占据优势，要在高考作文中脱颖而出，一定要如履薄冰地写好开头。要记住，一篇高考优秀作文，常常是一篇赢在"起跑线"上的作文。

2009年广东高考作文开头亮点与问题

一、亮点

2009年广东高考作文有一个可喜的变化：作文开始回归到写作本质上来。很多考生开始"说自己的话"，体现了较为突出的个性色彩和思维特征。从作文内容来看，硬用、套用旧材料的情况明显改善，社会生活各领域中的鲜活材料进入考生的视野中，关注生活、关注社会成为今年高考作文的新风。可以说，2009年广东高考作文开始出现新气象，而这种新气象从作文开头就鲜明地体现出来，成为今年高考作文开头的亮点。

（一）文风朴素

例1

别拿常识不当干粮

如果你随便找一个中学生，问他什么是对数，什么是洛仑兹定律，什么是原子核式结构，他一定可以把这些东西给你讲得头头是道，让你惊叹当今青少年个个都是科学家的料。但是，你找个尖子生，问他在野外被蛇咬了怎么办，他也许会搔搔脑袋瓜，苦想各种化学反应式，然后迷茫地对你说声"不知道"。那么，"青菜多少钱一斤？""不知道！""被子怎么叠？""不知道！""为什么啥都不知道？""也不知道！"

例1从生活实际入手直奔题意而来，写的是自己熟悉的生活；运用的是简洁的表达、朴素的白描，读来朴素自然而形象传神。这样朴素亲切的开头令评卷老师感到作者率真的个性也"扑面而来"。这篇文章最后获得 24 + 22 + 10 = 56 的高分。

（二）文体分明

话题作文以来，高考作文实行"文体自选"原则，不少考生误解为文体要求降低；近些年，"议论性散文"盛行，更让很多考生模糊了各类文体的界限，"四不像"的文章蜂拥而至。今年高考作文提示考生可写"生活中与'常识'有关的经历或对'常识'的看法"，记叙性文章和议论性文章成了今年高考作文的两大文体。很多考生也能在开头鲜明地亮出文体特征。

例2

这是常识

　　这是镇上的一所有名的小学——长实小学,在里面任教的老师个个都是精英。据说都培育出了不少的人才。看,教学楼上还挂着一红色帘子,上面写着:狠抓基础,牢记常识。

例3

我笔我心

　　我看着表,时间一分一秒过去了。剩下的时间不到四十分钟了,看来我犯了常识性的错误:没有为作文留下足够的时间。

　　例2、例3是两篇满分的记叙性作文。若干年后,回视这两篇作文,也许有人会挑剔它们作为优秀作文的某些粗糙稚拙之处,但在只有3%考生选择写记叙性作文的现在,这样有板有眼地经营一篇文体特征突出的记叙文,实属难得。更为可贵的是,两篇文章还把记叙文的重头戏——开头部分写得有声有色,引人入胜。例2在高度概括的全景镜头中迅速推出特写镜头,意味深长,吸引读者。例3开头即截取紧张场面,渲染气氛,设置悬念,扣人心弦。

(三) 文气流畅

　　古人认为,文气是为文的基础,它是由人的道德修养、理想情操、学识情感等综合形成的一种具有鲜明个性特征的写作精神。近些年,一些高考作文一起笔就充斥着风花雪月之类的内容,流露出"强说愁"的灰暗情绪,甚至为文造情,格调低下。2009年高考,我们看到不少文章起笔雄健,表现出一种与众不同的胸襟,洋溢着青年特有的自信、乐观的进取精神。同时,这种文气贯通下文,使文章一气呵成,自然流畅。

例4

常识不常

　　这是一个自由与创新的时代,西方从意大利的文艺复兴开始,到英国的工业革命兴起,常识一次次因自由与创新而被刷新。而中国,也由五四运动走到改革开放,常识渐渐失去它的通识性,它不再是清规戒律,而是人们渐渐登上真理巅峰的垫脚石。

例5

常识困住了谁?

　　常识困住了谁?

在这个问题的后面,是一串令人难以置信的名单:爱因斯坦、毕达哥拉斯、牛顿、泊松……一个个耳熟能详的名字,一位位名声昭著的巨擘,他们有的是某方面的专家,为人类科学的进步立下汗马功劳;有的更是一代宗师,震古烁今,永载史册。但在常识面前,他们都先后栽了跟头,或多或少都丢了面子。由此一观,常识实不可小看。

例4起笔即眼观八方,指点江山,胸襟开阔,从容自信,最后得分23+22+9=54分。例5开头对众位大师的评价大胆而客观,对主题的切入独特而深到。同时,以一个设问句悬空而出,自问自答。自然连贯,紧凑流畅。最后获得满分25+25+10=60分。

(四)文字精警

精警,又称警策,就是在确定了丰富深刻的思想内容后,采用既简练又深刻的说法,使它成为语简言奇而含义精切动人、发人深省的警句。2009年高考不少优秀作文的开头就有精警的特征,它们紧扣题意,文字简练,含义深刻,引人深思。

例6

小常识,大智慧

所谓常识,即平常人都拥有的知识。正如我们所知,四季更替,昼夜交接。我们生活在常识之中,但却极少人从常识中悟得待人处世的智慧。其实,小小的常识也内蕴大大的智慧。

例7

常识面面谈

神言一树一菩提,看来归隐园林吃斋念佛大师才能看破吧;哲言万事万物存在矛盾,看来智慧哲学家才悟吧;常识,无论男女老少,家喻户晓,看来常识面子最大啦。

例8

常识引领生活

在生活中,指导我们思圆行方的,往往并不是经典教条,也不是科学理论,而是我们的常识。常识源于生活,融于生活。

例6、例7、例8开头都在100字以内,篇幅虽短,却都高度概括,蕴含丰富深刻的思想,如例6的"小常识,大智慧",例7的"常识面子最大",例8的"常识源于生活,融于生活"。三篇作文最后得分分别为25+25+10=60分、22+23+9=54分、24+24+9=57分。

二、问题

（一）错误解读

错误解读即错误地解读话题材料。今年的高考作文是范围型作文，核心问题在对"常识"这个概念的理解。根据题意，作文中必须既有"常"又有"识"，即必须体现常识的普遍性、普及性，还应强调常识是一种主观的认知。开头是文章整体中的一个有机组成部分，开头应该体现文章所要表达的主题，而今年不少考生的作文在开头部分就暴露了对题意的片面甚至错误的解读。

例9

爱，是一种常识

爱，无处不在，它会繁衍。有时会在血红的心脏上如病毒一般快速滋生。每一个人都认为爱是困难的、伟大的，甚至是难以攀登的，但我告诉你，爱，只是一种常识。

例9开头即暴露出错误解读题意的问题。"爱是一种常识"，这个判断是不准确的，因为，"爱"只是一种行为，还不构成一种主观认知。该文最终被判为基本符合题意，得分为 15 + 15 + 3 = 33 分。

（二）下笔离题

2009年高考作文下笔离题有两种情况：一种是由于作者未能审准题意，造成一落笔即离题千里；另一种情况是作者故弄玄虚，转弯抹角，入题太慢，主题"千呼万唤不出来"，以致给评卷老师下笔离题之感。

例10

响水不开开水不响

生活中，我们总会遇到这样的现象，正在烧水的壶在水未开之前响声不断，当水烧开了，就不响了。其实这就像我们周围的人一样，没有什么才能的人为了让周围的人知道自己，一股劲地在吹捧自己。其实自己是"金玉其外，败絮其中"。这就是响水不开。

例11

原来，西瓜并不是长在树上的

在我几个月大的时候，我们家就已经搬出那条村子，因此，我对那里的记忆几乎为零。

姐姐常说："好想回去看看家里种的荔枝树啊，一粒粒荔枝挂在树上，我最喜欢偷吃了！"听她说，家里还种了好多好多水果呢。

在我7岁时，我们一家去摘芒果。在那小院子里，一位阿姨端来了一盘黄澄澄的芒果。

……

例10 从开头起即完全抛开"常"和"识"，另写了一篇阐述"响水不开开水不响"道理的文章，被判为内容偏离题意，好在表达方面尚可，最后得分为 13 + 16 + 4 = 33 分。

例11 要写的是自己获得"西瓜并不是长在树上的"的常识的经历，材料是扣题的。要写的是西瓜，但作文开头连写3段，到第三段结束，出现的竟然是"芒果"，一点儿也不见"西瓜"的踪影，更不要说"我"获得西瓜常识的内容了。该文最后得分为 18 + 16 + 8 = 42 分。

（三）华而不实

近几年，华而不实的作风在高考作文中有愈演愈烈的趋势，作文开头花里胡哨的情况尤为严重。有的盲目引用，有的滥用修辞，有的堆砌史料……一些学生连一个简单的道理都不能讲明白，却热衷于去抄录一些花花草草的文句；连基本的题意都没能理解清楚，却热衷于去搞一些空洞的形式。2009年高考作文虽然出现文风朴素的新气象，但考卷中的浮华文风依然突出。值得注意的是，一些写作功底不错的学生也加入了这个行列。

例12

常识

盈盈月光，我掬一捧最清的；落落余晖，我拥一缕最暖的；灼灼红叶，我拾一片最热的；萋萋芳华，我摘一束最亮的。漫漫人生，我采撷世间最美的——那弥足珍贵的——常识。

多年来参加高考评卷的老师一定会对例12这个开头无比熟悉，因为这个开头在高考作文评卷场上已经连续出现近十个年头了。这就是所谓的"万能开头"。而像这样的多年来笔笔相传的"万能开头"在今年的高考作文中依然屡屡出现。部分考生宁愿花大量时间去拾人牙慧，也不愿相信自己的感情和思想，究竟是为什么？而这背后，是不是因为"华而不实"的文风太根深蒂固了。这值得每一个语文教育工作者深思，也需要全社会来共同反省，并在以后的命题取向和社会价值引导上做更多有效的工作。

（四）表达混乱

表达混乱的现象在2009年高考作文中依然非常突出，几乎所有的病句类型都能在考生作文中找到典型的例子。许多作文开头一上来就语病连篇，让评卷老师哭笑不得，不少三等、中档以上的作文也频频出现这种"低级"错误。

例 13

存在于生活，并寓于生活

　　鸟语花香，大地普照。四季的转换，昼夜的更替，太阳的东升西落，无一在生活之外，离开生活的。就正如常识般存在于生活，并寓于生活。看似简单，但实蕴含深度与广度的内涵。常识如洗涤心灵般的点点清水。

例 13 开头部分五句话，每一句都让人费解，不是语病突出，就是逻辑混乱。该文最后得分是 16 + 13 + 4 = 33 分。

开头好对评卷老师给分的影响

　　社会上曾经有一种抨击高考作文评卷"草菅人命"的说法：评卷老师看头看尾瞟中间就打分。这种说法是很不负责任的。一个评卷老师在被赋予权威的同时也承受着上级的、社会的、自身良心道德的巨大压力，他是很难做到草率打分的。不过，不少评卷老师在最后定分前倒真是有这么一个习惯：再特别看一遍开头和结尾。一般来说，评卷老师评阅一篇作文，开头至少要看两遍。第一遍是要从中寻出作文的主旨、线索，并以此为纲领审读下文；第二遍是在读完全文后据此重温对全文的印象并对全文进行整体评价。这样，开头部分成了反复刺激评卷老师的主要信息点，如果开头是好的，那它将反复给评卷老师积极正面的暗示。

　　值得注意的是，大部分高三语文老师相信"窥一斑"可"见全豹"，就是说，一篇作文只要看它一部分就能大概知道这篇作文的整体水准了。其实从理论上说，这是有一定道理的，无论是大文章还是小作文，体现出来的最根本的东西还是作者对语词的组合能力及这种能力折射出来的境界，作者的这种能力和境界是有其稳定性的，尤其是在同一篇文章里。评卷老师大多是有多年教学经验、有大量高三作文评改经验的高三语文教师，他们对高三学生作文能力的准确把握，他们对高考作文评分标准的驾轻就熟使他们形成了比常人更敏锐的直觉判断。我们曾做过一个试验，让评卷老师在两个间隔较长的时间里分别为同一包试卷打分，第一次按正常评卷过程打分，第二次只看开头打分，结果发现，两次打分成绩完全相同的不多，但是，两次打分成绩都在同一档次的却占到 80% 以上。所以，高考评卷老师的直觉判断常常是比较准确的，他们往往也比较信任自己的第一印象。

另外，虽说评卷老师评阅作文并不以获得审美愉悦为主要目的，但并不意味着评卷老师没有审美期待，相反，每天承受着上千份几乎是千篇一律的作文带来的身体疲劳、精神疲劳和审美疲劳，如果偶尔遇见一个精彩的开头，评卷老师无疑会眼前一亮，喜出望外，爱不释手之下对作文格外垂爱是完全可能的事。

那么，在评卷老师眼中，什么样的开头才是好开头呢？

好的开头

（一）旗帜鲜明地扣题

开篇最忌讳的是一下笔便给人离题的感觉，它如同直白地告诉评卷老师：作者没有审准题意。每年高考，各地都会出现一些有争议的作文，例如，平时作文成绩优秀的"小作家"高考作文却不及格了！然后，记者作家们就开始了对高考作文评改的口诛笔伐。其实，高考作文不是一般的文学创作，它是一种择优考试，有着一套严密的评审规则，这其中，扣题是核心，有着"一票否决权"。对同一篇文章，作家们更注重的可能是作者的"写作潜能"，而评卷老师首先考察的是是否切合题意。要提醒"小作家"们的是，在高考考场上，符合题意比任何技巧文采都来得重要，并且，只要高考存在，它就还将继续"重要"下去。考试需要规则，只有每个考生都遵守这个规则，才能实现几十万考生的更大公平。因而，当你在考场上提起笔来作文，你就要旗帜鲜明地扣题，当然，你可以选择"明扣"——开门见山、直截了当地解说题意；也可以选择"暗合"——用形象化的手段生动地、富于个性地阐述话题。无论是"明扣"还是"暗合"都要做到重点突出，观点明确，立场坚定。

（二）表达真情实感

评卷老师评阅一篇作文的过程，其实也是一个评卷老师与考生沟通的过程，是一个考生说服评卷老师的过程。人与人之间沟通的方式、风格可以有千万种，但成功的沟通一定离不开一条，那就是真诚相见。评卷老师与考生素未谋面，就靠这800字的文章一线牵引，所以，落笔伊始就要表达真情实感。表达真情实感，一方面是指要写出自己的真实情感，不包装，不做作，不无病呻吟；另一方面是说要实实在在地审题，实实在在地写出自己对题意的理解，而不是写些花花草草的不着边际的文字，本末倒置。在此要奉劝那些文学积累不足、文采一般的同学，考场上要有明智进退的策略。如果与考题"一拍即合"，那你可以在辞藻、技巧方面花些工夫；如果"感觉一般"，则最好先实实在在弄清题意，明明白白写出自己的真情实感为好。历年高考都有不少功底不错的作文最后得分反而低于一些功底一般的作文，原因就在于这些本来功底不错的作文却未能表达真实情感，它们往往为了顾全所谓的"文笔漂亮"，反而造成词不达意甚至"词"与"意"南辕北辙、严重偏离题意的后果。

（三）与下文自然贯通

开头是文章的重要部分，不单因为它位置显要，更因为它对下文的重要作用。我们常说文章开头要能起到提纲挈领的作用，就是说，开头要能像提住网的总绳，提住衣服的领子一样，一下子把全文"提"起来，把问题简明扼要地提示出来，吸引、引导读者去读文章的其余部分。我们苦心经营开头，不能使它从全文这个整体中割裂出来，变成"一枝独秀"；而要从整体出发，使开头与下文一脉相承、自然贯通。那么，考场上应该如何快速检验开头是否与下文自然贯通呢？可以从三方面入手。一从内容入手，看开头是否与下文表现同一主题；二从结构入手，看开头是否与下文逻辑联系紧密，全文结构是否严谨；三从风格入手，看开头的语言风格、行文节奏等是否与下文一致。

（四）展示亮点

每年的高考作文多达几十万份，大部分都因为"平庸"而淹没在茫茫"文海"中。有人说，高考作文是"戴着镣铐跳舞"，确实如此，但是，不管规则的镣铐多么沉重，你也要努力地舞出最迷人、最具个性的风采来。随着高考作文改革不断深入，创新、个性深入人心。但就是在今年的评卷场上，我们依然看到不少受旧的作文思维方式影响的作文，他们可能扣题扣得有板有眼，就是写得呆板生硬而缺乏个性。例如，有的作文开头引述（或照搬）话题材料，结尾例行公事地"联系实际"，进行批评与自我批评。其实，今年的高考作文给考生提供了较为广阔的自主发挥空间，它的"发展分"的评价机制更对学生的个性发展提出了具体的要求。评卷场上常会遇到这样的情况，一篇基础等级不是很高但某方面比较突出的作文，评卷老师还是会打比较高的发展分，并且，他还会因为"惜才"而千方百计地从作文中寻找提高基础分的"证据"。所以，我们一方面要小心翼翼地守住规则，另一方面却要大胆地展示亮点,并且是越早越好,最好是在评卷老师的鼠标轻轻点开你的作文时,你的光环就照亮了他的眼睛。你也许博览群书,文化积累深厚;也许善用修辞,富于文采;也许文言运用娴熟,颇有古风;也许机智幽默,对事物总能有独到的见解……展示自己的亮点,开头这一炮将会打得更响。

(五)不出现语病

一个表达流畅的作文开头,无疑将会给评卷老师留下良好的印象,同时,还能使评卷老师很快把握作文的主旨、思路及线索,在最短的时间内判其"符合题意";而如果是一个错漏百出、前言不搭后话的开头,除了白白丢掉"印象分"之外,还往往使评卷老师因不知所云而判其"不能审清、审准题意"。语病看起来是小问题,但实际上它往往会带来恶劣的后果。因而,考生一提起笔作文,就要从用字、遣词、造句到使用标点符号方面都认真推敲,务必做到规范、准确。

争取"开门红"的几种途径

开头,有各种各样的方法。高考作文采用何种开头方法,要结合评分标准来考虑。在高考中,能得分的方法才是好方法。一般来说,技法方面的问题最好着眼于发展分得分点,因为这样将有利于评卷老师"对号入座"地打发展分,也有利于作文整体档次的提高。

根据评卷经验,以下几种开头方法比较贴近发展分评分标准,也比较容易获得评卷老师的认同和肯定。

(一)修辞开头法

修辞是语言运用中不可缺少的部分。巧妙而又贴切的修辞手法常能更准确地表情达意,并使语言增添许多风采。在作文的开头,恰当使用修辞手法,能给人眼前一亮之感。

例14

如何对待常识

常识就好比一块石头,它可以垫脚,也可以绊脚。只有正确对待它,我们才能垫起双脚,站得更高,看得更远。

(2009年广东考生)

例 15

灼烧灵魂

如果我是一块铁,我就要跳进最炽热的火海中,铸成最具锋芒的剑;如果我是一面旗,我就要站在最狂烈的北风中,变成最受瞩目的标向;如果我是一块石,我就要立在最激荡的海滩边,割得棱角分明而不是圆滑无比。

每个人都需要雕琢心中的天使,这天使不是别的什么,而正是你的灵魂!每个人都要灼烧自己的灵魂,这灵魂,是你在世间顶天立地的脊梁,为人的根本。

(2006 年广东考生)

例 16

学会历史的旁观

在蝶的眼中,花是天使,因为花给予她生命的甘露;在花的眼中,蜂是挚友,因为蜂给予她生命的延续。然而在蝶眼中,蜂不过是埋头苦干的笨蛋;在蜂眼中,蝶不过是游戏花间的浪子。

(2003 年湖北考生)

上面三例中,例 14 借用比喻,形象而辩证地揭示"常识"的本质特征;例 15 运用比喻、排比手法构成的优美句群来开头,借形象、具体、感性的事物,来表达抽象深邃的内蕴。词语鲜亮,语气贯通,富有气势。例 16 用生动贴切的拟人入题,赋予蝶、蜂、花以人的情感,将话题的内在含义巧妙地点出。

在考场作文中,考生若能熟练运用修辞手法开头,将易于抒发作者心灵的感悟,引发读者赏读的情趣。善于运用修辞手法,将能在"有文采""深刻"方面获得更高的发展分。

(二)情景开头法

情景引入指借助描写的技法,写出某个具体场合的情形,这既可以为文章提供一个特定的背景,又能使文章形成一种特殊的氛围,还能为下文人物的塑造、事件的发展、议论的铺开打好基础。例 17、例 18、例 19 三篇满分作文都以情境开头,场面鲜活,给人强烈的视觉冲击和情感震撼。

例 17

我笔我心

我看着表,时间一分一秒过去了。剩下的时间不到四十分钟了,看来我犯了常识性的错误：没有为作文留下足够的时间。

（2009年广东考生）

例18

不能忘记的过去

六十年前，法国诺曼底犹他海滩，一队又一队的美国与英国士兵冒着枪林弹雨向前方的碉堡冲去，一个接着一个的战士倒下了，仍然有人呐喊着向前奔跑，片刻，鲜血染红了整个海滩……

（2005年广东考生）

例19

我是天使

很小很小的时候，总是喜爱看妈妈穿白色的裙子，她那么美，那么快乐，被妈妈牵着小手好幸福好幸福！那时候，妈妈就是我心中的天使。然而妈妈却爱亲昵地叫着我："安琪，你是天使！"

（2006年广东考生）

以情景引入的作文便于塑造丰满形象、创设深远意境，同时，描写这种生动的表达方式能使作文焕发出亮丽的文采，这些是"丰富""有文采"发展分的得分点。

（三）哲理开头法

哲理开头法常用富有哲理色彩的议论来开头。或揭示某个生活道理，或归结某种人生哲理，或凝练成几句含义深远的警句。它往往折射出理性的光辉，或饱含着深厚的感情，文字入情入理，言简意赅，语奇意远，给人以深刻的感染和启迪。2009年广东高考作文涌现不少这样精彩的开头，上文的例6、例7、例8就是典范的哲理性开头。下面再看几个例子。

例20

心有天使，诗意人生

人，作为万物之灵，悲壮地栖息于苍茫大地之上，用心地追逐自己的梦想，用信念去雕琢心中的天使。人之所以诗意，是因为他心中有如花一样的天使，彰显出人性的美丽。

（2006年广东考生）

例21

让纪念闪耀理性光芒

纪念是内心情感的涌动，但又不是感情的无节制挥霍；纪念需要行动来升华，但又需要理性的引导。

（2005年广东考生）

例20用形象说理的方式，揭示"心有天使使人生富于诗意"这一哲理；例21则直接说理，提炼出对"纪念"的哲理思考。

哲理引入的思辨色彩使作文易于获得"深刻""有创新"方面的发展分。

（四）引用开头法

引用的对象可以有很多，如例22、例23、例24、例25、例26中的古语、故事、诗文、歌词。此外，还有名言警句、熟语、趣闻等，它们丰富深刻的内蕴，形象生动的样式往往使作文开头充满"理趣"和"情趣"，同时又显示了作者广博的知识和深厚的积累，易在"材料丰富、新鲜"方面获得发展分。

例22

莫被浮云遮望眼

古语有云："一叶障目，不见泰山。"什么是真理？什么是本质？我们到今天仍不敢妄下定论。在我们生活中，常识伴随着我们成长的每一个脚印；我们的磕绊与碰壁，也往往是常识从中作祟。因此，我们要拨开迷雾，望向那本质的启明星。

（2009年广东考生）

例23

常识不平常

古人云："天不言而四时常，地不言而万物生。"很多事情我们耳熟能详，不需推杯换盏去证明，这就是常识。常识是唯一一种只需知其然而不需知其所以然的学科。然而在二十一世纪的今天，几乎什么东西都专门化、理论化，多少大学生知道宇宙的起源，却把生活最基本的常识丢了，不亦悲乎！

（2009年广东考生）

例24

雕琢美的天使

有一个记者问建筑工地上的三个工人："你们在干什么？"第一个说："我在砌砖。"第二个说："我在赚钱。"第三个则说："我在建造一座美丽的房子。"若干年后，记者发现，前两个仍然在当建筑工人，第三个则成了一名杰出的建筑师。

很多时候，如果我们心中有美的天使，我们就能创造出美来。

（2006年广东考生）

例25

此时有声胜无声

白居易在《琵琶行》中写下了"别有幽愁暗恨生，此时无声胜有声"的千古绝句。也许，这是当时千言万语在无言中的最好写照。但有时，或者说更多的时候应是有声胜无声。

（2004年广东考生）

例26

沟通，勿轻语言

"鸡同鸭讲眼碌碌"，这是广东著名电视剧《外来媳妇本地郎》主题曲中的一句歌词，这句话形象地说明了语言在沟通中的重要性。正如"一言不合，倒戈相向"，语言上的沟通成功与否，有时影响甚大，所以，我们在沟通中要重视语言。

（2004年广东考生）

（五）悬念开头法

文章一开头就有意设置悬念，突兀而起，引起读者的关注，激发读者的兴趣。例27开头以一句"出车祸了！"劈头而来，场面骤时紧张起来，令读者产生诸多疑问，迫不及待想往下看。例28、例29起句不凡，用细腻的笔触深情地渲染。越是深情地渲染，读者就越急切地想知道：作者要雕琢的是一个什么样的天使呢？

例27

常识？常识！

出车祸了！消息如同雷鸣般在亲友间炸开，人们连忙马不停蹄地赶往医院。

（2009年广东考生）

例28

坚持梦想，不懈追求

是的，在我心中存在一位至纯至洁的天使。她如李清照那般温婉多情，如张爱玲那般气质脱俗，如谢婉莹那般正直善良。她让我禁不住想要热情地吟诵沉稳的唐诗和灵动的宋词；让我甚至想要效仿阮籍，如他那般佯狂疯癫；她不时地在我心中翻滚起澎湃浪潮，让我久久难以平静。

（2006年广东考生）

例29

心灵刻刀，完美天使

我知道你在，从我出生那天起你就在我身边围绕。你在每一个疼爱的眼神里，藏在每一次善意的抚摸背后，偶尔从你身上飘落的羽毛轻轻滑过我的脸颊，便是一片温暖。我亲爱的天使，我要用心为你刻出一个最完美的身体，让你的灵魂寄存，让你的笑容甜美。

（2006年广东考生）

悬念开头法往往能给人以新奇、精警、气势不凡的印象，又能收到简洁明快的阅读效果，还能增加文章的曲折，显现文章的布局之美。易在"构思新巧"上获得发展分。

（六）直接开头法

也叫开门见山法。即在开头直接点明文章立意，直奔主题。一个开门见山的开头，不但入题快，节省篇幅，而且会使阅卷老师避免曲折迂回的语言迷雾而直接进入作者的主题叙述。应注意的是，"直接开头"不等于直白无味，它也要讲究艺术技巧，最重要的两点是：（1）认真提炼出能够引领全文主题表现的内容；（2）语言要非常精练，要有一种引人入胜的效果，激起阅卷老师的阅读欲望。

例30

收集·积累·运用

随着科技日新月异的发展，世界过去十年，已经是沧海桑田。在这个知识经济的年代，我们拥有越来越多的知识。其中，常识是我们所必需的。要适应这样的一个高速发展的社会，我们就要懂得关注生活，收集常识，积累常识，更应该学会运用常识。

（2009年广东考生）

例31

打破常识的界限

生活中处处有常识：太阳东升西落，水从高往低流。常识往往浅显易懂，让人一目了然，深信不疑。但是，常识不等于真理，许多时候，需要打破常识的界限。

（2009年广东考生）

例 32

最伟大的艺术家

在作为儿子的我的心中，母亲是最伟大的艺术家。是伟大的妈妈，将儿子雕琢成她心中的天使。

（2006 年广东考生）

例 30、例 31、例 32 这三个开头都写得不枝不蔓，干脆利落，有鲜明的表达效果，易在"深刻"和"有创意"上获得发展分。

开头方法可谓丰富多彩，各具特色。一个精彩开头的诞生不能光靠模仿前人的技巧，应从中领会其精妙之处，在继承中不断创新；一篇优秀作文的诞生也不能光靠掌握开头的技巧，应在训练开头技巧的过程中不断提高语文素养，这样，才能从根本上提高自己的作文水平。

原作为广州出版社《高考作文：如何抓住评卷老师的心》第五章

智性 语文 教学

2009年广东高考语言基础题分析与2010年备考策略

2009年高考语文广东卷第一大题为语言知识和语言表达题,共四小题,每小题都是3分,共12分。考查形式为选择题。2009年《考试大纲》要求考生能够正确、熟练、有效地运用语言文字。2009年广东卷第一大题能力层级有两个:A和E,即识记与表达应用。除第1题拼音属识记外,其余3题都是在表达应用的层级上考查考生的语言能力,检测考生对语文知识的运用水平。与2008年比较,题量相同,考点大体稳定,字音辨识、成语使用、语病辨析、语句连贯四个考点的考查保持不变。四题共四个考点,覆盖面广,考点分布合理。

1. 下列词语中加点的字,每对读音都不相同的一项是(　　)

A. 赝品/摇曳　　概况/愤慨　　咽喉/哽咽
B. 溯源/夙愿　　憧憬/瞳孔　　大厦/厦门
C. 斟酌/甄别　　荟萃/猝然　　模样/楷模
D. 商榷/证券　　燥热/烦躁　　降临/降伏

【参考答案】A

【考点】本题重点考查考生正确识记现代汉语普通话字音的能力,涉及多音字、形近字和形声字的读音。

【分析】本题的命题设计与去年一脉相承,体现了广东题的地方创新特色。主要有以下特点:

(1)分类组对:与全国传统命题逐个或逐项判断读音的形式相比,分类别并组对加以比较更利于引导考生科学识记而不是死记硬背；（2）考查量大，类型丰富，覆盖面广：每个选项都分别设计三组词，第一组辨析形异音同（或音异）字，第二组辨析形近音同（或音异）字，第三组辨析多音多义字，与今年的全国卷相比，全国卷考查16个读音，广东卷考查24个读音，这样设计，更能全面检测该考点。

本题的正确选项是A项。"赝""曳"形异音异，分别读yàn、yè，广东人容易听错或发音不到位；"概""慨"分别读gài、kǎi，两字都有"既"旁，但声母和声调都有不同；"咽"是多音多义字，分别读yān、yàn、yè，表示人体器官咽喉时读yān，表示声音受阻而低沉时读yè。B项中，"溯""夙"形异音同，字形相差较远，但都读sù；"憧""瞳"分别读chōng、tóng，两字都有"童"旁，字形相似，韵母相同，容易读错；"厦"是多音多义字，这里分别读shà、xià，指"高大的房子"时读shà，表示地名厦门时读xià。C项中，"斟""甄"形异音同，字形相差较远，但都读zhēn；"萃""猝"形似音近，都有"卒"旁，声母相同，分别读cuì、cù；"模"是多音多义字，这里分别读mú、mó，表示"模子"的意思时读mú，表示"法式、规范、标准、仿效、模范"的意思时读mó。D项中，"榷""券"分别读què、quàn，一般容易把"券"读为juàn；"燥""躁"是形近音同，都读zào；"降"是多音多义字，表示"落下、使落下"时读jiàng，如"降临"，表示"投降、降伏"时读xiáng。本题所选字例都较为常用常见，从多音多义字来看，去年选的是"调""塞""抹""强"，今年难度稍微降低；题目要求选出每对读音都不相同的一项，这也降低了难度。

【备考策略】广东是方言区，推普任务还很重，2010年备考还是要重视字音这个考点。因为字形检测已在作文中体现（错别字扣分），2010年如果考到，应该不会把字音和字形结合在一起考，而仍沿用只考字音的模式。备考时，一要立足基础；二要落实课本，每年该题均有4个至5个字音出自课本注解和课本后的附录；三要注意形声字；四要注意广东人容易读错的字，重点落在形异音同（近）或形近音异的字音辨析上。至于声调、翘舌音和平舌音，圆唇音和扁唇音，后鼻音和前鼻音等更细的问题，可能考虑到方言区的实际情况，这几年考得较少。

2. 下面语段中画线的词语，使用不恰当的一项是（　　）

欣逢您四十华诞，我们谨向您——亲爱的母校，致以热烈的祝贺。

四十年来，您培养的<u>莘莘学子</u>，或纵横商海，<u>运筹帷幄</u>，或潜心学界，激扬文字……在各行各业的建设中，总是<u>首当其冲</u>。

亲爱的母校，是您厚实的沃土孕育了我们的未来。是您严谨的学风和优良的传统赋予了我们奋发向上的力量，是您把我们这些懵懂少年培养成今天的<u>栋梁之材</u>。

A．莘莘学子　　　　B．运筹帷幄
C．首当其冲　　　　D．栋梁之材

【参考答案】C

【考点】本题重点考查考生正确辨析和使用词语的能力。

【分析】今年本题在去年的基础上，稳中求变。主要有如下特点：

（1）选取同一语言材料集中考查四个词语的使用，与全国卷分四个句子来考查不同，这拓宽了词语使用题的命题思路。

（2）从选词上看，去年广东卷全部选用成语，今年继续突出考查成语，同时兼顾固定四字词语（莘莘学子、栋梁之材）。这更符合词语使用实际，同时使试题覆盖面更广。通过同一语言材料集中考查四个词语的使用，这种命题形式一方面减少考生的阅读量，提供更集中而广阔的帮助理解的语境；但同时，这种命题形式也难免出现为词造文的情况，语例未必如分四个句子来考查的典型。

本题使用不恰当的一项是C。"首当其冲"在商务印书馆《现代汉语词典》中解释为"比喻最先受到攻击或遭遇灾难"，此处指的是各行各业的精英走在建设的前面，做出突出的贡献，"首当其冲"用在此处属望文生义。A项"莘莘学子"，商务印书馆《现代汉语词典》中把"莘莘"解释为"众多"，此处指母校培养了许多学子，用"莘莘学子"符合语境。B项"运筹帷幄"出自《汉书·高祖纪》："上（刘邦）曰：夫运筹帷幄之中，决胜于千里之外，吾不如子房（张良）。"后因以称"在后方决定作战策略，也泛指筹划决策"。此处指纵横商海时筹划决策，使用恰当。D项"栋梁之材"，商务印书馆《现代汉语词典》把"栋梁"解释为"房屋的大梁，比喻担负国家重任的人"。此处指母校培养人才，符合语境。本题所选词语较为常用常见，尤其是答案项"首当其冲"日常使用率较高；同时，本题去年要求选出"使用恰当的一项"，在一个语段中用四个成语就错三个，这在高中阶段并不常见。今年改为选出"使用不恰当的一项"，更能客观反映高中生语言运用实际情况，也在一定程度上降低了难度。不过根据文意，"运筹帷幄"后最好使用分号。

【备考策略】词语的辨析与运用仍将是2010年高考的重要考点,且实词、虚词、成语、熟语的考查没有"空点"。今年命题形式应该比较稳定,坚持从所考词语与上下文意义关联的角度把握其用法。备考时继续注意一些有明显感情色彩和容易望文生义的成语以及两用成语;辨析时不仅要注意正误的问题,还要注意优劣的问题。另外,通过同一个语言材料集中辨析四个词语的形式不是必然的,传统的考查形式空间还是很大的。

3. 下列句子中,没有语病的一项是( )

A. 青少年是上网人群中的主力军,但最近几年,在发达国家中60岁以上的老年人也纷纷"触网",老年人"网虫"的人数激增。

B. 据中科院动物研究所初步鉴定,这头金色牦牛是世界上新发现的一种野生动物,并命名为"金丝牦牛"。

C. 近年来,在秀丽的南粤大地上,拔地而起的九洲城、海南琼苑、凤城大厦等一批多功能新型建筑物,令人流连忘返,构思奇特,巧夺天工。

D. 水果营养丰富,但是它的表面常常黏附着对人体有害的细菌和农药,所以食用水果前应该洗净削皮较为安全。

【参考答案】A

【考点】本题重点考查考生正确辨析病句的能力。

【分析】辨析病句是高考的必考点,今年这道题的主要特点是:

(1) 保持了考查的延续性和稳定性,考查的是"没有语病的一项",与往年大致相同。

(2) 病因较为典型。去年考查"成分残缺"和"结构混乱"两种类型,今年则主要考查语序不当和结构混乱等类型。

B项首先是语序不当,"新发现的一种野生动物"不是鉴定的内容,"世界上的一种野生动物"才是鉴定的内容,改为"这头新发现的金色牦牛是世界上的一种野生动物";其次是主谓搭配不当,谓语"命名"的主语是"金丝牦牛",主谓不搭配,可在"命名"前加"被"。C项语序不当,应为"……一批多功能新型建筑物,构思奇特,巧夺天工,令人流连忘返"。D项句式杂糅,"所以食用水果应该洗净削皮较为安全"杂糅,糅合了"食用水果应该洗净削皮""洗净削皮较为安全"两种句式结构。

【备考策略】病句辨析也将是2010年高考的重要考点,从近几年的高考试题看,命题形式主要有三种:①判断句子是否有语病;②在原句上修改病句;③判断对病句的分析或修改是否正确。其中以第一种情况最常见,多以选择题形式出现。今年该考点的备考仍应切实掌握《考试大纲》所列六种病句类型：语序不当、搭配不当、成分残缺或赘余、结构混乱、表意不明、不合逻辑，特别关注搭配不当、表意不明和不合逻辑等类型。

4. 根据语境，下列排序最恰当的一项是（　　）

示现本是佛教用语，指的是佛菩萨应机缘而现种种化身。_____。_____。如杜甫《月夜》诗："今夜鄜月州，闺中只独看。""闺中只独看"，就是诗人运用示现修辞手法来描绘想象中的情景。_____。_____。预言的示现，同追述的示现相反，是把未来的事情说得好像摆在眼前一样。_____。示现作为一种修辞现象，值得我们关注。

①修辞学中的示现是指把实际上不见不闻的事物，说得如闻如见的一种修辞手法

②至于悬想的示现，则是把想象中的事情说得在眼前一般，同时间的过去未来全然没有关系

③后来人们把这一词语用在修辞学中，当作一种辞格的名称

④在修辞学中，示现一般分为三类：追述的、预言的和悬想的

⑤追述的示现，是把过去的事迹说得仿佛还在眼前一样

A. ①④⑤②③　　　B. ①③④⑤②
C. ③①④⑤②　　　D. ③④⑤①②

【参考答案】C

【考点】本题重点考查考生语言表达连贯的能力，即考查按照正确的顺序排列句子的技能。

【分析】排句序是"连贯"的一种考查形式。今年这道题的特点是：

（1）以选择题形式出现，这一考点一般有选择题和非选择题两种形式。2004年、2005年连续两年以选择题的形式来考查这个考点，停考两年后，2008年、2009年又连考两年，保持本题近几年的整体稳定性。

（2）以镶嵌式分散排序的形式出现，与近几年广东卷完全排序和今年全国卷的镶嵌式排序的形式相比，这是今年这道题的亮点，这种形式增加了理解的语境，也多了干扰的因素，可更综合性地考查考生的语言连贯能力。

（3）选材往往倾向于有专门学术性和文化特征的内容。

这几个句子的中心话题是"修辞学中的示现"，根据填空分布提示，文段可分为四层：第一层由佛教用语"示现"引出修辞手法"示现"，第二层举杜甫诗为例说明什么是修辞"示现"，第三层说明修辞"示现"的分类，

第四层总结。再抓住填空句子前后的衔接词、照应词排序，第③句中的"后来"，照应前文的"本是"，①是对③的具体阐释，①③为一组；由"分为三类""追述的示现""至于悬想的示现"可知④⑤②是总分结构，又由"至于"知②在⑤后，再由⑤照应后文的"同追述的示现相反"，进一步确定⑤的位置。

【备考策略】语句的顺序，主要体现在时间顺序、空间顺序和逻辑顺序。排序衔接类题目备考时要特别关注逻辑顺序，注意陈述对象是否保持一致，前后是否照应等。排序时，首先要抓准话题或话题句，然后为语句分出层次，再仔细找出语句中的衔接词和照应词。此外，如果题目有特别要求，还要注意意境是否协调，音节是否和谐等。连贯结合其他考点比如简明、得体来考查的可能性也是较大的，如果放在第二卷考查，这种可能性更大。

总的来说，今年高考语文广东卷基础题的关键词是"继承"和"平稳"，基本按照2008年的命题思想和命题形式，注意在创新中坚持继承，在变化中保持平稳。难度把握较为理想。

2010年高考将出现"3+文综（理综）"的变化，对语文可能会有一定影响，但命题应该还是在平稳中过渡。建议2010年高考基础题备考特别注意两个方面：①基础性。语文基础知识题，其基础性已成为备考和命题的共识。基础知识的价值在于它能够为阅读、写作服务，试题难度加大不利于从根本上提高学生的阅读、写作水平，反而会使师生由于基础知识的挤压而减少在阅读、写作上的投入；另外，2010届开始实行学业水平测试，即所谓"小高考"，语文学科可能会遭受一定程度的备考压力，如果连基础题都靠碰运气，所考的既没在教材中出现过，又不是常用的，考生无论下多大工夫都没有把握，那只能加速语文学科的"边缘化"。因而，命题和备考都应做到难度适中，导向明确，体现基础题"基础"的特点。②综合性。从这几年来看，字音、词语、病句好像成了基础题的"必考点"，但有的年份，也会跳出字形、标点等"次考点"；有的考点两三年下来，命题形式好像比较稳定了，又会突然变出另外的花样来。所以，备考时要注意全面复习，"必考点"和"次考点"、"新考点"和"老考点"相结合；同时，在实际操作中要注意灵活变通，综合运用。

原作发表于《广东教育》2009年第7·8期，有修改

文学类文本阅读

同学们,今天我们一起来探讨高考备考冲刺阶段文学类文本阅读的复习问题。

在第一轮的复习当中,按考点分板块,是撒网式复习。现在,我们的复习应进入收网阶段,怎么收网?首先是打通。原来是一块一块,现在要融会贯通,这样,当我们在考场上遇到所谓的新题怪题的时候,我们才能看出其实万变不离其宗。其次是规范。习惯性的规范才是真正的规范,而这种规范必须经过一段时间的训练才能养成。从现在开始严守各类题的答题规范,到高考时才能出手规范,万无一失。

下面先来谈第一个问题。

一、打通考点

文学类文本包括小说、散文、诗歌、戏剧等体裁,就文体特征来看,它们都有文学性,讲求形象生动,注重艺术手法的运用;从考纲来看,文学类文本阅读重在考查对作品主题的把握,侧重鉴赏,关注人文精神和民族心理的探究。在这个基础上,我们仔细研究这几年的高考题和各地模拟题,归纳文学类文本阅读常见的题型。归纳不求全面精准,只求重点突出、实际有用。下面是近几年高考文学类文本阅读常考到的题型。

(1)语言理解赏析题。

(2)形象鉴赏题。

（3）材料作用题。

（4）表现手法题。

（5）主旨意蕴题。

（6）创作意图题。

归类之后，我们要寻出各类题答题的基本方法和思路。我们可以通过一些典型题来建立思路模型。

比如语言理解赏析题，这种题型在 2009 年高考中出现次数最多，各地 18 套高考题中出现 14 道，今年应该还是文学类文本阅读考查的热点。

我们找出 2009 年汕头一模第 18 题来建立模型。

2009 年汕头一模文学类文本是小说《黄昏渡》，讲的是一个叫老何的摆渡人在人生的黄昏时期幡然醒悟，配合警方抓捕逃犯的故事。

例 1（2009 年汕头一模第 18 题）：老何意味深长地要年轻人"自己渡自己""任何人都得守规矩，不会摆渡你就现学"。你认为应该怎样解读此话的深意？

我们看"自己渡自己"这一句。

首先，我们来看这句话的深意来自哪里，来自"渡"。接下来，我们得解释"渡"的本义和语境义。本义是"由这一岸到那一岸"；在这里，就不光是"渡水"，更是"渡人生"，此岸到彼岸有一段距离，靠自己去走；此岸是黑暗的邪路，彼岸是光明的正道，对这个失足青年来说，改邪归正也要靠自己，"渡"就有"依靠、纠正、挽救"的意思。最后，我们紧扣文本和题干，组织答案。

正确答案是：选择人生得靠自己；走错了路，改邪归正，还得靠自己；做人得自己战胜自己。

在这道题中，我们第一步找关键词，第二步解释关键词的本义和语境义，第三步整合组织答案。

值得注意的是，重要句子不仅内容深刻，而且形式上也有很强的艺术性，运用表现手法。如：2005 年福建高考题朱湘先生《书》，"书是一个逃免了时间之摧残的遗民"，我们还要点出这个句子是个比喻句：书是遗民。如果题干不仅要求我们理解含义，而且要求"赏析"或要体会它的表达效果，我们还得考虑它对上下文及对全文主旨的作用。

总结以上分析，我们可以对语意理解题的解题基本方法做个简单归纳：确定关键词—解释关键词（本义与语境义）—分析手法—点明作用。

以下举一个例子来说明，希望大家举一反三。

上面讲的是打通文学类各种文体的关系，我们还可以立足文学类文本阅读，打通文学类和实用类阅读，打通选考阅读和必考阅读，还可以打通现代文阅读和古诗阅读。

看2009年广东高考古诗鉴赏第2小题，这一年考的是杜甫的《月》。

例2：从"万里""时时""夜久"三个词中任选两个，分别简析它们在表情达意方面的作用。

有同学一出考场就说这种题没做过，不知从何下手。因为在他们的印象中，诗歌鉴赏问作用就得答手法，而这几个词看不出什么手法，结果就慌了手脚。而熟悉文学类文本阅读的同学知道这在文学类文本阅读中是很常见的题型：语句的丰富含义＋材料作用题。做这种题无非分两步：①解释或概括材料的意思（包括字面意思和深层意思或言外之意）；②指出它对上下文、对主旨的辐射作用（内容＋形式），这里只要求从表情达意（内容）方面分析，就可不考虑形式方面的作用。

大家看这个"万里"的参考答案：

万里：表示空间的距离，寓含作者离家万里的漂泊感。

第一步：解释；第二步：阐明对主旨的作用。

通过以上例子，我们看到，相对而言，文学类文本在各类文本中具有典范性，尤其在艺术手法的运用上。因此，我们可以通过对文学类文本阅读艺术手法类型的归纳，加深对各类手法的理解。

总的来说，文学类文本中的艺术手法主要有以下几类，这些手法在任何体裁的文本中都是通用的。

（1）三种人称。

（2）五种表达方式中的主要类型及作用。

（3）三种特殊段落的特点和作用。

（4）常用修辞手法的表达效果。

（5）常用表现手法的作用。

以上谈的是立足于文学类文本阅读，打通各类阅读。立足文学类文本，还能打通阅读与作文。

虽然选考阅读分文学类和实用类，但就目前看来，作文却是文学类、论述类占绝对优势。平时试卷中读到的文学类文本大都是命题人精选的内容深刻、形式规范的典范之作，要充分利用这些资源，如果一年下来能认真阅读每份试卷中的文学类文本，我想也就不必担心高三时间紧、积累不够。在这段时间，同学们可有意识地摘录、做笔记，丰富自己的作文素材库，并从中学习写作技巧经验。这样临阵磨枪对临场作文还是很有用的。

二、规范答题

这几年高考语文卷满分率最低的题目并不是作文，而是选考阅读。全省几十万考生，满分的人数是个位数。实际上，据我们在评卷场上的观察，现代文阅读具有满分实力的考生绝对要千倍乃至万倍于这个数目。最后这些考生是如何失分的呢？几乎十有八九都是答题规范出的问题。

这几年高考，汕头语文都在全省名列前茅，但我们还希望涌现更多的尖子。谁能最后冒出来？应该说，到这个阶段，知识能力大家都不相上下，现在拼的就是规范。

规范答题，需要强化四种意识。

1. 文本意识

尽量以原文的语言或意思来组织答案。或者摘抄，或者整合，或者转述；如果没有现成明确的语言信息，要再根据文意自行组织。

例3（2009年广东高考）：文中画线部分中的"它们"指什么？

正确答案："它们"指"大地及大地上的人和事物"。（其中，"大地"1分，也可表述为"土地""泥土""田园""田间"）

错误答案：指"自然""大自然"。

虽然大方向是对的，但结果还是跟那些不着边际的答案一样零分，高考语文一般打整分，一道1分题，要么满分，要么零分。

最重要的是，原文中反复说的是"大地"，"大地"与"自然"虽有关联，却是不能画等号的。

2. 题干意识

例4（2003年春季高考北京卷）：为什么有人一下飞机就会问"西藏的天干吗这么的蓝"？

2003年的题不难，但每年拿出来做，都会有近一半的人答错，我们看最典型的错误答案。

错误答案：因为西藏处在"地球之巅"，不受环境污染，保持自然原貌。

大家能看出破绽吗？再看标准答案，就恍然大悟了。

正确答案：因为人们想用这个问题表达对于西藏天之蓝吃惊的感受。

或：因为远道而来的人从没有见过这么蓝的天。

原来，问的是"为什么有人会这样问"而不是"为什么西藏的天这么蓝"。

3. 文体意识

对不同问题的文章要注意使用与之相适应的术语和表达。比如，记叙性文字一般用"记叙（描写）……表现……"（而非"说明""证明"）；议论性文字一般说"证明（而非说明……特点）……道理"；说明性文字一般用"说明（描写）……特征"。再如，"情节"这个术语用于小说，在传记新闻中，用的是材料事实。

4. 格式意识

首先，注意语句与题干自然衔接；其次，尽量分点答题或用分号、句号等标点符号彰显思路，便于教师评判而不至于漏判误判；最后，表达通畅，坚决不能出现语病、错字。当然，还有不漏填卡。

好，今天的文学类文本阅读就谈这两个问题，希望能给大家一点启发。

原作为2010年汕头电视台、汕头市教育局合办"名师在线"节目讲课稿，有修改

行走随笔篇

XINGZOU SUIBI PIAN

邂逅于漪老师

2004年是我教学生涯的第十四个年头。十四年踯躅前行的岁月,十四个周而复始的四季。当激情渐渐退去,日子越转越快,寂寞便像空气一样进入到生命中。每天上讲台、下讲台……感觉就如希腊神话中的西西弗斯,永远在推巨石上山又无法阻止巨石滚落山下的轮回中。

一段时间里,我埋首于泛黄的书册中,那里面有我敬仰的先贤。先贤目光如炬,穿透纸背,照亮时光之河。先贤衣袂飘飘,一步步走进历史深处,成为一处可望而不可即的风景。我目睹岁月慢慢老去,而现世喧嚣。现世的教育何为?一名教师终其一生竭尽全力又能多大程度上烛照人心,抚慰这个躁动的年代?

高中的时候,通过语文老师的介绍,我知道了上海有一位语文特级教师于漪。我每每和语文老师一起沉浸在于漪老师所描绘的语文学习生活图景之中。上了师范大学,于漪顺理成章地成为我的偶像。读她的文章,咀嚼其中的话语;看她的课堂实录,模仿她的语调,甚至动作、表情。忘不了刚到汕头一中的那几年,那段青涩的岁月,于漪老师那安详的微笑总带给我无限温暖。她的"教文育人"的语文教育目的论,以"情感教育"为内核的语文教学方法论,"德、才、识、能"俱全的语文教师素质论,"以学生为本"的语文教学改革论,都给我深刻的启示。

2004年是实施课改的第一年,这一年6月,由国家课程标准研制核心组组长巢宗祺教授主持,成员包括北京大学等13所重点高校的中文系主任及全国各地一线语文教师的"文化神州教育论坛"暨"全国语文之星夏令营"

活动在上海隆重举行。现在想来，那真是一次空前的语文界盛会，我有幸参加了这次盛会，与来自全国各知名高校中文系的名家及课改专家、一线老师一起共同探讨母语教学的出路，专家们的真知灼见让我激情澎湃。尤其让我激动的是，"文化神州教育论坛"分组讨论这一天，到会场时，我惊喜地发现，于漪老师也在讨论组中！她早到了会场，正端端正正地坐着，向每一个进入会场的老师微笑致意。此时，于漪老师已 75 岁高龄。在一群意气风发的锐意改革者中，她显得格外和蔼可亲，就如邻家的老太太。但当她一站到讲台上，热血、激情、深刻的思想、犀利的词锋重现了。我至今仍清楚记得她在"文化神州教育论坛"上铿锵有力的话语："二十一世纪的教育应使人的精神世界大大提升"；"赢在起跑线上的思维需要反思，赢在起跑线上，最终可能输在终点上"；"我们的课已不是满堂灌的问题，而是灌不出来，是满堂闷，满堂闹"；"母语教师要保卫民族文化，还我们民族文化光彩，这是一个民族良心的问题"……

"文化神州教育论坛"结束后，我和于漪老师有一次难忘的交谈。那时，天色已经很晚了，但于漪老师仍然专注而饶有兴趣地听着，苍茫的暮色中，她的脸上溢满笑意，她的眼中闪着热情的光，正如课堂上的她一样。给我留下深刻印象的是，于漪老师很善于倾听，也很善于引导。听了我的一番话之后，于漪老师说："你刚才说，母语首先是一种精神，这句话说得很好。年轻人能有这样的认识，很可贵！心中要有一盏灯火，坚持走下去。"临别时，于漪老师还把家里的电话号码留给了我。

短暂的相遇永远定格。"心中要有一盏灯火！"在以后的日子里，于漪老师的话常常在我耳边响起。我懂得了一名母语教师应有的追求，我对教育也有了新的认识。尘世是喧嚣的，教书生涯是寂寞的，心中有一盏灯火，便可积攒取暖的能量。万物皆有逝时，唯有精神永存。心中有一盏灯火，便可熔铸精神信念，一代代薪火相传！

西西弗斯的生命虽在不断重复的劳作中慢慢消耗殆尽，但他一度绑架死神，让世间没有死亡。

这也是教育与教师的意义。

2007 年·汕头绿茵庄

原作发表于《师道》2020 年第 11 期，有修改

做有思想力和行动力的教师
——记广东省新一轮"百千万"首批名教师培养对象第一次集训

为期9天的2012—2013年度广东省新一轮"百千万"人才培养工程首批教育专家、名校长、名教师第一次集训圆满落下帷幕。回顾这短短的9天,紧张、新鲜而充实!这第一次的亲密接触,让我们感到"省百"培训是一次值得珍视的学习成长机会!一本《学员手册》,从指导思想、培养目标、学习任务到组织管理、班级组织、学员通讯录……可谓凡所应有,无所不有。授课专家级别之高、学识之广、成就之丰,让学员体会到省教育厅的期望和培训机构华南师范大学基础教育研究院的用心。而开放的课程、前沿的思想、先进的理念,强力推动这批业已"定型"的培养对象从思想到行动的全面优化"重启"!

一、总结

"高中文科类名教师"培养总目标是:通过三年的高端培养,在广东省内造就一批师德高尚、观念先进、业务精湛、富有创新精神、教学改革能力与示范引领水平在省内乃至国内具有较大影响和传播力的专家型名教师。第一年侧重研修、反思与定位,第二年侧重行动、培育与提升,第三年侧重形成、凝练与传播。2012—2013年度第一次集中培养的主要任务是帮助培养对象搭建学习共同体,促进培养对象实现角色转化,明确自身专业发展规划,制订符合实际、切实可操作的受训计划和个人年度计划。

这次学习印象较深的主要有两个方面。第一是课程理念先进、开放。"百千万"不同于常规的纯讲座式培训,它理念先进,注重与国际接轨,引进崭新的培训机制,整个课程设置体现了平等、自主、合作的学习理念。本次培训最引人注目的是丰富多彩、生动活泼的学习形式,除了常见的专题报告、团队培训、网络互动、读书会等,还有共同体构建活动,如"颠倒王""信任行走"等。最使人感到耳目一新的是"世界咖啡",学员们不再"排排坐",而是六七人为一小组围在一起"团团坐"。桌上是一杯杯升腾着思想气息的咖啡;教师退到幕后,课堂由学员们做主。当然,"世界咖啡"的实效性需要进一步探讨,但其轻松自由的氛围对学习者自外而内的解放是可贵的,人的思想渐渐松绑,进而思想碰撞、共鸣、生成……崭新的理念往往也在极细微之处得到充分的体现,如王红教授讲授《从中美比较看中国基础教育改革》时,整个课室桌椅摆放调整为聚焦向讲台的格局,小小细节体现了王教授对教育的理解:教育不只是传道授业解惑,还影响个人生命成长;同时也以此向每位学员传达"亲、敬畏、感恩"的工作原则。

　　第二是课程设置整体科学合理、内容充实。课程内容涉及科学素养、学科素养和教学素养三方面,尽管个别课程还可以更完善些,但从总体上看,还是称得上科学合理、内容充实,不少课程令人受益匪浅。如吴颖民院长的《"百千万"工程与教育家成长》,吴院长的远见卓识每每给人茅塞顿开的启发,他作为国内外知名教育家的身份近40年扎根基础教育的经历令人感动。季萍老师的《有效教学的本质内涵与实现方式》一课中的真知灼见都来自一个个真实的课堂,她踏踏实实、实事求是做学问的治学态度无疑也是她留给学员的最好的精神财富。刘树谦教授《德诚于中,礼形于外——现代礼仪示范》一课条理清晰,由于深入文化的内核,一节礼仪课表现出了深度和广度,而刘教授高超的语言艺术和雍容的风范更给学员留下深刻的印象。黄牧航教授所作《中学教师如何开展教育科研》专题报告对许多学员来说是最及时、最实用的一节课。学员们大多是经验型教师,科研方面往往是"软肋",所以这节课可谓雪中送炭,尤其可贵的是,黄教授的课提供了大量生动典型的实例,讲授起来高屋建瓴,深入浅出,为学员们接下来的研究打下了坚实的基础。

二、反思

　　这次学习进一步促进我对自身教学生涯的反思,并使我在反思中不断调整自身发展规划。我体会较深的主要有两个方面。

1. 一名名教师首先要成为一个更加完善的人

"百千万"名教师培养作为一个高端培养项目，其对整个广东教育的意义非同凡响。什么样的教师才能成为"领军人物"？首先，要成为一个更加完善的人。上海市特级教师于漪说："我做教师有一个体会，选择教师你就选择了高尚，因为这个工作是育人的工作，必须是以自己的完善的人格来引导学生形成完善的人格。"一个完善的人，需要有科学精神和专业才能，更要有崇高的精神境界和美好的人文性情。

2. 一名名教师要更加具有思想力和行动力

对一名名教师来说，"名"意味着影响力。历史上的名师，有的能影响一代人甚至能推动一个时代的发展进程。因而，名师的批判意识和独立精神尤为重要。他不受时势左右，不向权威低头。他在国家动荡、社会变革时，能维护文化完整，能坚守应该坚守的。同时，一名中学名教师的价值在讲台，他要有更强的行动力。教师的专业要想得到发展，就要更多地立足于对未来的预测上，以超前意识、超前眼光、超前的思想力和行动力来做好当下的每一项具体工作，切实走上以发展性、创造性为核心的素质教育之路。他要善于让思想转化为行动，让行动来判定思想。善于在"做"中"想"，在"想"中"做"。只有"想"和"做"完美结合，才能成为一名真正的好教师、名教师。

三、建议

希望下次培训增加中国国情和中国传统文化、传统教育方面的课程。诚然，今天的中国教育出现诸多问题，这些问题也暴露出中国传统教育的诸多弊端，当下需要借鉴欧美等教育发达国家的成功经验，但是，中国教育首先是中国的教育，从这个意义上讲，办任何事业，"国情"始终应该是考虑问题的重要出发点。再者，中国传统教育绵延几千年，其中自有精华在。教师的使命在培育后代，亦在传承文化，延续民族文脉。今天，西方文化已渗透到我们的日常生活中，在一定程度上影响了我们的行为方式，任何影响都存在着好的与不好两方面，作为一名教育者，自身应该具有清醒的自觉性及判断能力，就是说，我们应该更有定力，而定力应源自我们自身的传统与文化。为此，每一位中国教师在了解学习发达国家成功经验的同时更要重视对中国国情的研究，尤其是对中国教育传统全面深入的研究，如此，才能做到学贯中西，洋为中用；扎根脚下土地，放眼世界与未来。

2012 年·汕头万泰春天

江浙行
——寻访名校名师

  广东省新一轮"百千万"首批教育专家、名校长、名教师培训第三次集训为期6天（3月25—30日），这次培训内容为考察浙江、江苏两地的名校。时间不长，但安排科学得当，紧锣密鼓，一周下来，收获颇丰，回味良多。鲜活的江浙课堂，鲜明的南北教育教学差异，开阔了学员的视野，使学员获得了一次思想撞击进而观照反思自身日常教学的机会。

  本次"走出去"的集训学习共走访了江浙四所名校：杭州二中、杭州高级中学、扬州中学、扬州大学附中。本次活动是名副其实的考察学习，到杭州、扬州这样的"人间天堂"，却未曾有机会在某一处驻留，只是在从一所名校到另一所名校的途中走马观花。6天里马不停蹄，跟着学校的节奏，听课、评课、参观、到食堂吃饭、与名校师生面对面对话……因为深入到四所名校的校园生活中，对其特色感受颇深。具体说来，4所名校各有特色，但有一个很突出的共同特点：秉承传统中锐意改革。4所学校都有百年以上历史，文化深厚；在当今教育改革的背景中，并没有因悠久而保守，却有一马当先的气魄，现代性颇为鲜明。印象深刻的还有4所名校人文荟萃、名师辈出。总的说来，江浙之行，最大的收获是加深了对名校和名师的理解和认识。

一、名校之魂

这些年来，大大小小的名校也参观过一些，但都不如这一次名校之旅来得印象深刻。

名校者，名师荟萃之地，名师取决于其自身素质，也取决于所处环境。4所名校最显赫的当算民国这一段时期。且翻开这几所名校的校史，看这4所名校当年是如何促进名师成长的：她营造家一般的人文环境，使一群志同道合的人聚在一起，朝夕相处，寝食骈连，教学读书，喝酒聊天，切磋学问，相互砥砺。书院式的教学环境形成了真正意义上的"教师专业发展共同体"。学校对教师的学术成长也极为关注，鼓励各学科教师成立学科教学研究会，出版学术著作。邀请国内外著名学者到校讲学，促进教师间的交流，开阔教师的视野。这些情景真是动人！名校的魅力也许就在一个个动人的情景中。

4所学校不大，但都有一座特别引人注目的建筑：校史馆。其外观颇为恢宏，其内里规划之科学，布置之精心，尤其是史料之丰富，几可与一些地方的历史博物馆相媲美。反观广东很多名校，校史编撰和校史馆建设工作明显跟不上学校的其他硬件设施。这一方面有学校自身历史资源的原因，更有学校对历史资源作用认识不足的原因。

4所名校还有一个特别可贵之处，在扩大办学规模之后，并没有像广东很多学校一样，重建学校，改变原有格局。好像杭二中，如今是拥有若干分校的教育集团，但本部一直保持原貌；扬州中学是江泽民总书记的母校，江泽民同志在历经一个甲子的岁月之后回母校，依然表示"还能找到感觉"；杭高更是为参观者设计了杭高"校魂之旅"线路：杭高校门、甬道、阳光草坪、贡院古井、乾隆帝的残诗碑冢——一进、鲁迅纪念室、树人园、鲁迅亭——亨颐园、贡院碑亭、叔同亭、崔东伯铜像。

我愿把这4所名校理解为一个"群"，因为她们有着鲜明突出的共性：坚守学校文化传统，注重学校精神的提炼升华。名校之魂应该就是这所学校历经百年乃至更久淬炼出的优秀传统和学校精神。正如杭高校史前言所说："历史悠久，文化积淀丰厚的百年名校对整个社会来说是一笔不可再生的教育资源，更是一种不可任之消散的人文财富，理应让她焕发出耀眼的光彩，为历史文化名城的发展锦上添花。"

二、名师之风

名校之"名",不仅在培养大批优秀学子,也在培养一大批卓越的名师。在这些名校教书的岁月促成了这些名师的成长。

4 所名校,名师荟萃。一本《杭高校史》,简直就是一本中国现代文化艺术史。这里流传着一个个名师的故事。

一百年前,人们还梳着长辫,周树人,这个剪平头、穿着西装的 28 岁年轻人却在生理课上讲起了生殖系统,还鼓励学生解剖尸体。他尤为注重野外实习。其特立独行引来旧文化旧礼教的围攻,终于爆发"木瓜之役",以周树人为代表的教师们坚决拒绝校长夏震武所谓官场中下级见上级的"庭参"礼节。最终夏震武辞职。因为夏震武平日木头木脑,顽固不化,大家都叫他"夏木瓜",这场反对夏震武的斗争,经张宗祥提议,就取名为"木瓜之役"。周树人在杭州高级中学掀起了与封建旧文化旧礼教较量的波澜,形成了"教育家"鲁迅雏形。

当年浙江第一师范学校学生宿舍发生失窃事件,儒雅通达的李叔同先生竟建议舍监夏丏尊当众宣布 3 日内无自首者即自杀以殉教育,正是这种"殉教育"的精神,使他成为四海敬仰的一代高僧,被佛教界尊为"南山律宗第十一代祖师"。

重温这些名师故事,犹被其人格风范深深感染。丰子恺曾经评价他的老师李叔同:李先生确实做一样像一样,少年时做公子,像个翩翩公子;中年时做名士,像个名士;做话剧,像个演员;学油画,像个美术家;学钢琴,像个音乐家;办报刊,像个编者;当教员,像个老师;做和尚,像个高僧。做任何事情,都做到极致。为什么能做一样像一样呢?就是因为他做一切事都认真、严肃、献身地做。

林语堂曾说,在剑桥和牛津,那些教授是怎样教学生的?他们把学生叫来,一边抽着烟斗,一边天南海北地聊,学生被他们的烟和谈话熏着,就这样熏陶出来了。

这就是名师风范。在这些名师身上,呈现出知、情、意、行的合一,博学与专长的和谐,自由平等的理念,对真善美的追求,爱心与良知的闪光,科学精神与人文情怀的统一。

"师者,所以传道授业解惑也。"在中国文化传统中,教师的地位是很崇高的。教师的任务是"传道，解惑"。这里说的"道"，首先指的是做人、做学问的道理；这里说的"惑"，首先指的是在现实世界中各种各样使人离开"正道"的"诱惑"，然后才是与专业的、技艺的传授和解答有关的疑问。正是因为认为教师在完成这样的任务，所以我们中华民族自古以来把教师放在最要崇敬的"天地君亲师"这五者之中。也许，正如爱因斯坦在悼念居里夫人的文章中说到的那样，在像居里夫人这样一位崇高人物结束她的一生的时候，我们不要仅仅满足于回忆她的工作成果对人类已经做出的贡献，第一流的人物对于时代和历史进程的意义，在其道德品质方面，也许比单纯的才智成就还要大。名师，取决于品格的高度。

2013 年·汕头万泰春天

扬州梦

　　沾向琴同学的光，被请去吃饭，也得以从扬州老市区一路走到新市区。暮色中，老市区匆忙、拥挤；新市区华灯初上，道路开阔。向琴同学去年来过扬州，她动人地描述那夜游大运河的情景，于是我不知不觉仿佛也渐渐进入扬州梦境之中。

　　这个梦，似乎与扬州无关。因为印象中的扬州是繁华之乡、富庶之地，而眼前的扬州倒有些落寞、萧索。但身在扬州，还是随处随时会做起这样的梦。

　　比如坐在扬州中学的综合教室中听课，偌大的教室没有窗帘，落地玻璃窗外就是街道。不经意一瞥，清楚地见到街道两旁疏朗的树木，木叶落尽，仿若静止的根雕。偶尔一辆汽车或几辆电瓶车穿梭而过，之后就是长时间的静默，那路旁古朴的民居也意味深长地静默着。此时，就又灵魂出窍般，悠悠地进入某个梦境中，这个梦境中，有金风玉露，镜花水月；有柳絮飞舞的月夜，伊人的浅笑……

　　"湖山此地曾埋玉，风月其人可铸金。"骚人吟咏，墨客留踪，江南的风雅历经千百年，已深深融进这江南的寻常巷陌、春花秋月。这个时候，就觉得在江浙当个语文老师是件乐事。所有的诗情画意都已在生活中酝酿，只待到课堂上水到渠成。看看扬州中学《春江花月夜》课堂上那几个男孩女孩，他们说的是：

　　"游子是孤独的，月也是孤独的。"

　　"我被赋予了情感的月深深地打动了。"

　　"我看到了人生的有限、大自然的永恒。"

　　……

2013年·扬州

行者无疆，学无止境
——珠海郭铭辉老师跟岗学习报告

根据广东省新一轮"百千万"首批名教师培养项目总体研修活动计划要求，我们第三工作室于 10 月 14 日至 18 日，到导师郭铭辉老师所在的珠海市金湾区进行跟岗学习。其间了解了郭铭辉工作室所在学校及所在区域的教育教学及科研情况；了解郭铭辉导师的语文教学理念、教学流派、教学风格、教学方法、教育科研课题，观摩郭铭辉老师展示课《陈情表》，聆听郭铭辉老师《高中文学作品教学知识与能力提升》讲座；聆听学科理论导师高广方老师对本次跟岗工作的指导意见及对本次跟岗工作的总结和评价；同时，各位学员为所在区域学校学生及教师分别上公开课一节，开讲座一场，为工作室所在学校和区域的教育和语文教学展示自己的经验和成果。

一、行者无疆

跟岗这几天，常和郭老师一起散步，但每每不知不觉就走在郭老师后面了——郭老师走得太快了！

而这位即将退休的老人，岂止在生活的道路上风风火火，看他一本本著作，一篇篇犀利的文章，一节节活泼的课，我总是深感郭老师在他近 40 年的教学生涯中从未停下过追求的脚步。

因为一直行走，所以，他的世界如此宽广！

这次跟岗学习活动的"重头戏"是观摩郭老师的展示课和讲座。

郭老师的展示课共两节，两节课完整地呈现了他的"散合式"教学法。第一节课，郭老师先一口气在黑板写下：

  发散思维课——读书的幸福，在于享受发现

  期待你难住老师和同学

  期待你给大家一个惊喜

  提问——

  评价——

  质疑——

  希望你得

    ——快乐奖

    ——深刻奖

    ——变通奖

    ——胜蓝奖

开章明义，既是学习目标，又是学习引导；既是提示，又是鼓励。然后，学生就非常自然地自由提问、发言、评价。一节课下来，共14人次发言，问题涉及语言、内容、主题、体裁等诸方面。印象最深的是一名学生留意到课文插图与文本内容不相吻合，郭老师没有放过这个问题，而是抓住这个问题实现了精彩的生成和学生思维素养的提升。他引导学生进行极其深入细致的观察研讨，注意到插图中有"贤母""雍正"字样，据此推断本插图并非专为《陈情表》而作，只是以贤母之意寓之。由此引导学生可向编者提出一些建设性意见，激发学生大胆质疑并力求解决。

  第一节课的结尾相当精彩。郭老师请一学生诵读课文一段，该生请求用客家话诵读，郭老师答应了他的请求，而该生居然读得有板有眼，整个课堂也一派肃然。在学生诵读后，郭老师说自己也是客家人，也用客家话范读一段，早闻郭老师在诵读方面深有研究，今天一听，深感诵读的最高境界不是"字正腔圆"，而是"肺腑之言"。全场师生沉浸在浓郁的情感氛围之中，第一节课就在这样无限回味中圆满下课。

  第二节课是思维辐合课。郭老师同样先在黑板上书写学习目标及要求：

  披文入情

    我的发现与你分享

  然后，郭老师对发散思维课进行梳理，对学生自主学习中存在的难点问题和学生未能理解掌握的知识点给予修正和补充，重点交流自己研读课文的方法和观点。最巧妙的是"咬文嚼字"环节，郭老师展示了他咀嚼的三个句子："慈父见背""前太守臣逵察臣孝廉"和"祖母九十有六"，三个貌似不相干的句子，最终却步步演进为"对母不满""对上级不恭""对武帝不敬"三个方面的内涵，零散的三个句子在郭老师的层层剖析下，水到渠成，成为能窥一斑见全豹的和谐整体。听到这里，我不禁深深感叹郭老师的功力和高超的教学艺术。

当天下午，郭老师又马不停蹄地为我们开讲座《高中文学作品教学知识与能力提升培养课程——谈文学作品教学的理解、共鸣、质疑》。讲座谈文学作品教学，却一点没有拒人千里之外的理论架子，更不是缺乏学理的泛泛空谈。郭老师立足自己几十年的语文教学经验，提炼出平易近人的理论框架，更佐以大量鲜活的教材例子。这对一线语文教师的教学有着深刻的启迪意义。翻开讲座材料，就感到一股清新之气扑面而来。几乎每一个例子的解读法都是第一次见到，而这些，都是郭老师的"原读"。

这次跟岗时间虽短，但有幸深入到导师的课堂，来到他的工作室，面对面聆听他的讲座。因而，也得以更加深刻地了解认识郭老师的教学理论和主张。

郭老师从 20 世纪 80 年代开始进行教学改革实验，"散合式"教学法可以说是郭老师 30 年来教学改革的结晶。"散"即发散思维，"合"即辐合思维，它们是创造性思维必经的两个过程。"散"是"张扬个性"，是"学生的精彩"。"合"侧重为"老师的精彩"，是"发散"之后的"集中"。既发散又集中的方式意味着重新定义传统意义上的"标准答案"这个概念。它既让学生充分自由地、创造性地、个性化地表达自己的个人认识，又不因为"一千个哈姆雷特"观而走向完全拒绝理性的相对主义。

教育研究既需要深入了解某一个教育实践现象，又要有足够的理论视角。正如刘良华教授所说，"散合式"语文教学法与其说是一种语文教学的新方法，不如说是语文教学新的视角、新的理念。正因如此，"散合式"教学有着旺盛的生命力，二十年来经久不衰，还不断传播、开花、结果。今天，"散合式"教学法在金海岸中学各学科铺开，在珠海乃至全国影响越来越大。

每一次见过郭老师回来，都会收获一份厚重的礼物。这一次更是如此。我觉得我接受了一次洗礼，是关于教育精神的。中国传统知识分子历来以"为天地立心、为生民立命、为往圣继绝学、为万世开太平"自许，表现了高度的历史责任感、时代担当感和个人使命感。作为一名普通教师，许多人可能没有这么高的自我价值期盼。但当我见郭老师在书桌上自如挥洒，在讲台上笑容可掬、神采飞扬，总感到我需要仰望他。一名教师，如果停下前进的脚步，他就真的只能成为一名教书匠；而只有当他愿意不停行走，他的路才会越走越宽，他的人生也才会更加饱满充盈。不管是"散合"课还是讲座，郭老师的教育思想始终都贯穿着"创造性教育"的红线。说起郭老师的创造性教学实验，应该从1989年就开始了，掐指一算，这根红线已经在郭老师的教学生涯中穿了至少24年了，这24年间，郭老师走南闯北，取经学习，有过不解，经历过打击，更有过困惑和瓶颈，但他还是这样一路昂扬走来。"初志不忘，行者无疆"，这是一个做学问的人最宝贵的精神啊！

二、学无止境

这次跟岗学习还有一个活动项目——学员展示课及讲座。我们5人分为两个小组，邱嘉峪老师、向琴老师在郭老师所在的金海岸中学，我和何勇涛老师、夏承志老师一组奔赴金湾区红旗中学。学员间的互相听课也是一次绝好的学习机会。

何勇涛老师上的是《咬文嚼字》一课，他是新会教研室主任，出手就有"教研味道"，这充分体现在他教学设计的系统性和层次感上。他将教学设计课前发给听课教师和全体学生。上面既有常规的学习目标、重难点、课时安排等，还有学情研究、学法研究。整个流程除了详尽的课堂学习环节，还有课前预习、课后作业。课前预习特别提示自主学习、完成练习、检查校对，课后作业分四个层次，最后一个层次还附有作文写作提示。

夏承志老师上的是《新词新语的梳理运用》。给我印象最深的是他的教学风格，正如他自己所说，他追求的教学风格是"宁要粗糙的自然，不要精致的雕琢"。他的课堂，并没有因师生初次见面而显得"隔"，相反，夏老师厚朴、乐天的自然本色很快感染学生，使整个课堂显得平和、亲切、充满生命活力。师生对话过程中，他特别注意淡化师生的角色意识，让师生始终在一种平等、和谐、宽松的氛围中进行交流，从而让学生能够在个性的自由舒展中学习知识，体验情感。最主要的环节是学生秀新词新语——学生代表到黑板书写并做解释。老师退到幕后，但课堂却热情高涨。我认为这正是这节课设计上最成功之处：教育的最终追求不正是使受教育者焕发光彩吗？

在郭老师的精心安排下，这次跟岗活动还参观学习了一所独特的实验学校——小林实验学校。校长儒雅热情，亲自带着我们参观校园，一路介绍学校办学理念和特色。小林实验学校艺术特色突出，除了艺术教育课程精细，其育人理念、育人环境、育人方式手段的艺术化也令人耳目一新，印象深刻。

回顾这次跟岗活动，我深感一路所到之处所见之人皆可学习。

传统教育认为，教育主体要达到"诲人不倦"的要求并非易事，必须经过"学而不厌"的努力。孔子便是这方面的典型。孔子所处的时代，教和学还没有形成各自的体系，因此，孔子在边学边教、边教边学的教学统一中给"学而不厌、诲人不倦"的教育精神加上经典的注释。可以说，"学而不厌、诲人不倦"的进取精神是中国教育传统的学与教精神的最高境界，是中国教育的国家责任感、历史使命感与民族文明相交融的理性升华。

古人云：耳读书而聪，目读书而明，心读书而一，神读书而注，疑读书而辨，虚读书而莹，饥读书而饱，困读书而醒，愠读书而喜，愤读书而平。读书是无止境的，没有满的程度。而学无止境岂止读书！三人行，必有我师焉。身为教师，时时处处人人皆可学习，向前辈学习、向同行学习、向学生学习。只要善于发现，随时可收获学习的快乐和充实。

2013 年·广州

"走进丰顺"示范带学

2013年11月26—29日,省"百千万"首批教育专家、名校长、名教师培养对象来到丰顺,"走进丰顺大课堂"。此次活动的任务和意义,可用华南师范大学基础教育培训与研究院黄牧航副院长的讲话来概括:①心系广东,实现学科、学段、地域、考试四个超越;②提升技能,在被学习中成长;③用心调研,建言献策;④跟丰顺师生建立长期交流分享的关系。

这次活动最大的收获是深入到学员们的课堂,并对课堂教学问题进行了多层次的碰撞和充分深入的交流。当前,新课改不断推向深入,百家争鸣,百花齐放,新做法、新模式层出不穷。在纷繁的教育背景下,如何实现自身专业发展?如何把持自己的教学追求?大家在这一点的看法上是一致的,那就是追求高效、优质课堂。

课堂是学校传承人类文明、弘扬民族文化、培养社会未来人才的主要场所。思考、辨析、探究优质课堂特征,不仅可以帮助教师准确、透彻、全面地理解与把握优质课堂的内在规律,不断改进、整合、优化自己的教学行为,而且还能充分激发、调动学生的学习兴趣与效率,为有效提升教育质量奠定基础。

那么,什么是高效而优质的课堂?著名教育学专家叶澜教授认为一堂好课应具备以下基本要求,即"五实":一是有意义的课,即扎实的课;二是有效率的课,即充实的课;三是有生成性的课,即丰实的课;四是常态下的课,即平实的课;五是有待完善的课,即真实的课。福建师范大学余文森教授认为,要提高教学质量,实现有效教学、优质教学,有三条教学规律是绕不开的。一是先学后教——以学定教。当学生已经能够自己阅读教材和自己思考的时候，就要先让他们自己去阅读和思考，然后根据学生在阅读和思考中提出和存在的问题进行教学。二是先教后学——以教导学。当学生不能独立阅读教材和思考问题的时候，教师要把教学的着眼点放在教学生学会阅读和学会思考上面，先教，后扶，再放。三是温故而知新——学会了才有兴趣。一切教学都要根据学生原有的知识状况进行教学。德国著名的教育家和教学法专家希尔伯特·迈尔提出优质课堂的十项特征：①清晰的课堂教学结构；②高比例的有效学习时间；③促进学习的课堂气氛；④教学内容清晰明确；⑤创建有意义的师生交流；⑥教学方法多样化；⑦促进学生个体发展；⑧"巧妙"地安排练习任务；⑨明确的学习成果期望；⑩完备的课堂教学环境。各路专家众说纷纭，其实最核心的一点是：高效课堂必须最有效地促进学习。未来的社会，学习方式将产生重大转型，课堂教学也必须与时俱进，以更高效优质的学习回应未来教育的挑战。

同课异构

这次"同课异构"活动听了南海中学马琳老师和丰顺华侨中学郑老师的两节《一切景语皆情语》作文课。马琳老师认为每堂课都应该有取舍，她的课重在写作过程指导。丰顺华侨中学的郑老师注重在作文点评的基础上整理写作知识，她的课把作文和生活结合起来，展示前期摄影取景活动及多个作文案例，师生评点，进而整理出比较完整的写景技巧知识。应该说，两堂课截然不同，而这种不同的背后是观念不同。一个以"学"为主，另一个以"教"为主。诚然，教学设计完全可根据实际情况确定教与学的关系，选择"先学后教"或是"先教后学"，但就作文教学而言，这两堂课的碰撞必然让人思考什么样的作文课才是高效的。一直以来，作文教学普遍重理论轻体验，重结论轻过程。马琳老师的课重在过程写作指导，以生为本，重在实践指导，训练设计呈阶梯式，让学生拾级而上，面对面即时分享评改，实效性强，同时也充分发挥群体学习的功能。相较而言，郑老师备课可谓做足功夫，课件丰富精美，但令人担心的是，老师的大量付出如果没有学生的"呼应"，那一切可能只是徒劳。比如最后总结出的写作知识绕口令，学生看一遍后又能记住多少？即使记住了，就真能立竿见影化为写作能力吗？还是这句老话：想学会游泳，还是得下水去。

教育调研

这次调研的学校是丰顺华侨中学。学校办学硬件条件较为落后，尤其缺乏多媒体等现代教学设施。但校风清肃，制度健全，秩序井然；领导班子年轻有干劲；教师敬业乐业，总体基本功过关；学生习惯养成较好，学习热情较高，师生精神面貌向上。学校呈可持续发展。课堂教学主要特色：①注重学科知识的梳理和系统化；②课堂常规落实，师生有一定互动。存在的问题主要有：①学生意识不足；②课堂教学更多在传授知识而非培养能力、提升思维。意见与建议：转变观念，以生为本，把课堂还给学生；注重课堂实效性，不一定追求课堂教学的完整，把突破重难点、解决学生问题放到首位。课外是个体学习的时间，课堂是集体学习的时间，要解决学生共同的问题，要把思维训练作为课堂教学的主线来抓。

名师示范课

高州二中夏承志老师代表大家为丰顺的教师授课：《议论文点题扣题升格训练》。

夏承志老师整堂课的设计平易近人，波澜不惊，但他的课堂让每个身处其中的人如沐春风。师生初次合作，却异常默契，课堂笑声不断，前后共有7次掌声。印象很深的是一个学生被夏老师提问，他很轻松地说"我没改好"，但随即又在还没思考成熟的时候回答了，无疑，这个学生的状态非常放松自然，夏老师没让他感到任何一点压力。怎样实现这样的课堂境界？从夏老师的课堂上，我得到这样的启发：格。首先是人格，夏老师厚朴、乐天、热情，最重要的是课堂生活和日常生活中的夏老师是一致的，这就天然让学生接收到他的真诚。其次是风格，何谓名师？一个资深教师如何实现向专家型教师的转型？我想，当一名教师的"技"的层面已经非常娴熟时，就要自觉"超乎技""进乎艺"，追求更高的教学境界。夏老师崇尚顺应自然的教育，他也追求自然的风格，从设计到语言再到引导点拨，全在一个自然。

名师的课堂应该是什么样的？我想，应该是"超乎技"的，让课堂中的每分子，包括教师和学生都享受到一种幸福和谐的课堂生活。

专题讲座

这次活动的专题讲座由东莞教研室王定国老师主讲。虽是同学，但王定国老师在讲台上语重心长、侃侃而谈，还真有老大哥的感觉。王老师专题讲座题目是《基于设计的优质教学》，这个课题切合他的教研员身份。他认为，今天讲优质课必讲智慧、生成，这样的优质课是有一定经验的资深教师才能自如驾驭的；教龄10年以内的教师还是要从设计开始。所以，他提倡基于设计的优质教学。他说，东莞的高效课堂不是"洋思"和"杜郎口"，也不建模式，而是百花齐放。王老师的这个观点引起很多学员的共鸣，有深刻启迪意义。在新课改不断推向深入，新思想、新做法、新模式层出不穷的今天，每位教师对教育教学的认识和自我认知都应该比以往任何时候更清醒、更理性。王老师的讲座生动鲜活，引进很多典型课例，加以精到评点；特别难得的是，他把前一天几名学员刚在丰顺各个学校上过的课引进讲座中，现场请上课的老师谈教学设计及上课心得，加大了讲座容量，并且巧妙地对此次丰顺送课下乡之行做了整理总结。

我印象很深的还有王老师轻松幽默，开合自如，颇有大家风范。

师德论坛

本次培训安排了一个别开生面的"师德论坛"：《提升师德境界，营造教师幸福》。内容是严肃的，形式是开放活泼的。主持人高广方老师开宗明义：没有主讲，主角是每位参与者；没有对错，希望听到不同的声音。论坛邀请了五位嘉宾：丰顺名师陈晓鸥、梅州拔尖人才张武珍，还有华师基教院的黄牧航副院长、朱富生老师，另外特邀一名学生家长。论坛提供三个案例，并设置若干选择题，由前三排老师通过遥控器作答，现场呈现作答情况。论坛持续了三个小时，全场发言踊跃，交流深入，气氛热烈。

提升师德境界，营造教师幸福，这可算是老生常谈的问题。在这次的论坛上，情感的交流，思想的碰撞，把这个老问题谈出了新意、谈出了深度，最重要的是，很多话都说到心坎上去了。

下面摘录部分精彩言论：

（1）幸福感是自我价值的实现，幸福与职业很难分开。（陈晓鸥）

（2）不能用昨天的知识教今天的孩子为明天服务。适度的焦虑和危机感使人焕发朝气。幸福是体验，也是一种能力。（张武珍）

（3）一名教师每天12小时在学校，不追求职业幸福，就没有时间幸福。幸福来自关系，教师是离幸福最近的工作。（高广方）

（4）不要当老师，要做老师。（朱富生）

（5）改革必定面临困难，要耐心静待花开。先进的理念要内化于心，外化于行。（张武珍）

（6）"杜郎口"的四面黑板拿来广州就不合适，广州有更好的条件。（高广方）

（7）毛泽东从未留过洋，但他成功了；其他留过洋的都未成功。一定要选好种子，才能落地生根。（黄牧航）

还有好多来不及记下姓名的教师，表达出真知灼见、肺腑之言，令在场各位备受感染，深深共鸣。

在此与各位同学、各位同行共勉：一定要幸福！

2013 年·广州

在你可以的空间里推动变革

——记广东省新一轮"百千万"首批名教师培养对象第五次集训

2014年7月12—21日,"百千万"第五次集中培训在华南师范大学本部及华师附中举行,本次培训的主要任务是在岗位实践、示范带学为主体的实践研修基础上,组织课题进展汇报会,为培养对象课题研究进行进一步诊断指导;组织"百千万"名家大讲堂,开阔培养对象的教育视野;组织人人论坛,进一步提炼教学思想,达到在行动中培育个性、形成教学风格的目标。本次培训还有两次共同体建设,一为总班主任王红院长主持,一为高文班班主任宋春燕老师主持。整个过程内容丰富,形式多样,节奏紧凑,对于学员教育理念的更新、教学方法的改进、教学视野的拓展都有很大的促进作用。

这次名家大讲堂先后有六位专家开讲:王雄老师《我是谁?在哪里?去向哪里?——教育旅途上的感悟》、朱永新教授《过一种幸福完整的教育生活》、卢家楣教授《从情感维度更新教学理念》、罗韬老师《如何看待"岭南无文化"的评价》、李希贵校长《学校转型》和宋乃庆教授《"特别支持计划"与名师培育——兼谈教师专业标准下的教师专业发展》。报告内容涉及学校管理与发展、教育教学新理念、教师专业发展等不同领域,大大开阔了学员的教育教学视野。

扬州中学王雄老师做了《我是谁?在哪里?去向哪里?——教育旅途上的感悟》的报告,他认为教育是灵魂的教育,而非理智知识和认识的堆积。教育的本质意味着一棵树摇动另一棵树,一朵云摇动另一朵云,一个灵魂唤醒另一个灵魂。没有自我教育就没有真正的教育。他说:教育即改变,教育即发展；教育是具有临床性的专业技术；生活教育是一切教育的基础；教育有时只是神话；以政治或经济为中心的时代已经过去，以社会为中心的时代已经到来，教育便是以社会为中心发展的公益事业。

中国十大教育英才、"感动中国"年度人物候选人朱永新教授的《过一种幸福完整的教育生活》重点向我们介绍了他的新教育实验历程。新教育的十大行动：营造书香校园、师生共写随笔、聆听窗外声音、培养卓越口才、构筑理想课堂、建设数码社区、推行每月一事、缔造完美教室、研发卓越课程、家校合作共建。朱永新教授作为一名政府官员，身体力行，在两千多所实验学校进行新教育的实验，提倡完整的教育是身、心、灵统一的教育，让每个学生成为他自己，体现了一位教育改革家的深厚的人文情怀和社会担当。

卢家楣教授提出要将教学中客观存在的情感因素变成一个有序、可控、有目标的情感系统，以发挥其作为教学的最终目标服务的统一功能。

罗韬老师对岭南文化有独特研究和独到见解，他引用前人之述："北人学问，渊综广博；南人学问，精通简要。"将南北方文化总结为"北方多邃密之学，南人多易简之学"，令人耳目一新，极具启发性。

李希贵校长带领的十一学校在教学改革中走在了全国基础教育的前头，取消了传统班级，全面实行学生自主选课，全校有40%的老师有博士学位。十一学校的教学改革在全国引起了广泛的反响。其转型的纲要是：全面而有个性。十一学校提出了学校文化二十条，推出了《学校行动纲要》，大力推进一种"扁平化"的管理方式。主张让机制撬动核心价值。提出基于学生发展视角的学校生态诊断制度。建立了完整的课程体系：分层课程，分类课程，综合课程，特需课程，自主研修。对班级管理结构进行结构调整：从面对一个班到面对每一位学生。对课堂进行改进，构建每一位同学为自己负责的教育机制。十一学校引进企业管理的方法：全员育人，所有的事情从关注内心开始；专业引领，让每一项教育活动都更有内涵；自主管理，成为自己的而非别人的CEO。

宋乃庆教授做了《特别支持计划与名师教育——兼谈教师专业标准下教师的发展》的报告，给我们详细而新颖地讲述了7个问题：什么是专业？什么是职业？为什么在新课程背景下要大力推动教师专业发展与名师培育？当前教师专业发展与名师培育存在的主要问题是什么？如何将教师专业发展与名师培育结合起来？什么是"特支计划"？"特支计划"与教师专业发展与名师培育有何关系？宋乃庆教授对教师专业标准的把握很全面，对学员也有一定的指导意义。

"在你可以的空间里推动变革。"这是吴颖民院长总结朱永新教授报告后勉励大家的话，也是我这次培训体会最深的一点。6位上课的名家也用他们自身的专业经历生动地演绎了这一点。

朱永新教授的演讲内容体现了一位教育改革家深厚的人文情怀和社会担当，更成为中国当今教育变革的一面旗帜。李希贵校长在他的北京十一学校的沃土上开拓耕耘，耕出一片教育新天地。罗韬老师虽为教育"圈外人士"，但他对岭南文化的情有独钟，特别是他受教育起点不高却大胆独到，用创新眼光重新解读岭南文化，这也是一种惊人的文化变革精神。

新课改十余年，教师与学生的观念发生了巨大的变化，但教育教学变革远未完成。一方面，旧课程中某些滞后的意识经验，其巨大的生成性不断通过新课程的实施投射出来，影响、阻碍新课程的秩序建设和价值建构。另一方面，新课程实施过程中理念与现实差距，课程与教师的理解水平、实践能力等主客观原因往往造成实施时的走样。因此，每个教师对自己教育教学的持续审视反思尤为重要。不断发现实践中存在的问题，重构自己的课堂应该成为每个教师的职业自觉。一句话，每位教师都有责任在自己可以的空间里推动变革。

2014年·广州

一颗带来期待的种子，愿意做改变世界的力量

——台湾丽山高级中学印象

今天是赴台研修的第一天，早上 6 点起床，未来得及完全缓解昨天的舟车劳顿，便展开一天紧张的学习活动。上午参访台北市丽山高级中学并开展同课异构活动，下午在台北市立大学举行开训典礼，聆听台北市立大学副校长王保龄先生的讲座。

上午 7 点半，一行 98 人到达台北市丽山高级中学，成为新建成的学校展示厅的第一批客人。校长简要地介绍了学校的基本教育理念和办学特色：把课堂还给学生，推动科学教育。黄牧航院长代表华南师范大学基础教育培训与研究院向丽山高中赠送了礼物。

让人眼前一亮的是，接下来的学校整体情况的介绍由两位女学生负责。据介绍，两名女学生来自学校星岚大使团，该学生团体负责学校的对外接待工作。两个女孩随着画面的转换，训练有素、有条不紊地介绍学校。丽山高级中学是一所年轻的高中，自 2000 年创办以来，以科学导向的全人教育，培养学生对于科学研究的兴趣，且透过各种特色课程与交流活动，兼顾人文素养的充实，并拓展学生的国际视野。实施以学生为中心的小班精致教学，强化学生自主学习、独立思考及解决问题的能力。

让人印象深刻的是上同课异构课的徐茂玮老先生，徐先生从教 36 年，也担任班主任 36 年。两年前开始尝试小组讨论的形式，学生强烈反弹，老先生对他们说：我教了 30 多年书了都愿意变，你们这么年轻为什么不去尝

试改变？今天，他和他的30名学生把这种改变毫无保留地呈献给我们。与此同时，我也看到变与不变的辩证存在，教学方式变了，教学内容设计倒没有多少改变。老先生上的是《醉翁亭记》，从解题到介绍作者，再逐段研读课文，按部就班，有板有眼。特别动人之处正在这不变中，在波澜不惊的课堂行进中，老先生常能捕捉学生的知识思维盲点，实现引领，促成生成。老先生"不敢多说"，而步步引导学生"脑力激荡"，"借学生的嘴巴说出来"。这点点滴滴的捕捉与引领，往往体现出老先生深厚的传统文化功底和人格修养。

丽山高级中学的教育信念是：一颗带来期待的种子，愿意做改变世界的力量。无论是星岚大使团的清新亮相还是徐老师的尝试改变，都让人充满期待。也许，教育正是这样，用一点点的改变，积聚促进人和社会发展的巨大力量。

2014年10月·台北

兰阳歌行

——参访台湾兰阳女子高级中学

今天是台湾研修的第十二天,我们一行来到宜兰市兰阳女子高级中学。这也是我们参访的第 12 所学校——最后一站。

简单的欢迎仪式和互赠礼物之后,兰阳女子高级中学校长曹学仁先生向我们介绍了学校的历史和办学理念;之后,校务主任向我们详细介绍了学校特色课程开设情况。

兰阳女子高级中学创办于 1938 年,初为"台北州立兰阳高等女学校";1945 年台湾光复后改名为"台湾省立兰阳女子中学";1968 年实施九年教育,于 1970 年泼除初中部,改制更名为"台湾省立兰阳女子高级中学",先后扩建科学馆、图书馆、体育馆,均委请名建筑师修泽兰女士规划设计;2000 年改隶台湾"教育部",并改名为"'国立'兰阳女子高级中学"。学校秉承"求真、致善、崇美"的校训精神,培养具有"科技脑、人文心、艺术情"的当代女性;学校针对女校特点,率先在台湾创办舞蹈资优班,在品德教育和国际学生交流方面也卓有成效。

上午活动的重头戏是入班观课。我们语文科教师观摩了一节别开生面的课——《歌行——当文学与舞蹈谈起了唐诗》,这是学校跨领域整合课程的成果。首先由语文资优班的学生以现代诗的语言、节奏解读唐诗,再由舞蹈班同学编创舞蹈,呈现诗中意境。整合的过程历时一学年,但今天国文老师陈曜裕老师和舞蹈老师陈幼君老师以及他们的学生却把这个历程浓缩在一节课中。先由两位老师介绍课程整合理念和整合过程,然后是学生的精彩表演呈现。呈现地点就在讲堂之外，自然科学大楼前广场的钥匙环门、长凳、楼梯都成了学生表演的舞台。这一场文学与舞蹈的美丽相遇，令老师们赞叹不已。

下午活动为"粤台教师论坛"，论坛由黄牧航院长主持，主讲嘉宾是"百千万"人才培养工程赴台研修的王定国、蔡陟老师及兰阳女子高级中学的两位资深老师蔡敏玲、陈敏皓。大家就"高中生的核心素养"和"教师专业发展评鉴"两个问题展开了深入的交流和热烈的讨论。两位台湾名师认为高中生核心素养包括基本的课程结构，具体有语、数、英、第二外语、科学、社会、国防通史（军训）、团体活动及校本课程（可跨领域），同时还要有领导力和国际视野。台湾"高瞻计划"给了学生很多舞台，如参加发明展，论文发表等。教师专业发展评鉴方面，两岸有较大不同，大陆主要通过政府强力推动；而台湾更多是教师自发追求。

下午四点三十分，参访活动圆满结束。正如黄牧航院长总结中所言：兰阳女子高级中学是个温暖的学校，这最后一站是一个美丽的句号，使整个"百千万"台湾研修学校参访活动"虎头凤尾"，完美收官！

2014 年 11 月·台湾宜兰

台湾 "全人教育" 观察
——兼谈对 "素质教育" 的启示

  2014年10月20日至11月3日，我有幸参加了由广东省教育厅主办，华南师范大学基础教育培训与研究院组织的广东省中小学新一轮"百千万"人才培养工程赴台研修活动。为期15天的研修活动，绕台湾岛一周，行程1 600多公里，深入12所中学，聆听岛内教育界高端人士关于教育的真知灼见，与台湾各学校同行展开深入交流和对话，获得了许多鲜活的教育体验，更激起了对大陆基础教育的许多新思考。其中，让我感触最深的是台湾的"全人教育"，我以为其与大陆新一轮教育改革中的核心概念"素质教育"有共通之处，其教育实践对"素质教育"有积极的借鉴意义。

  "全人教育"是当今台湾基础教育的一个核心理念。近些年，台湾基础教育从过去的满足社会、产业人才需求，促进经济、社会发展的实用教育、专才教育转变为以促进个人生涯发展与进步为发展方向的全人教育。

  "全人教育"并非台湾地区首创。19世纪初，德国教育家洪堡提出了造就"完全的人"的教育目标。全人教育思潮传遍世界各地，掀起了一场世界性的全人教育改革运动。在中国，也有学者极力提倡"全人格"的教育，所谓"全人格"的教育，从根本上说，就是构建完整的主体，把学生发展成为一个完整的主体，这是当代教育的终极目的。蔡元培先生指出："教育是帮助被教育的人，给他能发展自己的能力，完全他的人格，于人类文化上能尽一分子的责任。"教育首先是"人"的教育，而不是知识、文化或者政治、法律的传授和灌输，教育不仅仅指知识的获得，它还应该更多地包含人的个性的全面发展。

在台湾地区,"全人教育"的理念,最早是由中原大学所倡导,该校于1995年四十周年校庆时,提出"中原四十、迈向全人",并以"天、人、物、我"四大学习面展开全人教育的思维与策略。1999年台湾地区最高教育行政主管杨朝祥部长受到该校办学方针的感召,提出以"全人教育、温馨校园、终身学习"作为21世纪的台湾教育愿景。至此,台湾教育界开始有一批学者及实务人士深入探究全人教育的学理与实践基础,并且陆续有相关的实验学校开办,这些实验学校力求突破传统升学的教育思维,强调"学生为主、共同参与及行动省思"的精神,来发展学生的多元智能,企盼能培育出"全人"的下一代。

"全人教育"作为台湾基础教育对人的培养的理想,跟大陆新一轮教育改革中的核心概念"素质教育"有共通之处。可以说,"素质教育"与"全人教育"是相对应的教育名词。20世纪80年代,对外开放和社会主义现代化建设对人的素质提出了更高要求,提高素质成为全社会的共识,形成了教育改革的群众性热潮,素质教育最终于80年代中期在我国提出,并在80年代末90年代初在社会及教育界得到确立。"素质"是指人具有多元能力的特点和应对社会的综合能力。"素质教育"是根据个人及社会发展之需要,以全面提升学生的素质为目的,重视学生的主体性,发展学生的智慧潜能,健全学生的个性修养。素质教育提倡学生走向社会,学习科学与文化知识,锻炼人与自然和谐相处的能力。此外,素质教育也重视体育、音乐及美术的教育作用。

整理台湾行中对台湾"全人教育"的所见所闻、所感所思,本人以为台湾"全人教育"对大陆的素质教育有以下四方面启示借鉴作用。

一、传统文化为本

台湾各个学校的办学理念都体现出浓厚的传统文化色彩。私立薇阁高中强调以"温雅的儒家传统,深厚的中华文化"为全人教育根基;私立慈济高中强调品格教育以"诚正信实"为纲,"慈悲喜舍"为网;高雄女中校训是"忠、勤、娴、淑";台南一中校训是"诚、慧、健、毅、美"。校园非常注重传统文化熏陶。宣传栏、黑板报、走廊、门窗,都因地制宜地贴着"礼、义、廉、耻""忠、孝、仁、爱、信、义"等标语或传统文化故事绘图。学

校建筑等名称都以体现传统文化精髓的字眼命名,如私立薇阁高中就以"仁、义、礼、智、信"给班级命名。

以传统文化为本,也突出体现在其国文教材的编排上。台湾的高中国文教材一学期大概23课书,文言文10课以上,约占50%。每一课又再补充讲义,涉及作者、时代背景、相关逸闻趣事、高考试题等,有的补充资料长达10页纸。台湾小学生每周40个小时的课程,国文、历史、地理和公民道德等与中华文化相关的课程至少占了一半。台湾"国学"教育流程大概如下:3~5岁,学习《三字经》和《弟子规》;小学时期,课外读物会有很多古诗词,要求学生熟读背诵;初中时期,学习《论语》《孟子》中的大部分文章;高中时期,阅读《大学》《中庸》;大学时期,阅读《史记》等典籍,并加强训诂学教育。教学方法上,注重学生的体验与感悟。高中传统文化教材注重培养学生生活经验与伦理意识。比如,在《论语》"言行"篇后,讨论问题是:"现代社会讲究'自我推销',这和孔子要求的'讷言敏行'是否矛盾?"在《孟子》"存理克欲"篇后,问题是:"孟子主张养心寡欲,但发展经济必须刺激消费,如何在寡欲和消费之间取得平衡呢?"对传统文化的学习强调知行合一,把知识化为行为准则。

在台湾的15天,时时处处感到中华传统文化的影响。台北市以忠孝、仁爱、信义命名三大主干道;街道上的台湾人不急不躁,谦和有礼,连导游一出口都是"在下小弟不才"。也许,这也是台湾实施以传统文化为本的全人教育的一个个窗口吧。

二、品格教育第一

品格教育是台湾全人教育中重要的组成部分。相比于道德教育,台湾教育界认为品格教育更具价值。他们认为品格教育的核心是"为学""做人",不仅要注重学生能力的培养,也要重视他们人品的培养。情操、品行、教养、人格、道德、操行、气质、品德都是品格教育的范畴,这些都是从中国传统礼仪文化"四维八德"中提炼出来的。

近些年,青少年学生轻生厌世、投毒、虐待动物、伤害父母的事件屡有发生,这提醒我们,我们的素质教育中,品格道德教育是不是有缺失的部分?品格教育主要存在两个问题:一是大而失当,有宏大的教育体系,但未落到实处,未触及受教育者的心灵;二是畏首畏尾,在磨炼教育挫折教育上，生怕出事，搞形式主义，应付了事。

相比之下，台湾品格教育较为务实扎实。教育者立足学生生活，从细微处着手，培养学生餐桌礼仪、尊敬师长等习惯。慈济中学的曾校长说："希望通过形式多样的实践活动，让学生从家庭生活、学校生活、社会生活的各个方面获得一种感受，明白一个道理，学会一种本领，养成一种品质。在实践中增长才干；在欢乐中获得知识；在活动中丰富情感。引导学生亲自参与道德实践活动，促进学生良好道德品质的形成。"开办于东莞的东莞台商子弟学校提出"全人教育——平衡发展、品格第一：自信心、人文情、包容力、国际观、竞争力"的愿景，具体来说，学校所要培养的学生理想图像如下：

（1）自信心：认识自我、了解自我、肯定自我（认知）；面对问题、解决问题、预应问题（技能）；责任感、荣誉感、成就感（情意）；积极、乐观、主动进取（态度）。

（2）人文情：知足感恩、关怀社会、尊敬自然。

（3）包容力：尊重、宽容、欣赏他人；互动、互信、互谅；群己和谐、团队合作。

（4）国际观：国际视野、全球胸襟；外语能力、信息能力；无疆界学习、跨文化融合。

（5）竞争力：专业素养竞争力、逆境生存竞争力、人我共荣竞争力。

在台湾学校中，更亲眼见到活生生的品格教育的成果。印象最深的是两件事。一件事是在兰阳女子高级中学，课间上洗手间，开门出来时看到一个女生手执厕刷迅步入厕刷洗，我极为尴尬，但女生却非常亲切自然地告诉我，这个星期她负责刷洗厕所，刷洗的时间就是课间。后来了解到，台湾的孩子三年级就开始刷洗厕所。另一件事是在瑞祥高中，午餐后，已经学会精细分类的大陆教师们把剩饭、饭盒、汤盒、餐具一一放到指定位置，这时，负责收拾整理的一位小男孩默默地从码得整整齐齐的汤盒箱里抽出一个放在一边。我不解地问小男孩，原来他发现里面还有一点汤，等一下要另外处理。我拿过来一看，其实里面的汤几乎可以忽略不计。这两个安静而一丝不苟的孩子给我留下深刻的印象，我不得不承认，他们身上有让我肃然起敬的良好品格。

三、人本教育落实

随着人文主义的发展,台湾基础教育开始重视受教者"人的尊严"以及"适性的发展",提出教育是个人"全人发展""终身发展"的激发剂,以实施人本教育为达成全人教育的重要途径。

人文教育(或称人本教育)的概念起源于文艺复兴时期,强调教育应以"人"为中心;20世纪初,美国心理学家马斯洛、罗杰斯等人大力倡导"人文教育",20世纪60年代在美国形成"潜能开发"的教育风潮。但20世纪后期,高度科技化的社会发展方式,带来教育过度重视认知、技术专业而忽视情境、人文、通识的教育的问题,导致人格失衡,社会失序。因而,一些先进国家又重新强调"人文"精神,人文教育学家认为全人教育应用"人文教育"的方法,去达成全人发展的目标,包括协助学生整合知性与感性,形成"平衡"的学习经验,发展自我。

台湾的人本教育比较突出的有生命教育、生涯教育和生活教育。这些方面的教育都是实实在在落实的,有课程、教材、教师,更有课堂。台北市丽山高级中学是一所发展科学教育特色的学校,与此同时,它极其注重对学生生命伦理方面的教育。其校本教材《超越巅峰与价值抉择——生命与科技伦理》提出"要优雅地适应日趋复杂的社会和难以驾驭的科技"。书中涉及问题皆为当今人类关于科技与人文的重大问题,如《堕胎的伦理问题》《安乐死与安宁疗护》《人工协助生殖的伦理省思》……在参访晓明女子高中时,更有幸参与了该校两节生命教育示范课。在一个个游戏中进行灵性教育,让人感到生命的庄严。其生命教育分年级且有系统,从如何认识生命、欣赏生命到热爱生命、珍惜生命,从如何认识别人、看待别人到建立良好的人际关系,从认识社会、思考社会到认识伦理、孝道、两性交往、生死尊严,从认识女性在社会上的作用、了解婚姻与家庭再到文化创新、两岸关系、世界发展,循序渐进引导女孩子建立正确的人生观、生活观、婚姻观、世界观,规划细致、针对性强。私立薇阁高中田园生活教学丰富多彩,所谓田园教学,就是强调人与大自然的关系和互动,认为人类本身是大自然的一部分,应竭尽所能爱护环境。其校刊《薇阁》有专版"田教中心",定期报道田园教学动态,登载学生活动作品,在其中读到学生尝试在不同环境中培植蘑菇、观察母鸡下蛋、阳明山净山活动……在大自然中,学生接触到了很多动植物,从对它们的照料中，学会对其他生命的尊重和关心，以及对大自然的关爱，并推及到人与人之间的相处与团队合作互助中。

四、特色教育突出

绕岛一周下来，老师们对台湾12所高中印象都非常深刻，原因就在各所学校特色都非常鲜明。丽山高中科学教育特色突出，晓明女中生命教育特色突出，兰阳女中文学艺术教育特色突出……而每所学校几乎都有代代相传的宝贝：成功高中令人震撼的"蝴蝶宫"、台南一中的人文社会教学资源中心、高雄女中的民俗馆……可贵的是，学校特色并非迎合某种形势或某任校长一时兴起兴办，而是举全校之力，历经几代人共同努力铸成。台南一中人文社会教学资源中心所收藏的资料，包括钱币室所藏古今中外钱币7 000多件。中国钱币上自战国刀币，下至近代各种通货，种类繁多；外国钱币有300余种，美金尚未裁剪的连号纸钞数十张，还有难得一见的各国钱币……大多为校友、学生家长捐赠。另外文物室中各种古物将近800件，包括仰韶彩陶、汉代绿釉、汉代佩饰、古代化石、隋唐陶俑、元代饰物、明代铜镜、清代陶瓷、百余年前的弓鞋以及咸丰年间的地契等。安平壶室所藏各界捐赠的安平壶数十件，这种台湾地区的珍贵文物，以安平出土最多，因而被命名为"安平壶"，安平壶并不多见，该校所藏数量为全台之冠。台南一中这么丰沛的资源，由教师陈荣滨发起，全校师生搜集捐献而成，其规模令人惊叹！成功高中的"蝴蝶宫"更令人震撼！它竟然也由退休老教师陈维寿捐献，老先生7岁迷上昆虫，70多年"追蝶"足迹几乎遍布全球，86岁还在为学校服务，我们也有幸聆听到老人充满热忱、天真有趣的现场讲解。

"台湾十二年国教"颁布以来，台湾的教育政策从精英教育转型为特色教育。特色教育是鼓励高中、高职学校创建出具有特色、专长的招生模式。台湾教育部门表示，要办理特色招生一定要有特色课程，但学校也可自行规划特色课程吸引学生。为了让学校有更多弹性，特色课程除了遵循课程纲要，也可选择学分松绑方案，普通高中可减少必修课5学分到8学分，挪为选修以发展特色课程。

台湾的高中必修课程包括语文类（国文、英语）、数学类、社会类（历史、地理、公民与社会）、自然类（基础物理、基础化学、基础生物、基础地球科学）、艺术类（音乐、美术、艺术生活）、生活领域（家政、生活科

技、资讯科技概论）、健康与体育（健康与护理、体育）、全民国防教育，共八类。选修课程包括语文类（中华文化基本教材、散文选读、英语听讲、英文作文）、第二外语类、数学类、生命教育类、生涯规划类、其他类和校本课程。校本课程是学校特色的体现，多元选修，多达40多科类，如丽山高中的"科学教育"使丽山高中走向了国际舞台，薇阁高中的"田园教育"让学生健康成长，宗教组织开办的学校又将仁爱、慈悲与智慧等宗教精神融进日常育人活动，适合多元育人需要……

在此行结业典礼上，邀请单位东莞台商育苗教育基金会主席叶红灯先生诚挚地说，希望两岸教育工作者齐心协力，加强交流沟通，共同面对新挑战，解决新问题。"素质教育"提出和实践30多年，这其中有不少不尽如人意的问题。我想，若能深入研究同根同源的台湾教育，尤其是其"全人教育"，也许能得到不少有益的启示。

2014 年 · 广州

"浙派语文"的启示
——天河区名教师杭州行

新课改以来,各地语文教学进行了很多宝贵的探索。其中,"浙派语文"在近年特别引人注目。

最近,天河区组织名教师前往杭州学习,进入到学校,深入到课堂,观摩了浙派名师的语文课。此前,本人也曾多次赴江浙学习交流。十来节课听下来,我对浙派语文有了较清晰的印象。比照广东的语文课堂,颇有启发。

总的来说,与广东语文相较,浙派语文在以下几方面值得借鉴学习。

第一,重视语感。语感,指直接、迅速地感悟语言文字的能力,语感是一种经验色彩很浓的能力,其中牵涉到学习经验、生活经验、心理经验、情感经验,包含着理解能力、判断能力、联想能力等诸多因素。它与传统语文教学的"悟"是一脉相承的。浙派名师的课特别注重文本细读,品味语言,培养语感。这次听了杭州高级中学周伟老师执教的《新城道中(其一)》一课,《新城道中(其一)》是一首律诗,他引导学生一联一联赏读,一词一词品鉴。首先是反复朗读,这种反复不是重复,第一次整体感知,第二次在了解平仄节奏后体会音韵节奏美,第三次在理解诗歌内涵的基础上感受思想感情。对关键词语,除了研读注解,还引导用替换法、联想法、读写结合法等,多方调动学生经验和积累,让学生对语言"感"得真切,进而"感"得深切。

第二,重视思维。观摩过浙江和广东名师《老王》一课的同课异构。导入部分,广东名师煞费苦心,用自己拍的很多下层劳动人民生活艰辛的照片

制作成视频，配以动人的音乐；浙派名师只是口头简介作者，抛出问题"一个是底层车夫，一个是高知，怎么有联系"，简洁带入。主体部分，广东名师先整体感知，概述内容；在此基础上重点分析老王的人物形象，主要分为三步：认识老王—理解老王—品味老王。主要按照文本情节发展分析，分析三件事"三送"体现的人物关系和人物形象。浙江名师则围绕5个研习点展开，5个研习点都必须根据文本内容，结合具体语句来研读分析，其中有总起句、主旨句，也有矛盾点、疑难点，非深入探究无法得出结论，且结论往往是多向的；引导过程，教师的作用不是助力推进，而是不断设置障碍，促成交锋。总结环节，广东名师用自己创作的一首诗来总结，把课堂的氛围推向高潮；浙江名师则把第5个研习点完成之后爽快下课。一节课下来，感觉广东名师的课堂才情飞扬，视听资源丰富，气氛动人；浙江名师的课虽流程简洁平实，但却获得了对文本内涵更深刻的理解和认识。究其原因，浙派名师的语文课堂是思维导向的。浙派名师的课堂充满有意义冲突的话题，这一点是值得广东高中语文教学借鉴的。广东语文课堂也重视思维培养，但往往局限在议论性文章中，文学性阅读对思维培养略显不足。其实，对高中语文教学而言，语文思维培养要渗透在各种文体教学中。教学中必须设置具有冲突意义的话题，这个话题必须有价值、有冲突性，并且向对话开放。换句话说，高中语文教学要把备课重点放在确定矛盾对立、能触发深入思考的问题或概念上。这些问题或概念凭借学生原有知识是难以理解的，就像有趣而且有意义的小课题，激发学生去解释、谈论、对话、沟通协调，获得丰富的认识，实现共同体验的清晰表达。这样才能从根本上促进学生思维发展。

第三，重视精导。在"把课堂还给学生"的大背景下，广东许多语文课堂也讳提教师主导。浙派名师的课，基本都由教师主导，课堂流程先行预设。值得借鉴的是教师的"导"是精导。这种精导往往体现在课堂研读问题（话题）的设计上。如《老王》一课，全课围绕5个研习点展开，几个句子涵盖情节、人物形象、思想感情和文章主旨，5个研习点一解决，全文教学目标即实现。精导还体现在研读过程上，对每个研习点，教师都准备了1~2个资料（作者的其他作品片断或相关评论）并制成PPT，妙的是教师的每张PPT都能派上用场。可见所谓课堂生成并非完全都在"意料之外"，有经验的教师其实能预见课堂可能遭遇的"坎"，并为课堂生成提前做好准备。

此外，浙派语文重视语文规范和学科逻辑，这些都值得我们好好借鉴学习。

2016年·杭州

师生同读篇

SHISHENG TONGBU PIAN

《落花时节读旧笺》

教师导读

中国新时期文学以 1990 年为分水岭,从 1980 年文学理想推向全盛,到 1990 年后人文精神分化,一代作家文人的文事活动,也融进了时代风云聚散。这篇文章以这个时期 20 位作家朋友给自己的"旧笺"为主体构思全文,铺开篇章。20 封旧笺看似各不相干,经作者一"读",浑然成一整体。既是叙旧忆人,也得以回望一个时代的文学风云聚散,从中反思当下。作者的重读,像微弱的灯光再度照见作者的心路历程,同时也烛照了读者的心空,带读者潜入 20 世纪八九十年代文人精神世界的一角。作者这段话便是最好的写照:"来信者多为同行故人。他们的墨迹有几分模糊,但字如其人,或朴或巧,或放或敛,仍能唤醒一幕幕往事,历历在目……也感谢一个时代的风云聚散,让我得以与这些来信者有缘相识,无论是擦肩而过,是同路一时,还是历久相随,他们终是我生命的一部分,是读书读人读世界的一部分,已悄悄潜入一个人的骨血。"

可以说,这组旧笺保留着传统文人节操的最后记忆:有"虽千万人吾往矣"的道义担当,有"天涯若比邻"的知音情谊,有谦谦君子的惺惺相惜,有一笔小小稿酬没有送达的经年等候,有一处误会歉意无缘表白的焦虑……足见那时文人的情怀胸次。

中国传统书信富于文化内涵,程式化的言语与书写格式使手札、尺牍焕发出艺术的光彩。韩少功的反刍重读,激活了生命记忆,也激活了传统文化记忆。

旧笺唤醒记忆，也是对碎片化、物化冷漠时代的柔软回击。

中国传统书信是传统社会伦理、情感的重要交流方式，见证友谊、亲情的时间痕迹，也是后人考据、书写前人的文献。自从有了信息电子化、电话、电邮、微信之后，书信便成明日黄花。故作者标题强调"落花时节"，其中隐隐传达了一种伤逝之情。

作者将一位化名为"那人"的匿名者来信放在最后，意味深长。读罢是一种莫名的恍惚，这种恍惚，恰是作者对"落花时节"伤逝之思意犹未尽的另一种表述，诗意地传达出作家韩少功读旧笺时内心的真与幻：

写信者只是"一个消息"，一种透明的随风飘去……每个人都有遗憾，都有不舍和挣扎，都有不为人知的轰轰烈烈。"那件事"使都市或乡村的人，过去或未来的人，所有的迎面而来者与我都似曾相识。什么时候，他们都可能偷偷凑过来说一句："布伯和尼采同志可还好？"

学生赏读

书信中的沉淀
——读《落花时节读旧笺》
广州市天河外国语学校　2021届　黄智昊

信笺无言，情含真心。当我读完《落花时节读旧笺》时，我感受最深的是那书信的形式和文字中真挚的情感。这些旧笺很朴素，没有艰深的含义或是华美的表达，但我们可以通过它们看到那个时代，看到那个时代文人作家的样子。时光会带走一切，它带走了那个时代文学的"舞榭歌台"；但时光也会赋予一切，它赋予了这些旧笺以沉淀的历史、文化的内涵。

我读过张贤亮的《绿化树》，其中有一句话给我印象深刻："我把荆棘当作铺满鲜花的原野，人间便没有什么能将我折磨。"想必这是作者有感而发的话。"荆棘"譬喻"苦难"，一个人面对苦难时不是如临深渊，而是将其当作鲜花原野，一定是个内心坚强如铁的人吧？张贤亮给我的印象便是如此。然而从他和韩少功二人之间的信件来看，张贤亮也有温暖如阳的一面，"竟为一次忙乱中寻常的不辞而去，驰函以图追补，周到得让我惭愧——他当时尚不知我的确切地址！"照顾周到，令人微笑。

西西的作品《我城》以一种十分清新的笔调，将城市的真相以一种看似诙谐，实则令人深思的方式表达了出来。她开创了香港本土城市文本的先河。而我知道她是先锋派作家时，我认为她是一个敏锐、深邃、沉思的智者。"第一次在酒店相见，她衣着低调，张罗茶点，引见和关照几个随行青年，在茶座的一端几乎没说什么话，似乎更愿意让她的学生们多说。"一句话，在我眼前勾勒出一个关心后辈，朴素、亲切又慈爱的师长形象。

这些信，让我看到了那个时候文人真实、质朴、亲近的一面，也感受到他们不一样的本心和情怀。

除却此些，书信交流的形式也让我感受颇多。作者韩少功先生谈道："自从有了信息电子化，电话、电邮等正日益取代信函，投书远方已成稀罕之事"，"摩挲着泛黄稿纸，老友墨迹风格各异，往事历历在目。"我完全可以想象这样一幅画面，它完全可以触动到我们。日落迟迟，灯光昏晕。泛黄的信纸上，写信人郑重执笔。一笔一画，每一个字都显得很沉，因为它们都浸透着一份情感与真心，承载着岁月的分量。读到这里，我不由得想到许多的书信。李清照的"云中谁寄锦书来，雁字回时，月满西楼"，想必她也有这种感悟吧。惦念丈夫，望眼欲穿，心中盼望着丈夫的一封承载着情感的书信。《与妻书》中那感人至深的情感，不也是以信为载，寄以令人动容的情感，让每个读到它的人为其献上悲壮的泪水？我以为，笔墨书信，信纸墨迹之间是心与心的碰撞，是最真挚的表达。《落花时节读旧笺》写道："他们的墨迹有几分模糊，但字如其人，或朴或巧，或放或敛，仍能唤醒一幕幕往事，历历在目。感谢纸墨这些传统工具，虽无传输的效率优势，却能留下人们性格的千姿百态。"韩少功先生与其他几位作家的书信，抒情之话并不多，但我却能深深感受到他们之间的情谊。"我终于见到她，重新握住了她瘦弱而清凉的手。"情感之表达节制却热烈诚挚，让我体味良久。

或许，我们也可以寄情于书信，找上一方素纸，一撇一捺，在书信中沉淀下自己的情感。

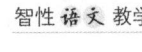

《水客制度、族群与一座叫潮汕的城》

教师导读

这是郭小东先生在中西方文化交流高峰论坛上所做的一场演讲。开篇即点题,说明演讲的主旨良愿:祈望不同国度、不同人种、不同时代的民族与族群,升华地域与人的文明进度和程度,最终达至各种文明文化的和谐,在美其不美的和平共处中,使人类进入一种理性智性的境界。

作者将这个宏大的主题,以及个人的人文理想,寄情于一个叫"潮汕"的城。以自己的"出生地""家族"能够追溯的五六百年历史,以及上千年族群迁徙的无奈与自得,流民心理的拓殖与守成,融情感于知性,描述兼梳理,告知世界,在地球之东方,在东方之中国,在中国南方的一隅,仍存在着一个自己心目中理想的城邦:"在我出生前的五六百年间,城市有形的变动,包括街巷屋厝的摧毁或建设,萧条冷落或繁荣奢华,无日无之。但五六个世纪所形成的规矩方圆,却始终未变。依然是'厚积流光',依然以'诗礼传家',依然是'人文化成''正大光明''元亨利贞'。"

作者"见斑窥豹",阐明了潮汕族群的生存智慧:以仁、义、礼、智、信为根本,审时度势、勇谋豪杰彰显中原流民一族的本色,冒险骁勇,开疆拓殖。即使彼时处于"这个帝国是如此衰弱,如此摇摇欲坠,它甚至没有力量来度过人民革命的危机",这个族群前瞻的目光已越过大海汪洋,彼岸的荒凉正是心中的繁华。越洋的水客和批脚横空出世,直把他乡作故乡。

作者从百多年前的"水客制度",侨批封印"从静分还""口信附银"

"批银先发""有错取回"等字样,发现侨批中体现的契约与贵族精神,应归功于欧洲文艺复兴时期的潮汕,较北方更早地输入西方的理念及科学精神。潮汕人不断以洋风美雨,反哺这个再生之地。在中西文明的交融碰撞中,以千年之功,沉淀了一座伟大的城市,塑造了一个被称为东方犹太人的族群。将一个在历史流变中保有生存智慧,拓殖与守成并重,诗礼传家形象的潮汕城邦,作为在中西方文化往来中受益的独特例子,呈献给世界。

这是一篇演讲稿,也可以当成一篇学者文化散文来读。文章采用夹叙夹议的方式渐次展开。先以亲历亲见的感性描绘引人入胜,再以数据、史实的理性资料拓展框架,后以知人论世的议论升华主题。在段式推进中又是"叙一议"并行不悖的,颇见特色。

学生赏读

一座城市的荣耀
——读《水客制度、族群与一座叫潮汕的城》
广州市天河外国语学校　2021届　谢思旖

潮汕,是一座具有独特魅力的城市。历史长河酝酿出它古典的底蕴,特殊的地理位置和经商传统又使来自五湖四海、丰富多元的文化在此交汇融合。潮汕历来别称"潮州",取"在潮之洲,潮水往复"之意。港口在这里从容地迎接来者,帆船从这里骁勇地驶向远方。几千年来,这片土地上涌现出多少风流人物,文能提笔安天下,武能上马定乾坤!这是一座古老的城市,这是一座生生不息的城市。

作者虽是以中西文化交流心得为题,其实旨在以故乡——潮汕为切入点,追溯潮汕这座城市几百年间在中外文明的交流碰撞中,如何生机勃勃,如何美美与共,从而推动人类文明进步和发展,真切地表达了作者期望不同文化一律平等共同繁荣的美好愿景。

文章是一篇演讲稿,先感性地从自身经历和感受说起,富有感染力和亲和力;后又以丰富的史实资料进行填充,增强文章说服力。开篇点出主旨,清晰明了,以"祈望不同国度、不同人种,不同时代的民族与族群,升华地域与人的文明进度和程度,最终达至各种文明文化的和谐,在美其不美的和平共处中,使人类进入一种理性智性的境界"这个宏伟的主题,落脚于潮汕这一座城市,展开议论。

作者先从潮汕的地理背景叙述起,总说潮汕特色文化的魅力和历史沉淀；后以郭信臣家族为例将中西文化交流徐徐道来，凸显潮汕这片土地的人才辈出，每一位贤人以一人之历、一己之力，映射出中外文化的交融；再另起一段讲述潮汕的乡村建设中西洋文化的渗透；最后阐述水客制度中所反映的潮汕人的生存智慧和民族本色——"既然太祖吾民可以从中原一路南下，在未知的疆土上肆意耕耘，大海汪洋自然也是大路朝天，彼岸的荒凉正是心中的繁华。水客和批脚的横空出世，自然引证了直把他乡作故乡的道理"，展示潮汕融合西方契约精神等的文明成果，呈现了中西文明的和谐共处、美美与共的独特例子。

  作者以小见大，以点论面，落笔于潮汕这座城市的水客制度和族群，讲述了潮汕以千年之文化，与外来文明相交融的历史与现实。海纳百川，有容乃大，终于沉淀出了潮汕这一座古老而又现代的城市，孕育了一代又一代杰出的人才。这是潮汕的荣耀，也是文化的荣耀，更是世界文化多样性的荣耀。

《暗恋桃花源》

教师导读

　　《暗恋桃花源》讲述了因剧场管理员场地安排上的差错，《暗恋》剧组和《桃花源》剧组在同一场地争着排戏、互相干扰、彼此打断的故事。《暗恋》是一部现代悲剧，男主人公江滨柳和女主人公云之凡因战乱而相遇复又离散，共同逃到台湾而互不知情。身患癌症，不久于人世的江滨柳通过报纸找寻云之凡，四十多年后两人再相见，男婚女嫁，物是人非。《桃花源》是一出古装喜剧，武陵人老陶不育，妻子春花与房东袁老板私通，老陶被逼离家出走，沿河而上，进入"芳草鲜美、落英缤纷"的桃花林，碰见了长相酷似春花、袁老板的一对夫妻，三人度过一段单纯的时光，老陶心中依然难忘春花，回到武陵，却发现春花和袁老板陷入了柴米油盐的纠葛之中，并没有过上美满幸福的生活。在这两出戏剧之外，还有一个不时在两剧之间出现的时髦女郎，寻找情人刘子骥。总体而言，这是一部"混乱"的、"不彻底"的戏剧，戏内戏外的种种矛盾让悲剧与喜剧、古代与现代、现实与理想、忠诚与背叛这些对比鲜明地存在，最终互相纠缠融合在一部《暗恋桃花源》中，但剧作家的高明之处在于用互相干扰的两部平凡的"小戏"碰撞出另外一部"大戏"。

　　"戏中戏"的整体结构使得这部戏不但有"戏内冲突"还有"戏外冲突"。戏外冲突因《暗恋》剧组和《桃花源》剧组争抢排演场地产生，这是这部戏的主要矛盾冲突。除了戏外冲突，两部戏又各有戏内冲突，戏内冲突一方面存在于剧中人之间,如《暗恋》中的江滨柳、云之凡和江太太之间,《桃花源》中的老陶、春花、袁老板之间;另一方面还存在于剧中人和剧外人之间,如《暗恋》演员和导演之间,《桃花源》演员和道具之间。在这些本来就复杂的矛盾冲突之外还有不断走上舞台寻找情人刘子骥的时髦女郎与两个剧组的矛盾冲突。由于矛盾众多,冲突不断产生,整部话剧舞台热闹非凡。戏内戏外诸多矛盾一开始就将观众置入乱哄哄的矛盾之中,怎么办、怎么演的困惑从开始就困扰着观众,吊足他们的胃口;另外,正因为矛盾冲突不断,观众又可以不时欣赏由矛盾冲突带来的戏剧效果。虽然整部戏矛盾众多,头绪复杂,但因为始终以两个剧组之间的矛盾冲突为主线,所以整体还是乱中有序。两个剧组之间为争排演场地互不相让,最后同台演出互相干扰成为整部话剧的高潮。

错综复杂的戏剧冲突、新颖的戏剧结构、富有表现力的戏剧语言、开放性的主题是《暗恋桃花源》这部话剧成功的重要因素,而渗透在这些因素背后的、融合传统和现代的创意戏剧观念,才是这部话剧具有不平凡魅力的关键所在。

学生赏读

混沌中的秩序
——读《暗恋桃花源》
广州市天河外国语学校 2021届 陈芃昕

一出好剧,混沌而不失秩序的意境,给予触及心灵的悲喜。《暗恋桃花源》,在悲喜交加间,以精密的剧本结构、台词文本,叙述了一个蕴含深意的故事。

身临其境,杂而不乱

《暗恋桃花源》的台词安排和动作设计给人以无与伦比的代入感,而这份代入感在悲与喜之间来回跳跃,灵活而又迷幻,混沌而不失秩序。话剧进行至《桃花源》时,春花怒骂老陶:"生不了孩子当然是你有问题了!"而老陶滑稽地回答道:"(指着自己的鼻子)我有问题?开玩笑,我会有问题?(双手在面前比画)我这么个人,我这么个长相,我什么地方,我哪里(看自己裆部)会有……问题?"但在搞笑之后,进行至《暗恋》,云之凡探病临走前,江滨柳不甘地问:"之凡,这些年你有没有想过我……"背过身的女人沉默了,她辩解道:"我给你写过很多信，寄到上海。……不能再等了，再等就老了。"江滨柳万念俱灰地收回自己的手，与顽固地跟随了一辈子的思念，在江太太怀抱中大声地抽泣。这话剧之间强烈的过渡与反差，能够不使人出戏，靠的便是这样的深刻的台词设计，一泻千里，痛快淋漓，直击观众心底。这样的对话，加之以真实生动的行为刻画，身临其境，不为夸张。

而对于剧本结构，两则故事穿插共同推进，又有一位时不时在两剧之间出现的时髦少女，呼唤着情人刘子骥。多条剧情线相互交错，但混乱的大舞台很巧妙地在三个本毫不相关的情景之中灵活过渡、切换自如，一松一紧欲罢不能。《暗恋》剧组和《桃花源》剧组在同一场地争着排戏、互相干扰、彼此打断，但戏剧的连续性却始终像一股流水，顺畅无阻，分分合合，直至流入大江，汇集为全剧末尾的高潮，掀起滚滚波涛。就如赖声川先生认为的那样："当情感激烈到一个程度，再用另一个方式来嘲讽这种激烈，更能达到净化的目的，产生更高的境界。"

里外矛盾，戏中对比

《暗恋桃花源》"戏中戏"的整体结构使得这部戏不但有"戏内冲突"还有"戏外冲突"。戏外冲突因《暗恋》剧组和《桃花源》剧组为争抢排演场地产生，这是这部戏的主要矛盾冲突。但除了戏外冲突，两部戏又各有戏内冲突。戏内冲突一方面存在于剧中人之间，如《暗恋》剧中的江滨柳和云之凡及江太太之间存在的冲突，《桃花源》中的老陶、春花、袁老板之间存在的冲突；另一方面，在一部戏内还存在剧中人和剧外人的冲突，如《暗恋》演员和导演的冲突，《桃花源》演员和道具的冲突。这些冲突在推动剧情的同时，产生了绝妙的戏剧层次感。观众被置于这矛盾的漩涡之中，不仅被吊足了胃口，且像剧中乱哄哄的那样，感情与剧情纠缠，直至整部话剧结束。

除了"戏中戏"所带来的强烈冲击感，《暗恋》与《桃花源》两出戏剧之间的对比，更是耐人寻味。现代的《暗恋》和古装的《桃花源》；正经的《暗恋》和无厘头的《桃花源》；慢节奏的《暗恋》和快节奏的《桃花源》；一男两女有缘无分的《暗恋》和两男一女婚姻不幸的《桃花源》……安静和混乱交错，悲伤和欢快交合。两出戏剧的导演有这样一段对话：

《桃花源》导演："我好好的一出戏剧，已经被你们弄得乌烟瘴气了。"

《暗恋》导演:"我看你这喜剧我好心痛啊,我最崇拜陶渊明了。"

《桃花源》导演:"我看你这悲剧我很想笑。"

其实仔细一想,《暗恋》与其说是江滨柳对云之凡的念念不忘,不如说是他对梦幻般美好的"桃花源"的无限向往;而《桃花源》说是喜剧,实际上讲述的是误入其中的老陶对春花的不舍"暗恋"。当老陶重回现实,江滨柳等待多年,最后都发现,已然是物是人非。

理想与现实,精神与物质

幕布落下,话剧终结,在《暗恋》和《桃花源》两个故事的强烈对比下,理想的美好,现实的悲惨,都淋漓尽致地刻印在观众的脑海。《暗恋》虽出于现实,但它之所以纯美,是因为江滨柳彻头彻尾理想主义了一把爱情。他明明娶妻生子,却整天在书房对着一面墙和一株柳树,假装自己还在外滩公园。江滨柳和云之凡的恋情戛然而止在1948,才成就了朦胧的《暗恋》。而《桃花源》给予观众理想的梦中园地,却用老陶悲惨的现实,无情地打击了一把爱情的理想主义。然而讽刺的是,老陶为爱执意回到现实,却发现春花和袁老板并不幸福,不仅仅如此,他们甚至害怕和排斥老陶。假使江滨柳和云之凡在台湾相逢和结婚,安知38年后,会不会变成一对老陶和春花那样的怨侣?

理想与现实,精神与物质,究竟哪一个更好?其实我们无从判断。就如同悲剧和喜剧作为生活的两面,你无可避免其中的任何一面,但只要你学会从不同的角度看,悲剧和喜剧也可以互相转化。在这繁华而混乱的世间,爱情与命运重叠,理想与现实交合,也正因如此,我们要更加珍惜当下,追求实在的幸福。

《一个人的村庄》

教师导读

　　刘亮程的《一个人的村庄》写他自己的村庄,他生于斯、长于斯的那一方乡土。他描画着村庄里的一个个生命,真朴的本色充满了迷惘与沉痛。这个村庄是荒芜的,生与死不仅是人们无法破解的哲学命题,也是他们无力挣扎、无力争取的人生宿命。

　　这个村庄有过去,有现在,也有未来。但让人最迷惘绝望的不是过去与现在,而是未来。未来会成为现在,一层又一层地堆积在这些有了年份的泥土上。村里的人都知道,这堆积起来的新土永远不会到达村庄以外的新地方,它们只会慢慢沉淀下来,继续滋养下一批要经历劳动、经历与其他生物气息的交换、经历生老病死的土地上的人们。而当这批人老死时,他们最后的呼吸可能比从枝头飘落的叶片还要微不可闻,他们躺在曾经的新土上,与被他们消耗掉养分的土壤一起消失在新生儿的脚印里。

　　在这个村庄里,你能感受到时间的流动,却感受不到文明的演进。就像我们熟悉的那个创世神话"盘古开天辟地"一样,盘古呼出的气息变成了风,肌肤变成了大地,血液成为河流,汗水化为雨露。最原始的生命之间的缠绕、物质之间的交融、生死之间的演化,日复一日地在这座村庄里循环上演着。

　　刘亮程以一个村民的身份进行观察和叙述。但那观察的视角、叙述的口吻却似乎不是来自一个人,而是来自生养了这村里一草一木的土地。所以在他观察的视线里，有迷失在村庄之外的生命的线索，也有村庄内物质循环的过程；有关于一个工具来历和去踪的纪录片，也有某个时刻村庄的全景图。他叙述的口吻是现实的，又是苍老的。或者说他叙述的一直是同一件事，只不过引起了这座村庄不同时空的共鸣。

若要说他与那些回归村庄而获得内心平静的人有什么相似之处，那便是他也同样具备平静的能力。只不过他的平静是与生俱来的。这种平静主要表现在：他没有过分夸大村庄的价值，也没有炫耀自己作为叙述主体的独特与高贵，更没有强调人与村庄之间如何相互成就。他只是给予这个叙述内容中所有事物——包括他自己——以同等的尊严。他不是以自己为主体思索时恍然发现万物与自己的联系，而是以一种深情的眷恋近乎忘我地凝视着村庄的每一个角落。风中或生长或腐蚀的生命和物质，记录在他对家乡的凝视里。而这被记录下的村庄里的传说和回忆，也仿佛为了回馈他的深情与眷恋，随着岁月的流逝，它们作为不同物质体所表露的外在形式逐渐剥落，向他展露出一串串生命的密码。

刘亮程认为，创作散文使他找到"自己的语言方式"。刘亮程的散文有诗性特征，是心之所至、情之所生、意之所往的结晶。它不但在语言、情感和意境上呈现出生命诗性的艺术内蕴，而且在结构上随情布段，缘意立节，显现出一种魂之所摄的、灵动的散化结构。看似分散，实则血脉相通，意流情动，于自然而然的形态中蕴藉着丰厚的内涵。以诗为文的手法极大开拓了刘亮程散文的诗性空间，使其散文具有独特的美学价值。

学生赏读

钟情斯土
广州市天河外国语学校 2021 届 李琬滢

《一个人的村庄》是"农民作家"刘亮程的经典之作。学者林贤治认为："他的作品，阳光充沛，令人想起高更笔下的塔希提岛……"作家李锐认为："在这片垃圾遍地，精神腐败，互相复制的沙漠上，读到农民刘亮程的这组散文，真有来到绿洲的喜悦和安慰。"《一个人的村庄》描摹了一种引领人回归自然生存的乡愁，给每一个渴望摆脱市井喧嚣的人一个可认领的故乡。

刘亮程的散文因其农村题材而被归入乡土文学这一流派，他因此被称为"乡村哲学家""麦田的守望者""乡野里的拾穗者""伪农民"

等。日出而作，日落而息，他躺在广阔的田野中细听虫鸣，在荒野中对一朵花微笑，他感受到拉车干活的驴是悟透人世沧桑的智者，草和土墙也体现着万物的灵气。刘亮程对乡村生活采取了诗意化的观照方式，让读者对纯真、宁静、永恒的乡村生活充满了向往。透过文章中的种种意象和诗意的语言，我感到一种在浮躁的现代社会中使人沉静的力量。

首先，"一个人的村庄"成了刘亮程散文中的一个意象，它以一种幽远、宁静、清贫与丰富唤起了人们土地之根的记忆，把置身于现代的喧嚣与真空之中的精神与心灵引领进了它曾经的栖息地：大自然。人们进入城市化后却被物欲所吞噬和腐化，城市表面下，人们心灵的真空，精神家园的失落呼唤他们回归自然。"一个人的村庄"，是人的一种生存心境，是"城市"对"土地"的一种思念，是人类社会在城市化的历史发展进程中对回归大自然的一种人性呼吁，是对"天人合一"的诗意存在的一种向往。

其次，乡村动物也作为刘亮程散文中的一个意象。刘亮程将狗、马、驴、牛等置于与人平等的位置，视其为人们生活乃至生命的一部分，通过对驴、狗、牛等动物意象的描绘将这种动物崇拜表达出来，从而体现其独特的乡土情结与自然崇拜。牛是农耕文明的牧歌，狗也寄托了人寻找精神家园、抵抗人心荒芜的夙愿。

最后，诗意语言构建了村庄。刘亮程擅长与叙事对象一体化，用内视角的方式，白描式的语言，真诚质朴的语调，消除了读者与作者固有的距离感。无须华丽的辞藻，只有看似琐碎的意象和平常的生活细节，就已字字包含着对家乡的不舍与牵挂。

"一个人的村庄"，我读出了作者的孤独，一种渴望被理解的孤独。透过村庄，他读透了人生，也仍保持着对故土的眷恋。他旨在呼吁：我们不能抛下土地不管，那里是我们最终的家园，它不能荒芜，否则我们将成为永远的无家可归者。

《风波》

教师导读

发生于京城的、历史上称为"张勋复辟"的事件在遥远的江南水乡掀起一场"辫子"的风波,"皇帝坐了龙庭了""皇帝要辫子",可七斤没有辫子;赵七爷盘在头顶上像道士一般的辫子放下来了,他幸灾乐祸地质问七斤的辫子哪里去了,使七斤、七斤嫂感到如同受了死刑似的;最后赵七爷的辫子又盘在顶上,"皇帝没有坐龙庭","辫子"的风波消解,乡村百姓仍然按照自己的特有节奏,过着自己似乎既没有大欢乐也没有大痛苦的日子。

这篇小说通过对这场辫子风波的叙述,展示了辛亥革命后中国农村的真实面貌,揭示了缺乏精神信仰和追求的"无特操"的国民性弱点。特操,独立和独特的操守,是基于某种精神信仰而形成的道德准则。辛亥革命后,多数中国民众与民国、革命依然极其遥远;民众的无坚信、无特操,是辛亥革命及其他一切变革终将失败的根本原因,也是一切类似辫子风波的悲喜剧不断上演的现实基础。这是这篇小说深层的思想内涵。

《风波》是鲁迅的代表作之一,体现出鲁迅精心的构思艺术,他巧妙地将大与小、生活真实与艺术虚构、庄与谐的关系统一起来。

鲁迅小说善于"广"域取材,"小"处着眼。辫子是清王朝统治的标志。在鲁迅眼里,辫子是张勋复辟事件的一个符号,是民国革命危机的一种征兆,又是传统文化和国民精神枷锁的一种象征。鲁迅从事文学创作以"改造国民精神,唤起人们的觉醒"为指导思想,试图唤醒国民的自觉,实现国民理想人格的重建。"国民性改造"思想贯穿于他的小说之中。小说《风波》的意义超出了特定的社会环境。

　　史料表明，张勋复辟之时，鲁迅在当时的教育部任佥事，对于当时的乡村并没有任何直接考察，故事完全出于虚构。但正是这样一个纯粹出于虚构的故事，让人从中获得了极富意义的启示。《风波》的虚构方式是革命性的，表明了现代知识分子对于传统文化秩序背叛与重估的勇气。与其说鲁迅所关注的重心在于城市的政治变动及其乡村反应的外在表象，不如说是它们背后的社会心理——传统文化秩序所培育出的社会心理在乡村的顽固残留，以及传统言说方式对于当时乡村现实的误读。

　　鲁迅的小说有一种特有的讽刺幽默。他的讽刺幽默掩藏在冷峻的智慧之中。《风波》通过对全体出场人物的讽刺性描写，对中国国民的劣根性进行了辛辣的批判。鲁迅特别推崇《儒林外史》"无一贬词，而情伪毕露"的讽刺手法，认为这是讽刺艺术的上乘，他也继承发扬了这种艺术传统。《风波》中，通过描写赵七爷张冠李戴，把"留发不留头，留头不留发"这一清初统治者镇压人民的口号扯到太平天国革命时期，把张勋说成"燕人张翼德的后代"等，勾勒出一个假学问家的可笑形象。"九斤老太"的大怒表面上看与风波没有关联，但九斤老太的名言——"这真是一代不如一代"恰恰说明了鲁迅以幽默的形式洞察了中国社会变革的艰难。

学生赏读

一场风波，时代缩影

广州市天河外国语学校　2021届　王嘉雨

　　临河的土场上，七斤从小巷口转出，一场风波正在悄悄酝酿着。鲁迅的这篇短篇小说《风波》，收录于小说集《呐喊》中。鲁迅以他对当时社会细致入微的观察和反思，将社会景观微缩于浙东村庄由"辫子"引发的一场风波中。

　　鲁迅通过白描方式刻画小说中众多的人物，生动到位，一个个人物形象跃然纸上。首先出场的是九斤老太，她的口头禅"一代不如一代"在行文中出现频率高达七次，让人不得不关注作者背后的用意。在九斤老太的眼中，从前的钉比现在好，天气比现在凉爽，豆子比现在软，她的六斤孙女比七斤儿子少斤两——这些想法都成了她口中"一代不如一代"的例证。其背后表露出她思想的保守和狭隘。同时作者也借"九斤老太"的形象对当时的一些复古家、国粹家进行了辛辣的讽刺。在这之后，"九斤老太"也成了思想狭隘之人的代名词。

下一个出场的是七斤嫂和七斤。七斤的一句"皇帝坐了龙庭了"宣布风波开始，而七斤嫂与赵七爷、八一嫂等人的争论将风波推向高潮。听闻七斤的这句话，七斤嫂先是呆住了，之后便说："这可好了，这不是又要皇恩大赦了么！"鲁迅先生在这一句话中向我们传达出非常丰富的信息。首先，"这可好了"说明七斤嫂等人对封建帝制的压迫浑然不觉。其次，七斤嫂的想法反映出当时轰轰烈烈的辛亥革命所传播的民主、自由等思想并未影响到这些底层人民，从侧面反思了辛亥革命的局限性和不彻底性。再者，"这不是又要皇恩大赦"中的"又"字无声地提醒着我们，类似的复辟行为可能发生了不止一次。除此之外，鲁迅对其他人物的描写也处处体现其幽默讽刺的笔法：七斤所谓的"飞黄腾达"仅仅是不捏锄头柄；他从鲁镇听来的"时事"居然是雷公劈死了蜈蚣精、闰女生了个夜叉之类；说赵七爷有学问，只是因为他能说出五虎将姓名、知道黄忠和马超的表字……在对这几个典型人物的描写中，底层人民思想的落后与狭隘暴露无遗。

整篇小说结构紧凑，开端、发展、高潮、结局和余波衔接自然，节奏适中。情节的发展在"有辫子"与"没辫子"的矛盾中推进。辫子的去留代表两种意识形态和个人的政治立场。值得深思的是，很多时候不是这些民众选择留不留辫子，而是"留不留辫子"来选择他们——他们无法选择，也不知道该如何选择，处于被动状态下的他们只是在权力的更迭中来回奔波。留辫子与不留辫子的人就像赌局中的双方，将自己的性命付作赌注，输赢由权力的转盘决定。像是一场愚蠢的游戏，既可笑，又可悲。结合当时张勋复辟的历史背景，这篇小说无疑具有深刻的现实性。通过描写底层民众对革命形势的茫然无措，鲁迅笔锋直指辛亥革命对社会影响的有限性以及大多数人头脑中还未革去的封建思想。鲁迅正是以这群人的愚昧狭隘来警醒社会——社会革命的成功进行需要思想上的彻底革命，这也是"知行合一"的要求。小说以场景描写开篇，又以场景描写结尾，写这个小村庄的"仍然"与"不变"，意蕴隽永深刻。过路文豪的感慨"无思无虑，这真是田家乐呵"的感慨与事实相去甚远；孙女六斤新近裹脚，一步一步走来的脚步声，何尝不是鲁迅对那个时代沉重的叹息……鲁迅虽然用辛辣的文笔展现当时民众的粗俗、迷信、狭隘、自私等特质，剖析那个特殊时代的症结所在，但我们还是能感知到其背后的同情与对改变这种现状的希望和呼吁。《风波》对于当今这个时代，是一面历史的镜子，不断警示与审问着我们。

《断魂枪》

教师导读

　　《断魂枪》这篇小说的故事背景是晚清末年。曾经强盛二百年的大清帝国，到了19世纪中叶便江河日下。帝国主义的洋枪洋炮轰开了中国主权的大门，另一方面也轰开了中国传统思想文化的大门，中国人"东方的大梦没法子不醒了"，被迫走上了文化反省和比较选择的道路。

　　西方马克思主义学者詹明信（Fredric Jameson）在论及跨国资本主义时代的第三世界文学时说："第三世界的文本，甚至那些看起来好像是关于个人和力比多趋力的文本，总是以民族寓言的形式来投射一种政治：关于个人命运的故事包含着第三世界的大众文化和社会受到冲击的寓言。"这一论断恰好与《断魂枪》的深层寓意暗合。《断魂枪》的故事文本叙述的是镖师沙子龙在大动荡的时代背景下，不得不放弃自己经营半生的镖局营生改作客栈老板，并对自己一生练就的绝世枪艺毅然选择"不传"，它真切地投射出了一个衰微蜕变的时代。既流露了国道不振的感慨，也流露了与昨天告别时的留恋与悲凉，充满着一种古老文化兴衰嬗变的历史悲凉感。

　　老舍善于把个人命运的小故事和时代变迁的历史大背景结合起来，在短小的篇幅里营造出大格局。"沙子龙的镖局已改成客栈"，这本来可以是平淡无奇的叙述，但放在西方列强的枪炮惊破"东方大梦"的大背景下，内涵和寓意就大不同了。沙子龙的职业更换，他震动江湖的武艺和名声，他行走于荒林野店里的豪放事业，之所以如梦幻般一去不复返，与西方列强东侵后引发的中国社会变动密切相关，是历史大变局的反映。如果《断魂枪》仅仅写沙子龙这一条情节线索，这篇小说最终难免成为一曲为中国传统的技艺和精神悼亡的挽歌，但《断魂枪》里还出现了一位孙老者，就他在卖艺场上显露的身手，以及他给沙子龙的表演，明显是位武林名家。他那深藏不露的性格和沙子龙颇为接近。有论者认为孙老者乐观、坚韧，为学习传统武林绝技而风尘仆仆地奔走江湖，并由此诟病沙子龙的保守；也有论者质疑孙老者是不是一个合格的拜艺者。在老舍的艺术构思中，孙老者也许只是作为沙子龙的一个陪衬或推动小说情节发展的一个因素，但他的出现，使沙子龙的形象得到补充，受到诘问，也使这篇小说由"单声部"叙事变成了"复调"叙事。

小说在塑造人物形象时，运用烘托和对照的手法。如王三胜的鲁莽气盛与沙子龙的深藏不露相对比；在对同一个人物的描绘中，或用反差极强的对比，或用先扬后抑等手法去刻画其性格特点；对于人物的复杂心理活动，作品并不多用对话和直接的心理剖析，而是通过人物的外形和动作的精确描绘来表现。

老舍以城市人民生活为题材，在新文学史上第一个成功地在艺术世界中构筑起市民王国。他的作品具有一种温婉轻快、悲喜剧结合的讽刺艺术风格。他能纯熟地驾驭语言，善于准确地运用北京话表现人物、描写事件，使作品具有浓郁的地方色彩和强烈的生活气息。《断魂枪》中，人物语言直白简朴，各具特色，彰显人物性格。沙子龙言语少，但通过他的声调和语气，可以穿透他的心理世界，他的沉稳、镇定、大气、圆滑、保守便跃然纸上；王三胜语言狂妄、不知深浅，足见他的浅薄、粗俗、无勇无谋；孙老者的语言简单利落、目的鲜明，可见他的直率耿直、固执己见。老舍以讽刺幽默和诙谐轻松的风格，赢得了人民的喜爱，他以北京话为基础的通俗、凝练、纯净的语言为中国现代文学语言发展提供了艺术典范，1951年北京市人民政府授予他"人民艺术家"的光荣称号。

学生赏读

三个镖师，两场对抗，一个时代
广州市天河外国语学校 2021届 林海昕

老舍在《断魂枪》的开头写道："沙子龙的镖局已改成客栈。"

故事从沙子龙的镖局开始，围绕沙子龙、孙老者、王三胜展开。三人性格迥异，对待传统文化的态度也截然不同。"神枪沙子龙"由于帝国主义的入侵，不得不将自己的镖局改为一间客栈，并对自己毕生技艺选择了"不传"，只于夜深人静之时独自练习以此缅怀过往。面对时代的影响，他选择了一种较为消极的态度，抱守着心中的一阕残梦，聊以度日。沙子龙这一角色所展现的是作者面对传统文化不可挽回的无奈与沮丧和对西方列强俯首称臣的不甘。孙老者借以挑战王三胜之机拜会沙子龙，向其讨教绝学。他是一个率性的江湖中人，只对武功感兴趣，不轻易妥协。老舍先生在他身上寄托了一种渴望民族渡过难关、向上向善的美好愿望。王三胜势利、目光短浅，将武术视作谋生的工具，以吹嘘沙子龙获取自身的利益。作者通过塑造这样一个典型的功利主义者，批判了国家动乱之时的利己主义者与投机分子。人间百态，形形色色。他们虽无法概括社会上的所有人，可他们的经历却折射出民族传统文化的衰落，以及国民抗争精神的缺失。

小说中共有两场对抗：一是王三胜与孙老者在街头比武，二是沙子龙拒绝孙老者提出的比武和传授"断魂枪"的要求。第一场旨在刻画王三胜狂妄、浅薄、粗俗的人物形象。第二场则意在表现两种不同观点之间的碰撞。激烈的碰撞，表现出作者复杂的思想感情：感慨国道不兴、传统文化难以生存，也寄托民族振兴的期待和愿望。

三人的矛盾与冲突，归因于二十世纪前期动荡的中国社会：列强入侵，西方文化的输入给中国传统文化带来了巨大的冲击。"他们的长矛毒弩，花蛇斑彩的厚盾，都有什么用呢？连祖先与祖先所信的神明全不灵了啊！"在被枪炮声轰开大门的背后，是传统文化不得不苟延残喘的现实。镖局的消失、沙子龙的归隐，皆为社会转型期中国传统文化所处困境的真实写照。而王三胜的势利、孙老者的坚持，也在展现东方大梦被迫苏醒后不同人面对生活的不同态度。在传统文化的不断"边缘化"的现实中，有的人心怀不甘却不得不随波逐流，也有人表现出积极乐观的"固执"。沙子龙、王三胜、孙老者三人身处同一个时代，面对相似境遇，却做出不一样的选择。读者在三人的相处间得以窥见动荡之时人们对于传统文化的复杂情感，以及作者对于中国究竟"路在何方"的理性思考。混乱的时代中，人们挣扎、呐喊，希望找到一条光明的道路。时代的先驱们痛苦地清醒着，他们在看见前路时不忘身陷迷惘的众人，引领人们走向一个新的时代。

《鸳鸯刀》

教师导读

金庸将其十四部主要作品名称的首字编成了一副对联：飞雪连天射白鹿，笑书神侠倚碧鸳。这"鸳"所指的便是中篇武侠小说《鸳鸯刀》。

节选部分情节内容大致如下：

太岳四侠为给晋阳大侠萧半和祝寿，拦劫周威信为清廷保送的鸳鸯刀，被镖行武师所败；又欲抢夺林玉龙、任飞燕夫妻和书生袁冠南的行囊，反被袁冠南诈去仅存的数两银子；萧半和的女儿萧中慧、大内高手卓天雄也为鸳鸯宝刀而来。途中一场混战，林玉龙夫妻把夫妻刀法传给袁冠南、萧中慧二人，二人并肩抗战，互生情愫。萧半和生日这天，袁冠南献上鸳鸯刀，萧半和将萧中慧许配给他。

《鸳鸯刀》故事并不长，却是一部典型的武侠小说，体现了金庸武侠小说的艺术特色和风格。

金庸曾说："写小说内容求雅俗共赏，文字能清简流畅，此吾之愿也。"

有人说，金庸是继冯梦龙之后，中国最会讲故事的作家之一。金庸小说的显著特点是具有娱乐性与观赏性，具有大众趣味特征。《鸳鸯刀》总共不过三万多字，情节跌宕起伏，扣人心弦。比武、恩怨、夺宝这些武侠小说的基本要素全都具备；人物象征性的名字符号浅显生动，直显人物性格身份，场面和人物富于喜剧性。

从写作与传播的主要方式及文学的几个要素看，金庸小说属于通俗文学。但他的小说从思想观念、文化内涵、语言表达等层面超越了通常所谓的通俗，而具有了"雅"的成分。严家炎《文学的雅俗对峙与金庸的历史地位》一文认为金庸"借用武侠这一通俗作品类型，出人意外地创造出一种文化学术品位很高的小说境界，实现了真正的雅俗共赏。金庸作品中包含的迷人的文化气息、丰厚的历史知识和深刻的民族精神，不但为广大通俗作品所望尘莫及，而且也远远超过了许多严肃小说"。

《鸳鸯刀》结尾，将故事推向高潮的不是激烈的打斗，而是萧义对他以前的英雄主义故事的讲述。此时，鸳鸯刀无敌于天下的秘密也揭晓："仁者无敌"。这将小说主题推进到民族文化的境界。在这篇小说中，不管在故事情节还是人物设定上都体现出强烈的中华民族色彩——仁义、英雄。《鸳鸯刀》体现了民族文化中个人英雄主义和反叛情结以及民族自豪感。这也正是金庸小说中的"龙眼"。传统文化对金庸小说创作的影响非常深远。"义"是金庸武侠小说之灵魂。它常常和"仁"连在一起成为"仁义"，和"信"连在一起成为"信义"，和"正"连在一起成为"正义"。在金庸笔下，"义"可以分为两个层次：小则除暴安良，惩恶扬善；大则为国为民，奋不顾身。

金庸小说的语言通俗流畅、灵活生动，没有难认的字、难懂的词和艰涩的句子；在行文时常会引用一些古典诗词，古朴、苍劲，并运用得极富韵味。而金庸语言的特点又不止于此，王朔在《我看金庸》里曾说："金庸小说的文字有一种速度感。"金庸语言的动作性强，极善构筑戏剧性场面。金庸善于探索不同的故事叙述方式，不断拓展语言的疆域，丰富小说的形式美感，他的小说，往往让人感到其风格的丰富性。

学生赏读

《鸳鸯刀》的喜剧色彩
广州市天河外国语学校　2021届　陈思宁

文学评论家、作家曹正文曾如此评论《鸳鸯刀》：这是金庸小说中别具面目的艺术作品，它以趣动人。在这幅"江湖谐趣图"中，武林英雄、江湖好汉，个个妙趣横生。武侠小说中文字之调侃，非《鸳鸯刀》特有。但通篇皆有喜剧的色彩，这在武侠小说中实属罕见。

的确，《鸳鸯刀》不如金庸其他的小说里的江湖一般充满了血雨腥风与快意恩仇，而是一些小人物闹出的令人捧腹的笑话，从头至尾，妙趣横生。

然而，金老在本文中也倾注了自己的人生经验，写出了不同人物的不同性格，使它与一般的娱乐小说区别开来。鸳鸯刀中"得之者无敌于天下"的秘密，让人不禁联想到倚天屠龙刀里的绝世功法，最后在行文末了处谜底揭开，不过是"仁者无敌"四个字而已。由此一来，全篇也不再只是单纯的幽默诙谐的小品文，它更像是一则寓言，暗示了哲学式的题旨，微言大义，加重了分量。

有人说，《鸳鸯刀》用一段极致的、调侃的、脸谱化的笑剧，结束了一段坚定不移的英雄史诗年代。就此开启了金庸作品带有怀疑色彩的、世界观更加复杂的后半段。感觉就像金庸用《鸳鸯刀》跟读者这么说：

"我最后讲一个笑话哈，然后，英雄童话就讲完了，欢迎来到成年人的世界。"

金庸先生的武侠小说是"写梦的文学"，为我们创造了武侠世界里的乌托邦。《鸳鸯刀》里同样也是江湖恩怨、门派斗争、武林纷争、男女爱恨、兄弟情义，书中插科打诨似的人物，无疑是锦上添花。他的作品雅俗同欢，智愚共赏，甚至超越了雅俗之界，灵动而厚重。

知乎上的网友评论说："金庸的小说如一幢摩天大厦，有超一流的设计、超一流的施工，还有超一流的装修，最后还有高雅的格调。"他的小说运用浪漫手法写出了光怪陆离的江湖传奇，是"超一流的设计"；他运用了高超的叙事方式和语言功底，将诗词歌赋运用得浑然天成，毫无斧凿之痕，妙笔生花，是"超一流的施工和装修"；他的小说通过对众多武林人物的描绘，深入地写出了人生百态，体现出丰富的现实内容和作者的真知灼见，是"高雅的格调"。

也有网友如此道："金庸小说初看时往往有伏笔，使人思来想去，不得安宁。再看时跌宕起伏，悲剧横生，叫人看得心乱如麻。一旦深读便不由得废寝忘食，终日沉迷于书中，不能自拔。最后结局一到，全书读完，却又突觉怅然若失，不由得唉嗟不已。更有甚者，留下所谓开放结局，真叫人捉摸不透，心有不甘，苦思冥想，几乎疯狂。又想提笔写感，又无从下笔，难以概括。"这大概是所有金庸迷共同的所思所感吧。

《透明的红萝卜》

教师导读

中篇小说《透明的红萝卜》发表于1985年,是莫言的成名作、代表作,它奠定了莫言小说创作的基调和风格,此后莫言几乎将创作视角完全转向其故乡高密。

小说主人公黑孩是个沉默的苦孩子。公社要加宽滞洪闸,黑孩被派去砸石料,受到菊子姑娘的保护,后来砸伤了手指,又被派去给铁匠拉风箱。小铁匠动不动就让黑孩去偷地瓜和红萝卜,黑孩把红萝卜看成了有着金色外壳、包着银色液体的透明的红萝卜,当小铁匠把他的萝卜扔进了水里再也找不到时,黑孩钻进了萝卜地,把所有正在成长的红萝卜都拔了出来……

在2012年瑞典文学院诺贝尔奖的颁奖典礼上,莫言说:"我认为《透明的红萝卜》是我的作品中最有象征性、最意味深长的一部。那个浑身漆黑、具有超人的忍受痛苦的能力和超人的感受能力的孩子,是我全部小说的灵魂,尽管在后来的小说里,我写了很多的人物,但没有一个人物,比他更贴近我的灵魂……"

在塑造黑孩的形象时,作家的笔墨集中于两个不和谐的方面:一方面是身世的不幸、命运的悲惨,另一方面是儿童的聪慧、机敏。小说通过两个侧面的对比,传达出对黑孩的悲悯。这种悲悯的背后,有对特定历史时期的反思和批判。尽管作者有意淡化故事的时代背景,但从人物的语言和行动中,读者可以推知故事发生在"文化大革命"时。黑孩之所以生活得这样悲惨,显然有家庭、社会、政治等多方面的原因。后娘的狠心、小铁匠的险恶，20世纪六七十年代中国乡村的普遍贫困。在这样一个特定的环境中，那个晶莹透明、金色的外壳包孕着活泼的银色汁液的红萝卜就有了特殊的意义，它体现了小黑孩在不幸的生活中对纯洁、幸福、美好世界的憧憬。小黑孩的憧憬是执着的，在第一次看到那个透明的红萝卜之后十几天，他还到菜地里去寻找，但他最终没有找到。这个结局暗含着作者对生活的失望。这种失望还体现在小说其他人物身上。小石匠和菊子姑娘是美好的，但最后菊子姑娘那长着长睫毛的、美丽的眼睛却被白石片毁掉了；老铁匠终日吟唱的也是人生艰辛的戏文。

瑞典文学院授予莫言诺贝尔文学奖的理由是他"融合了民间故事、历史和当代社会，创造出独特的魔幻现实主义作品"。魔幻现实主义文学是20世纪50年代前后在拉丁美洲兴盛起来的文学流派，是一种用魔幻的内容表现现实生活的写作手法。莫言在借鉴魔幻现实主义的同时，广泛地汲取民间文化的营养，在神秘、诡异、朦胧的氛围中，表现东方古老民族坚强又懦弱、伟大又卑微的品格。苦难的童年生活始终是他的作品中令人难忘的记忆，也成为他的魔幻现实主义写作风格的源泉。他经常借助童年记忆的视野来审视和表现文学中的各类生活。《透明的红萝卜》的创作与莫言少年时的生活记忆密切相关。小说整体上写得如诗如画，作者将这个悲伤却不乏温馨的故事，置于深秋黄麻无垠、雾岚升腾、河水汤汤的河滩旁，置于炉火通红、火星飞溅、锤声叮当的桥洞里，在融情于景、以景写情中，描绘出少年记忆。魔幻现实主义也深刻影响了莫言的语言风格。莫言的语言极富想象力和穿透力。莫言善于打破语言常规，重组语言，令人回味；善用修辞和绚烂的色彩演绎魔幻炫目的氛围，赋予作品深层意味。莫言描写农村生活时，雅言与俗语并行，共同语与方言俚语杂糅，表现出浓郁的乡土气息和浪漫色彩。

学生赏读

缄默的孤城
——读《透明的胡萝卜》
广州市天河外国语学校　2021届　万逸卿

"我认为《透明的胡萝卜》是我的作品中最有象征性、最意味深长的一部。那个浑身漆黑、具有超人的忍受痛苦的能力和超人的感受能力的孩子，是我全部小说的灵魂，尽管在后来的小说里，我写了很多的人物，但没有一个人物，比他更贴近我的灵魂……"

　　这是莫言对《透明的胡萝卜》中黑孩的评价。在《透明的胡萝卜》中，黑孩显然不是一个以幸福为基底的角色，这从他的人生经历——被继母虐待后到矿上被小铁匠和老铁匠欺负——抑或是他的相貌——身上布满伤痕，有一个架在纤细脖子上的、仿佛一不留心就会折断脖颈的大头颅——可以看得出来。而这二者在小说中产生了微妙的化学反应：诞生了一个沉默寡言、隐忍坚强、以孤独为食的人物形象。莫言正是通过塑造这样一个人物形象，来寄宿自己的灵魂，继而透过一双纯粹的眼睛去看社会和人生。

　　小说的大背景是"文化大革命"，这点莫言运用委婉的笔锋传达给了读者。在这样一个背景下，一切的不幸都被无限放大，其中就包括生存问题。黑孩作为底层人民的代表，被裹挟在饥饿的浪潮中；为了活下去，他不得不去忍耐继母的毒打，咬着牙独自一人走命运为他规划好的道路，将憋闷忧郁和悲伤统统吞下肚，在无言的反抗中等待，在永恒的等待中反抗。在他被生活和时代的磨盘反复碾压磨碎后，那个"透明的胡萝卜"的想象便产生了："那萝卜晶莹透明、玲珑剔透，透明的、金色的外壳里包孕着活泼的银色液体。红萝卜的线条流畅优美，从美丽的弧线上泛出一圈金色的光芒。"

　　这是他通过关紧心门、牺牲绝大部分的表达能力获得的理想。"胡萝卜"是食物，也是他渴望填饱肚子的本能；"透明"是特点，更是他对于世间美好的体会——这些美好合该是透明的，这样才能载得动他本该纯洁无瑕的心魂。

　　"透明的胡萝卜"在小说里还有另一层含义，也就是指曾经救赎过黑孩的菊子姑娘，一个给予过黑孩同情的真善美的象征。正是她温柔地提着一盏透明的金色的灯，轻轻叩响了黑孩早已封闭的心城。

　　尽管黑孩自己也可能知道这种萝卜并不存在，但他仍旧去执着地追寻。在这个过程中，他那非常人所有的感官功能就展现出来了——他不断地从矿场中逃出来，把已然封锁的心城立在乡间，一言不发地躺在地里听麻叶落下来振动空气的声音，或者淌进河里去见水草和鲢鱼。虽然这些行为具有极强的目的性，也就是寻找那根胡萝卜，但我觉得，在这来回往复的对目标的求而不得中，黑孩是否会享受这些逃离中的紧张感和大自然带给他的片刻欢愉之间的张弛感，以缓解他追求未遂的落寞？

且不论这种猜想的正确性，就如菊子姑娘那被白石片毁掉的美丽眼睛一样，黑孩的理想最终破碎了——他没能找到他的胡萝卜。一种失望乃至绝望的感情弥散开来，让黑孩苦苦坚守的、包裹着他的所有的孤城为之倾倒。

故事的最后，黑孩赤裸裸地钻进了黄麻地，像一条鱼儿游进了大海，逃离了这个炎凉的人间，奔向了遥不可及的理想乡。

黑孩早在幼年就已在心里像古埃及人建造金字塔一样，以血以泪筑起了厚实的城墙；但他又在城墙上破开了一个微不可察的小洞，渴望能从里面看见外面，也希望外面有人能进来。他也许会在城里待一生，像余秋雨《谢家门孔》里的阿三守在门孔前一般，寸步不移。不过所幸最后光芒幻灭，他才得以冲破孤城，壮烈奔逃。

《树王》

教师导读

《树王》讲述的是20世纪六七十年代,知识青年来到贵州的一片原始森林,以改造中国的名义砍树烧山的故事。

小说题为《树王》,树王是肖疙瘩,也是被砍掉的那棵大树。肖疙瘩的本名始终没有提到,"疙瘩"的外号让人自然联想到树。"疙瘩"的外号可理解为他像大树一样不顺溜,满是疙瘩;也可理解为他做人一点也不随和。在小说中,人就是树,树也是人,树具有人的灵性,人具有树的风骨。

在《树王》中,李立与肖疙瘩是一对针锋相对的人物。李立是上山下乡的知识青年,极力推动及参与砍掉并烧光山上的一切;肖疙瘩是一介山民,在知青们要砍掉山上的一切时,他极力维护山直至生命的终结。阿城曾提出"文化"和"武化"的概念:对人类生存及人与所处环境的积极约束关系就是"文化",反之就是"武化";当历史行进在"文化"占上风的阶段,社会安定,人民康乐;反之,社会混乱,人民伤痛。肖疙瘩作为"武人"而有"文化",知道天地之间应该有一种约束关系,李立作为"文人"只懂"武化",要极力破坏这种关系。从社会历史分析的眼光来看,《树王》展现的就是"文化大革命"中"武化"占上风的一段中华民族的社会心灵史。《树王》要表现的主旨还可从更高的层次来看。这部作品和他的《棋王》《孩子王》皆取材于他本人亲历的知青生活,但无论在主题意旨还是表现形式上都与通常的知青小说有很大不同。阿城无意去描绘一种悲剧性的历史遭遇和个人经验，也避免了浪漫主义和理想主义的风格模式，他在日常化的平和叙述中，传达出了对中国传统文化精神的认同。

中国人与自然自有一种内在的亲密关系——天人合一关系。这种人与自然的内在和谐及其对人精神的慰藉和调节，正是阿城通过描写肖疙瘩与大树同时倒下所要表现的。精神支柱崩溃以后，肖疙瘩郁郁死去，他留下遗言要葬在大树的旁边。这里，人与树、人与自然不仅灵犀相通，而且生死相依，承受着共同的苦难和创痛，天人完全冥合为一了。贯穿在小说里的是有为与无为、阴柔和阳刚的相互转化，生命归于自然、得宇宙之大而获得无限自由的道理，但作者没有直接讲述这些道理，而是将其隐于故事和人物之中，并进而把这种传统文化精神与现实联系起来，赋予其现代意义。这正是阿城"寻根文学"作品独特的价值取向。

阿城的小说语言以最平实的白话语言为基础，他自己曾经说过，他的用词"绝对是在常用词里的，绝对不超过一个扫盲标准的用词量"。形容词、成语、比喻等可以在语言中形成夸饰、华美风格的语言要素在阿城的小说语言中一律用得极为简省。阿城还做了进一步的艺术加工，在白话口语的基础上加以夯实。阿城的这种语言面貌最突出的特征是语言的节制。而语言的节制正是儒家中和审美意识的一个重要方面。阿城的语言在节制中又显现出一种内在的骨气，胡河清评价其小说"特以骨力见胜"，其语言亦是如此。

学生赏读

《树王》中的矛盾观

广州市天河外国语学校　2021届　曾政森

《树王》讲述的是20世纪六七十年代，知识青年来到贵州一片原始森林，以改造中国的名义砍树烧山的故事。

一群知青被送到乡下，砍掉所谓的"无用糟粕"，所谓的"落后老旧"。而他们遇到了"树王"，一颗老树，太老了，老得时间也为其停驻，老得令人心生敬仰！根茎牢牢地扎根于大地，树枝与树枝之间被藤蔓紧紧勾连，密不可分。听说老树有灵，砍不得。然而新来的知青不怕！他们是国家的生命和希望，主张打破一切陈旧迷信的东西，不破不立。直到周围的树被砍得差不多，直到同行人砍树和磨刀的本事越来越厉害，直到遇到真的树王。原来，树王不仅仅是那颗老树，树王也是一个人——那个毫无存在感的肖疙瘩！他用小小的身躯挡在学生和"树王"之间,试图保护树王,但却在"树王"即将被砍倒时,卧病在床。最终知青们还是把"树王"彻底砍倒,烧山。火势吞没天空,七八里长的山顶一线,映得如同白昼。数万棵大树在火焰中离开大地,升向天空,在空中相互撞击、断裂。"树王"被砍,真正的树王也随之而去。肖疙瘩的棺木被老树未死的树根高高托起。火化后的骨灰埋葬处,长出朵朵白骨般的白花。这是原文的结局,悲壮又凄凉。

悲剧总是能引起人们内心深处的共鸣。李立与肖疙瘩,知青与士兵,知识与无知,人与自然,生存与毁灭,合理与异常,发展与破旧,平凡与伟大。矛盾在这篇文章中尤其的突出。

破与立。"树王"倒了,可是人们一无所获。没有想象中的破"旧",只有破坏;没有想象中的"立",只剩呆立;更没有在如何建设的问题上获得新的思想。这些学生们只知"破"的意义,却不懂"立"的重要。只破不立,不过是野蛮的遮羞布,徒增悲凉。因为他们从未真正见过火,也未见过毁灭,更不知新生。在砍刀之下,只有树王得以永生。这似乎也符合着"文革"时期的破与立。还好,在"文革"那个敏感而错乱的年代,有像肖疙瘩这样的小人物,愿意默默地守护他认为有价值的东西和信仰,也许他们是那个冰冷年代中唯一的一丝温暖。

人与自然。《道德经》开篇便是"道可道,非常道;名可名,非常名",表达了中国先人万物同源,和谐共处的思想观念,体现了人与自然辩证统一的关系。中国人与自然一直有这种内在的亲密关系——天人合一,道法自然。有为与无为、阴柔和阳刚的相互转化,生命归于自然,如同庄子所言:"乘天地之正,而御六气之辩,以游无穷者。"无论自然抑或我们人类,都是造物者之无尽藏也。肖疙瘩与"树王"的关系就是这种中国自古以来便有的和谐共生,甚至于人就是树,树就是人,树具有人的灵性,人具有树的风骨。这"树王"仿佛是他的孩子,他说养它的人不能砍它。他用尽生命来捍卫这棵树不被砍伐的权利,守护着自然的奇迹。

在那个封闭的世界里面,树王肖疙瘩的人生际遇,令人同情、悲悯、敬佩!这个故事中的主角,虽被封为至高无上的"王",实际上不过是那个时代最普通的小人物。这个普通的小人物,以渺小诠释伟大,以平凡造就不平凡。仔细想来,我们身边何尝没有这种令人肃然起敬的平凡的"英雄",带给我们人性的温暖!

附录

重点在于提高学生的语文素养
——从首届"全国语文之星夏令营"看语文考试改革

[编者按] 日前,一场语文考试革命在上海复旦大学附中悄悄进行。240余名来自全国各地的高中生在一起演讲、诵读诗词、切磋书法、引经据典……而在他们身后,来自13所国内顶尖名校的中文系教授们正仔细观察着他们的一言一行,对学生们的语文素养进行评价,并从中了解、发现和选拔文科优秀人才、特长人才——这就是在中国教育界引起强烈反响的首届"全国语文之星夏令营"。那么,这些高校如何"了解、发现和选拔"这些未来的文科人才?从他们的方式、标准等能否看出语文学科接下来的发展方向?从活动的内容能否一窥语文的新课程标准?学生对这一活动的反响又如何?记者走访了我市带队参加此次夏令营的汕头一中蔡莉玲老师、5所中学的10位学生和汕头教育界人士,从中了解到活动的方方面面并刊发,以飨读者。

2004年7月9日至14日,首届"语文之星夏令营"活动在上海复旦大学附中隆重举行,主办者是国内13所顶尖重点大学,它们分别是:北京大学、北京师范大学、复旦大学、华东师范大学、南京大学、南开大学、清华大学、山东大学、四川大学、武汉大学、厦门大学、浙江大学和中山大学。"夏令营"的关键词是"语文素养"。所谓"语文素养",并不是指写出一篇漂亮的文章,或者答出一份接近满分的试卷,而是指学生如何运用语文解决问题——这既包括学生对语文本身的掌握程度,又包含学生在社会、生活中运用语文的能力。

带队的汕头一中蔡莉玲老师认为,"语文素养"这个概念提得很好。"素养"意味着对学生的综合要求,比起以往一些通过一次作文比赛选拔文科人才的做法,"语文之星夏令营"活动有更理性成熟的选拔功能:是测评也是活动,是选拔也是培养。

"语文之星夏令营"活动包括学习、交流、参观、测评与展示五个板块,这里面具体有听名家讲座、与名校大学生交流、参观夏令营举办地的若干景点和高校、读书报告会,诗词擂台赛、即兴演讲、才艺展示、语文素养综合测评等活动。同学们参加这些丰富多彩的活动过程,也是各高校中文系观察测评的过程。由于主办者做到寓测评于活动中,学生们都能轻松应对,充分展示自己的语文才华。而在这个过程中,同学们也获得了一系列新鲜而深刻的语文学习体验。最受他们欢迎的是高校专家的讲座。一批平时只能在作品中接触到的名家大师都来到了同学们的面前:著名作家叶辛、《红楼梦》研究专家陈大康教授、复旦大学中文系傅杰教授⋯⋯他们恢宏的学术视野、严谨的治学精神、充满智慧的词锋以及亲切平易的人格魅力都给同学们不尽的感染和无限的启迪。

据介绍,"语文之星夏令营"的重头戏之一,是"语文素养综合测评",测评结果将成为这13所重点高校评价和选拔的重要标准。本届"语文之星"的测评试题分规定项目和自选项目两部分。规定项目包括阅读题、默写题、作文题和选做题;自选项目要求学生在演讲、背诵、朗诵、书法和文学创作中任选一项,接受专家面对面的测评。从表面上看,题型与现行高考接近,实质上却传达出一种全新的语文理念。试题一经推出,就被语文界视为"一场考试革命"。整份试题大繁若简,以中国古典名著《三国演义》贯穿始终,试题强调探究性,重点考查学生具有个人特色的观点及评价。比如,要求学生阅读"华容道"一节,给古战场遗址题词;根据关羽的表情和动作,对其心理活动进行合理猜想。又如,根据三国人物谈谈中国古人的名和字⋯⋯在本届"语文之星夏令营"活动中,我们确实见到一些语文素养颇高的好苗子,长期的学习,使他们被熏陶成有"一种文化的人"——有中国文化的人,不仅有超越高中学段的学养,举止投足、待人接物也都表现出深厚的中国传统文化修养来。

汕头一中的蔡莉玲老师说,总结此次上海之行的收获,主要有三个方面。第一，应该更重视中国传统文化的教与学。汕头学生对当下的、时尚的东西比较敏感，他们在接受新事物、领悟新思潮方面确实有着明显的优势，但在传统文化经典阅读方面，比起北京、上海、山东等地的学生，无论从广度还是深度看，都还存在一些距离。第二，应该更进一步培养学生探究的能力。探究学习是新课标着重提出的一种学习方法。本次活动中，专家们特别注重学生探究能力的发掘和培养，如陈大康教授以自己做《红楼梦》研究的实例教给同学们一种新的研究方法——从"无"入手做研究；测评试题也特别强调探究性，如给出很多历史材料，要求根据材料，综合自己的知识储备进行分析，写出自己的观点。近几年，汕头一中在研究性学习方面取得了显著的成效。作为语文教师，今后应该在学科研究方法上给予学生更深入的指导。第三，应该更重视文本阅读和个性阅读。本次语文精英云集的活动，也出现了一个令人懊恼的情景。陈大康教授在开始他的讲座之前问同学们这样一个问题：《西游记》中是谁在挑担子？不少学生异口同声地回答是"沙僧"。这表明很多同学是通过电视剧等途径"阅读"《西游记》的，因为原著中挑担子的是"猪八戒"。通过电视剧、简读本等"捷径"来了解名著的"浅阅读现象"是令人担忧的，它最终会消解学生的阅读能力。因而，倡导文本阅读，鼓励学生阅读时主体性充分发挥，将是语文教学中要特别注意的问题。

据悉，明年，台湾大学、香港大学将正式加入主办者的行列，届时，"语文之星夏令营"活动将在今年的试验基础上形成更健全的机制，如在各省设立分赛区等。夏令营主办者表示，要把"语文之星夏令营"活动打造成中国语文奥林匹克。

【呼声】

汕头教育界人士谈语文之星夏令营

汕头市教育局教研室主任任泽：广东省作为全国四个试验省区之一，今年秋季将全部进入新一轮课程改革。新课改的重点在于提高学生的语文素养，包括较强的审美能力、探究能力和应用能力，为学生终身发展和个性发展奠定良好的基础。这样的要求仅凭课堂学习是满足不了的，此次语文夏令营便是对课堂学习的一个有效的补充，无论是参加的学生还是老师都感觉收获很大，学生们在语言交流、表达能力等方面都得到了很好的锻炼。对老师实施新课改也很有帮助。高中语文课本强调在实践中、在活动中去学习语文，语文又是工具性、实践性很强的学科，夏令营的方式让语文教育有更切实的学习效果。今后我市语文教学也应在这方面做进一步努力。

汕头一中副校长罗伟新：这次夏令营是一个新做法新尝试，对提高学生整体素质很有帮助，有利于学生个性的培养。以考查学生的综合素质，告诉全社会应该更重视语文母语教育。高中学生的语文素养，除了应包括传统的听说读写能力，还应包括人格成长、品德修养等精神世界方面的构建，所以我们在选拔参加此次夏令营的学生时，虽然没有经过专门的考核，但很注重学生平时的综合表现。两个同学对参与各种文学活动和社会调查活动都很活跃，具有较全面的人文基础。

汕头金中教育科学室主任、国家级骨干教师林运轼：本次夏令营与即将于9月在广东省推行的普通高中新一轮课程改革的指导思想是一致的。它起点高、内容丰富、规模大。推出服务于高等院校人才选拔的奋斗目标，符合新课改的教育理念；同时弥补了我国现有的学生竞赛体系中缺乏全国性语文竞赛活动的不足，为全国中学生创造了语文竞赛和选拔的竞争平台，为中学生综合素质的均衡和健康发展创造了正确的导向，也提供了合适的空间。

【学生感受】

受益匪浅，感触良多

汕头一中学生张艳：我觉得这次题目有新意、不机械，既有文学的鉴赏，又有历史的分析，使大家能够见仁见智，根据自己的文化生活背景和对文章的理解发表具有独创性的看法。而要想答好这些题目，唯有在阅读中对环境、人物、语言等有独特的感受，与文中的人物活动产生共鸣，思人物所思，急人物所急，方可在答题时流露出真切的感受，吐露出心底的真情。

汕头侨中学生杨洁：在第一天的规定项目测试中，我深深地感受到"知之者不如好之者，好之者不如乐之者"。试卷以三国的史料为考试的主要内容，其阅读材料是著名的历史事件"曹操败走华容道"。考试过后，大家议论纷纷，有人说，《三国》不曾认真读过；有的人说，《三国》，我并没有兴趣。其实，《三国》这样的名著不该不读。每个语文爱好者都应该对语文怀着一份执着的爱，并以它为乐。

潮阳一中学生黄昆仑：语文素质综合测评和才华展示为我们提供了充分展示语文才华的天地。全国各地的语文精英欢聚一堂，大家各怀其才,并把自己的才华展现得淋漓尽致。通过这些活动,我也看到了自己与那些大城市的学生之间的差距。

【专家说法】

探寻更全面的语文教学方法

教育部基础教育司高中处处长曹志祥:现行中学教育夹杂了一些功利的因素,"语文之星夏令营"活动正探索一种鼓励优秀拔尖人才脱颖而出的模式。

复旦大学教授、中国现代文学博士导师陈思和:传统的应试教育很难反映出一个学生的心智如何,心灵是否丰满。通过这次活动,我们希望能够探寻到一种更全面的语文教学方法。

南京大学中文系副主任徐兴无:我理解的语文素养,首先是对母语的热爱,就是要在情感和理智上认同母语的地位,引以为荣并从中找到乐趣。即使是一个理工科的学生,只要是中国人,就必须热爱母语的文学、历史和哲学的经典著作,这也是国民的基本素质。其次,必须遵守母语的运用规范,维护母语环境。最后,要注重表达的逻辑性。

国家中小学语文课程标准研制核心组组长巢宗祺教授:中学生必须"扩大语言内存",才能从根本上提高自身的语文素养。

武汉大学中文系博士研究生赵世举:高考作为一种统一的考试模式,其选拔能力是有局限的,我们需要其他的形式进行补充,例如语文之星联赛和新概念作文大赛等。

原文发表于《汕头日报》2004年8月18日

要大胆走出"讲—练—考—评"的局限

——汕头一中语文教师蔡莉玲访谈

"语文素养"是新课改的一个关键词,在语文教学的新理念时代,语文教学如何突破"讲—练—考—评"的局限,走进色彩斑斓的艳阳天?有专家指出,当前,必须重新"建构课堂",使我们的课堂既传承传统教育的优秀成果,又在"动态生成""体验教学"等方面产生时代性的成果。要怎样建构语文教学的课堂呢?带着这两个主要问题,记者近日走访了汕头一中语文教研组长蔡莉玲老师。

记者:2004年是实施课改的第一年,您参加由国家课程标准研制核心组组长巢宗祺教授主持、成员包括北京大学等13所重点大学中文系主任及于漪等特级教师的"文化神州教育论坛"。同年,您带队参加旨在提高学生语文素养的全国"语文之星夏令营"活动,在该活动中被评为"优秀辅导老师"。可以说在新课程培训方面您是走在其他老师前面的幸运者。请问,您是如何理解"语文素养"这个新课改的关键词的?

蔡:"语文素养"不仅包含语文的积累、语感、语文学习方法和习惯、阅读能力、写作能力、口语交际能力,还包括思维品质、文化品位、审美情趣、知识视野、情感态度、思想观念。它是一个复合性的概念,涵盖面广,概括性强,语文能力就包含在语文素养之内。语文素养能更准确、更全面地表达语文课程的基本目标和基本理念。

记者:全国"语文之星夏令营"活动给您的语文教学观带来什么启发?

对您的日常教学有什么影响？

蔡：2004年在上海举行的全国"语文之星夏令营"活动使同学们获得了一系列新鲜而深刻的语文学习体验。"语文之星夏令营"的重头戏之一，是"语文素养综合测评"。从表面上看，题型与现行高考接近，实质上却传达出一种全新的语文理念。试题一经推出，就被语文界视为"一场考试革命"。整份试题大繁若简，以中国古典名著《三国演义》贯穿始终，试题强调探究性，重点考查学生具有个人特色的观点及评价。比如，要求学生阅读"华容道"一节，给古战场遗址题词；根据关羽的表情和动作，对其心理活动进行合理猜想。又如，根据三国人物谈谈中国古人的名和字……国家课程标准研制核心组组长巢宗祺教授表示，测评主题是考查学生书面和口头表达中显示出来的语文素养。

"语文之星夏令营"活动以丰富多彩的形式和鲜活动人的场景诠释了语文新课改的若干理念，给我留下了深刻的印象，也给了我很大的启发。它使我看到，突破以往"讲—练—考—评"教学模式的局限后，语文教学走出了广阔的新天地；着眼于培养素养的语文新课改极大地激发了学生的积极性，挖掘了学生的潜能，发展了学生的个性，使语文学习生活焕发出前所未有的魅力。

教学观念的转变使我重新审视自己的日常教学，并试图把培养语文素养的目标落实到日常教学中去。我发现，实际上，以往的教学中有许多做法其实也在培养学生的语文素养，只不过没把概念提炼出来而已。所以，我的基本做法是：完善已有的，弥补缺失的。在教学中，重点实施三个环节：①给学生一个提高语文素养的良好环境。首先，努力提高自身语文素养，因为教师素质是学生成长环境的主场；同时，充分挖掘、整合课程资源，拓展语文的疆域。②让学生自主、开放地进行语文学习，实现对语文生活的深入体验。当前的阅读课有这样一种流行的做法，一篇课文上来，完全围绕高考考点展开，最后归纳出解题思路来。诚然，这样的阅读课可能对学生基本技能的提高有一定帮助，但它是否充分发挥了文本的审美功能和教化功能？是否有利于学生语文素养的全面提高呢？我想，培养语文素养，一定不能忽视学生与文本对话的过程，不能抽掉学生体验、感悟的过程。强调语文素养，就是强调语文是在实践中，并且是要经历一定的时间长度的，要重视习得、涵泳和养成。③培育学生的语文思维品质。语文课程，在一定程度上可以说是思维课程。思维品质是思维所显示的思想、品性、认识等实质，是思维的质量。提高语文思维的水平和质量，能为学生终身学习和持续发展打下基础。

高中语文选修5《短篇小说欣赏》张爱玲的《封锁》是一篇现代寓言实验小说，按以往逐段过关讲练为主的做法，起码要用两个课时，并且，结果可能是学生止于"知（了解、理解小说的内容和形式特征）"。我根据实际，着眼于"体验·思维"，重新做了设计，整个课的课堂教学仅用一课时。首先，师生挖掘、整合相关资源，主要包括照片、文字资料及视频等。在此过程中，学生初步感受张爱玲的人生及其作品所展现的独特世界。然后，学生进行以发现问题为目的的阅读，提出问题，并合作把这些问题整合成两个大问题：①如何理解男女主人公的爱情？②张爱玲为什么要写这样的爱情故事？接着，学生合作探究这两个问题。在探究的过程中，学生不仅要结合时代背景，研读、体验小说相关内容；还必须对评价标准等问题进行理性思考和界定，联系同类作品做纵向与横向比较，推敲逻辑关系来得出最后结论。与以往不同的是，学生完全没有学习一篇"艰深"课文的负累；相反，他们在自主、自然的氛围中获得了对语文课堂生活的深入体验，整个课程立足于发现问题、探究问题，学生的各种思维，特别是直觉思维、求异思维、发散思维、聚合思维、想象思维等创造性思维能力也都得到了不同程度的培养。

记者：听说您2007年和2008年任教于基础年级，尝试"语文动态生成性课堂教学"模式的探索，能结合一个具体课例谈一谈吗？

蔡：新课程实施以来，许多老师投身于这一浩大实践中，做了大量可贵的探索。我觉得，一定要善于总结，即便总结出来的东西是不成熟、不完善的。只有总结才能不断提高。这两年的新课程教学，我时时感到新理念的冲击，我也尝试着把自己的思考转化为可供操作的教学模式。下面谈谈我总结出来的"语文动态生成性课堂教学"模式。"语文动态生成性课堂教学"模式指的是语文课堂教学中，按照特定的结构程序，促进课堂生成，提升学生语文素养，从而实现学生发展的教学模式。这个教学模式突出课堂教学的开放性、过程性与多源性。

下面以《再别康桥》一课的教学为例加以说明。其基本的教学流程如下图：

第一步是预设目标。《再别康桥》是"新月派"代表诗人徐志摩诗中的绝唱，它以轻灵飘逸的情感和优美的康桥景物以及完美的形式，显示了徐志摩的才情和个性，也成了中国20世纪最为出色的离别诗之一。诗歌形式为写景抒情诗,情感内涵深沉丰富,故预设目标大方向在"体会深沉复杂情感"上;诗歌情感基调及内容可做多元解读,故不做"刚性"预设。第二步是感知文本。先提供相关资源,包括诗歌及诗人生平介绍、相关评价及视频朗诵等。这个环节的目的在于引导学生确定阅读方向,更好地从整体上感知文本。然后,引导学生理解"金柳""青荇""榆荫下的一潭"等主要意象,并从景物的外在特征及文化内涵上进行分析鉴赏,体会其中的情感因素。这个环节的目的在于把学生对文本的感知从整体把握引向重点认知——体会诗人深沉复杂的思想情感。第三步是联系自身。先引导学生联系自己离别的情感体验,与徐志摩的情感体验做对照;再引导学生联系读过的离别诗,从情感基调和情感表达方式方面与《再别康桥》做比较。谈情感体验时开始出现碰撞,分歧点是,《再别康桥》的情感沉重哀痛多一些还是潇洒飘逸多一些?联系其他离别诗时,碰撞更为激烈,分歧点是,徐志摩的诗歌继承中国离别诗的传统了吗?联系自身的关键在于调动学生的思维。要注意引导学生在情感体验方面建立起与文本之间的联系,并逐步把这种联系向纵深拓展,站到另一个高度观照文本。第四步是建构生成。学生针对分歧点进行深入讨论探讨。双方相持不下,课堂回归"静态"之时,我提醒学生可以"场外援助"。课堂激荡开来,要求老师提供徐志摩其他离别诗和同时代其他诗人的有代表性的离别诗。接着,有学生援用《我所知道的康桥》中徐志摩反复提到的"独享的美好与甜蜜";又延伸到电视剧《人间四月天》,还有认为现代的交通和交往方式和古代已经有根本不同,送别时感情肯定比古代多样化;再有学生指出还可以考虑诗人的气质特点和人生经历。最后全班同学表决,大部分同学认同的结论是:这首诗潇洒飘逸多一些,徐志摩写出了不同于传统离别诗的气质特点和人生经历。这个环节最关键的地方在于教师表示可以要求"场外援助"。及时的"场外援助"把课堂从静止僵持引向动态生成,激发了学生思维的积极性,启发了学生合作探究的热情,更促成了不曾预设的精彩。第五步是总结评价。肯定学生积极参与的热情及对文本的建构生成。同时也指出,推论时,要多方考虑,综合评价;另外,艺术形象不能完全等同于生活真实。最后,又补充了徐志摩对传统离别诗继承和发展方面的内容。具体教学过程如图4所示。

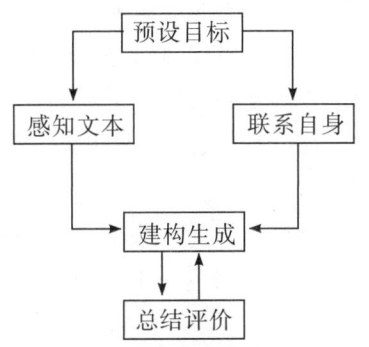

图4 《再别康桥》的教学过程

记者：在新课程理念指导下建构的课堂确实是充满活力的。能谈谈您探索"语文动态生成性课堂教学"模式的心得和体会吗？

蔡：一种教学理论只有构建起与之相适应的教学模式，才能转化为有效的教学实践。教学要有"模式"，但在实践教学中又不能"模式化"。"生成性"是当前课程改革所倡导的新理念之一，构建"语文动态生成性课堂教学"模式，根本在于改变传统静止的、机械的课堂，而使课堂成为向未知方向挺进的、随时都有可能发现意外的通道和美丽的、图景的、充满激情的行程。基于这样的认识，一个在生成性课堂教学模式指导下的课堂就不一定追求所谓的"完整"和"规范"。语文课程的动态生成教学和课堂的开放可能会影响某些教学任务的完成和教学的进度，甚至会暂时出现无序的状态，但这并不影响学生的整体发展，因为学习过程已经存在，在此过程中学生的思维方式和学习主动性已经发生了变化，而且是素质的变化。正如肖川先生所说：建基于价值引导与自主建构相统一的教育，从学生的成长过程来说，是精神的唤醒、潜能的显发、内心的敞亮、主体性的弘扬与独特性的彰显；从师生共同活动的角度说，是经验的共享、视界的融合与灵魂的感召。

记者：我听到两种不同的声音，有的抱怨新高考与新课改不同步，而有人认为面对新高考最关键的问题是教师的整合生成能力。您是如何理解新课改与新高考的关系的？从应试的技术层面来说，您有什么样的想法和尝试？

蔡：语文新课程高考的改革应当以全面提高学生的语文素养为出发点和终极目标。明白了这一点，我们也就懂得，课程改革与高考并不对立，新课改与新高考应该是紧密相关相依相存的良性循环。

当前，课程改革和高考改革正不断深入，我们要思考的是，应该怎样有效地开展语文课程来面对高考。从这一点上说，面对新高考最关键的问题是教师的整合生成能力。从应试的技术层面来说,我们比较注重三方面的整合:①语文知识点的整合;②必修与选修的整合;③教材与考点的整合。我想,以不变应万变。实实在在做到引导学生积累生活、积累思想、积累文化、积累语言,让日常教学真正进入"长期积累,潜移默化"的人文境地,就能从容自如地应对新高考。

原文发表于《汕头教育》2008年第2期

后　记

　　自大教育家孔子以降两千多年，关于教学的学说汗牛充栋。所谓"大道无门，千差有路"，更何况处于物质文化纷繁复杂，信息交流瞬息万变，危机事件频出的当今世界。"传道、授业，解惑"自是亘古不变的使命，每一位老师又都是朝圣路上的开路人和独行者。"透得此关"者或可"乾坤独步"；更多的普通教师也许寻得羊肠小道，也许一直在叩问和追寻，这种叩问和追寻伴随着时光与生命成长，也算是值得纪念和分享的事。

　　这本书，就是一个普通语文教师三十年叩问和追寻教学之路的真实记录，整理出来，权作纪念和分享。

　　因新时代的洗礼，或新思想的激荡，或新问题的倒逼，三十年间，我先后走过以下教学探索之路：情感教学—审美教学—主体教学—生成性教学—智性语文教学。

　　从教第二十个年头，我从"审美语文"进入到"认知语文"的领域，2012年正式提出"智性语文"，开始课题研究。其间工作调动，从百年老校汕头一中调到2012年新创办学校广州市天河外国语学校，"智性语文"意外获得在两个处于不同区域、具有不同特质的学校实验的机遇；此时又恰逢我被遴选为广东省新一轮"百千万人才培养工程"首批名教师培养对象，四年的培养极大拓展了我的教育教学视野，使我对"智性"的认识不断拓展深入。

　　在智性语文教学实验与研究过程中，我越来越体会到：优秀的教学源自心灵，重在启智。为何启智？因为"智"是人作为万物之灵长最宝贵的部分。我国传统教育把"智德合一"作为育人目标。子曰:"未知,焉得仁?"(《论语·公冶长》) 智是德的基础和前提,也是"大德"的组成部分。"智"存在于先贤的文字中,也映照在孩子的眼睛中。每个人都是一个不可估量的"智场"。如何"启智"? 智需要激活。教师要做一名激活者,催化个体去蔽,自我认知;促进灵魂相遇,对望生香,从而唤醒智性,焕发智慧之光。西方教育文化注重思维开发,东方教育文化注重启悟生慧。同诞生于两千多年前的西方先哲苏格拉底和东方大教育家孔子不约而同善用启发式教学。苏格拉底用"产婆术"催生思想;孔子在一问一答中,引导学生举一反三。智性语文教学也要把"启智"作为核心任务,以语文课程内容和语文活动为载体,揭示语文学科的认知特征和规律;以"发展思维,涵养智慧;中西结合,优势发展"为教学原则,培养思维,涵育思想,提升人生智慧,形成独立的态度、自由的精神。

培养"智性人"需要智慧型教师。智德合一方为大德,立德树人需先以德树人。"知者乐水,仁者乐山;知者动,仁者静;知者乐,仁者寿。""智"是博学多才,更是精神自由和明智。中国古代最伟大的教育家孔子被誉为"素王",这是精神自由、人格独立的圣者,其人格和智慧为万世垂范。教师畅通教育智慧,需将教学从工具层面上升到精神的高度,自我生命完整,自性清明纯粹。在三十年的教学生涯中,我有幸结识许多教师,他们终生素朴,内心安宁,穷一世光阴,竭尽己力耕耘每一堂课。他们在默默耕耘中焕发出智性之光。在台湾访问时,台北市成功高中年近九旬的陈维寿老师深深打动了我。陈老师70年致力于蝴蝶研究和保育,追蝶足迹遍布全球,珍贵标本"蝴蝶宫"捐献给学校,退休多年一直回学校当义务讲解员。至今难忘陈老师给我们讲解时孩子般眉飞色舞的样子!一个对教育永怀天真热爱的人是多么有感染力的人!我想,这些教师都是有智慧的教师,他们不管世事如何变化,永怀初心,教得风生水起,活得圆融丰沛。他们终身的自觉行动也造就了他们的教育品格与精神。

当今世界正经历百年未有之大变局,当代教育也面临诸多问题和挑战。教育何去何从?唯有以"智性"准确把握体、用之间的关系,在时代大变革中方寸不乱,有所为有所不为,才能守住教育核心价值,守住民族千年的文化。

在我三十年的教学历程中,得到刘劲予、黄景忠、任泽、吴颖民、宋春燕、郭铭辉、高广方、郭小东等老师和前辈的栽培和帮助,刘劲予老师和郭小东老师亲自为本书作序，鼓励有加，当铭记于心！

感谢我的父母、兄弟姐妹和一众亲人对我教学工作的赞赏和支持！

感谢我的先生林继昌和女儿千越多年来深入参与到我的教学生活中，同时为本书提出很多建议，先生还为本书作序并题写书名。

三十年来，教书，读书，聆听，行走。最弥足珍贵的收获是，我发现自己所从事的工作不只是在伦理意义上值得肯定，而且是一项我所倾心的工作！不在未来，就在去未来的路上。岁月浓缩着一份深厚的情谊，更彰显着一种明亮的精神。我愿携着岁月馈赠的厚礼，以我微薄的力量继续为未来种下善因，并期待它结出一些善果。

2020 年 8 月
写于广州天宸原著花园